TOLSTOY ON EDUCATION

LEO TOLSTOY

LEO TOLSTOY

列夫・托爾斯泰

楊雅捷——譯

學校讓我們變笨嗎？

為何教這個、為何學那個？

文豪托爾斯泰的
學校革命實錄

以兒童為師的托爾斯泰，如星光般熚熚生輝的話語

●杜明城　國立臺東大學兒童文學研究所教授

在偉大的西方作家中，以文學表現思想且影響深遠者，只有托爾斯泰足以和盧梭、歌德相提並論。他們的著作洋溢著自傳色彩，不斷地自我省察與辯證，並且關心教育。盧梭的《愛彌兒》強調感覺，以兒童為中心，早已成為現代教育的共識。歌德的學說更奠定了華德福教育「人智學」思想的基礎。被譽為最偉大小說家的托爾斯泰，更身體力行，創辦農民小學，並為孩童編寫教材。他不認同各種教學法，主張運用之妙存乎一心。就寫作而言，他認為成人反而應該以兒童為師。為求充分的閱讀理解，就必須提供孩童可以不求甚解的空間。他的教學札記提供了絕頂的示範，原來教育民族誌的書寫也可以如此生動優美！

●林玫伶　臺北市國語實小校長、兒童文學家

學校為什麼存在？教師的角色是什麼？教什麼？怎麼教？怎麼學？這些一直是教育的核心問題。不同的時代背景，帶來不同的教育思潮，但從來沒有一種方法可以解決所有的教育

問題。曾經辦學又親自教學的大文豪托爾斯泰，展現其敏銳細膩的觀察與思辯，他在一百多年前提出對教育的觀點，在一百多年後的今日讀起來仍然觸動你我心弦。與其說在本書中找問題的答案，不如說在托爾斯泰的詰問中學習省思。當我們低頭賣力教學時，也要抬頭看看哲人如星光般燁燁生輝的話語。

●柯華葳　國立中央大學學習與教學研究所教授

托爾斯泰在自己的家鄉辦過學校。為了辦學，他閱讀許多教育的論述、參觀學校，用心且時時反省地問：是這樣的方式？這樣的理念？自己是否有偏見？以及我該怎麼教育這些孩子？在台灣，實驗教育三法實施後，躍躍欲試者，請先讀讀這本書。書需耐心讀，它帶著讀者思辨教育的意義與目的，特別是教育與學生、與文化、與社會的關係。你可以不同意托爾斯泰的看法與教法，但藉由他的思辨，釐清自己的教育觀與目的，放開虛假的論述與品味，看到學生真正的需求。這是教育的根本。

目錄

一場教育學大翻轉

林玉体（師大教育系教授）

即使對遙遠的俄羅斯感到陌生，許多讀者仍認識享譽國際文壇的巨星小說家托爾斯泰，他的大部頭小說《戰爭與和平》，是喜歡閱讀者耳熟能詳的大作。托爾斯泰不只在文學界蜚聲環球，他還興辦學校，對教育議題提出不少見解。由於俄文作品資料稀少，台灣讀者較為生疏，加上托爾斯泰在文學上的建樹壓過他其餘的成就；因此，這位身兼教育理論家及實踐家的俄國人，在學校教育上的見解，少有人領會。若有機會品嘗一下托爾斯泰的辦學札記，除了加深國人對其興學旨趣多一層了解，更可以增強教育與小說兩者之間的緊密關係。

「是孩子跟我們學？還是我們跟孩子學？」這個提問是頗具深思的一劑觸媒。教育史上一向皆認定上一代教導下一代，老師啟迪學生，父母帶領兒女。但學校的「主人」應是兒童，是新生的一代，是孩子；而非大人、老人、古人……此觀點無疑將教育的重點或中心做了一百八十度的改變，此種哥白尼式的教育學大翻轉，在教育史上首先揭示的先知先覺人物，就是早托爾斯泰一世紀前的盧梭（Jean-Jacques Rousseau, 1712-1778）。從教育或學習的「價值層面」而論，孩童該成為成人之師，大人應向兒童學習，而不是孩子得向大人學習。就「學習」的根本要素而論，大人比起孩子來，學習或成長的條件差距更是極大。

試以「教育」三層面而論，體育、智育、及德育，孩子正是老師自嘆不如而該深自反省的。其一，以「體育」而言，孩子好動，不喜肅靜，尤其呆坐不動或長時間的「打坐」。孩子正在快速發育，全身性的，也是全面性的。然而傳統的教育成規，卻反其道而行；兒童教育家蒙特梭利（Maria Montessori, 1870-1952）曾諷刺地將兒童坐在教室上的椅子模樣，喻為如同釘在木板上的蝴蝶標本。

其二，以「智育」而言，孩子喜歡問東問西，因為好奇心強，這是知識增加，思考能有深度的最大本錢。可惜，大人甚至教師要求孩子沉默是金，堅守寡言才是安全的座右銘。還不時耳提面命，把「言多必失」作為警惕；並搬出「巧言令色，鮮矣仁」的古訓。閉嘴、聽話、唯唯諾諾，才是典型的乖孩子模樣！認同道「傳」即可，奢談「創」道，這是韓愈的名言。師者若以「傳道」為主，不許「創道」甚至「叛道」。這不是如同一池靜水池塘嗎？

其三，就「德育」來說，「聖人皆孩之」；兒童天生就是善良、純真、無邪又可愛，不會說謊，也最老實。

學校教育最為惡毒的後果，是「使人愚笨」，被套牢或囚禁於錯誤的意識裡而終生無法脫困。托爾斯泰一針見血地指出這些觀點，傳統教育的最大敗筆肇因於此，且結果也於此。本來學校旨在激發學生「潛能」，但相反地，卻窒息了智力、體力及德力。因之，三育皆反其道而行。大家最看重的「智育」，卻變成「愚育」，「愚民教育」這句話，真侮辱了「教育」的神聖意義。學校教育一旦延長，則愚笨程度相對增加——「小學小笨、中學中笨、大學大笨」。反而未慘遭學校教育災難者，才免受其荼毒。

是孩子跟我們學？還是我們跟孩子學

諶淑婷（文字工作者）

俄國作家托爾斯泰是一代文豪，但知道他在自己家鄉雅斯納雅・波里耶那創辦農民學校的人並不多，本書所收錄的幾篇隨筆中，他毫不客氣指出一八六〇年代前後教育與學校問題，「學校呈現出一副要折磨兒童的樣子，孩子與生俱來最重要的愉悅心、年輕人的需求以及自由的情感都被剝奪了，服從和安靜成為學校首要的條件」，這樣的批評依舊適用於今日台灣校園。

明明孩童彼此之間的談話動機和歡樂的心情是學習時的必要條件，卻因為會打亂教室的秩序，自由地發問、對話以及活動都被制止，再加上種種不破壞寧靜和不打擾老師的規定與約束，我們都明白現在學校的經營方式不是為了兒童學習方便而設置，而是讓教師能舒適的教學。

去年九月，我的孩子初次入學，我早已忘了自己童年上學經驗，這次終於親身看到一個活力勃勃、好奇心充沛、總是帶著笑容、勇於表達自己想法的兒童，在上學幾個月後，變成一個精疲力竭、疲憊不堪、聽到老師聲音就恐慌，對著學校作業本一臉倦怠的孩子。

如今，我赫然覺悟那種奇怪的精神狀態即是托爾斯泰所稱的「學校的靈魂狀態」，如果學生無法進入學校的「公式」，就會被視為脫軌，聰穎的資質成了差勁的特質；一旦孩子成了大人期盼的模樣，失去了自己的獨特性和創造性，甚至開始出現虛偽、漫無目的說謊、遲鈍等狀況，老師卻不在意，因為他能遵守常規了。

孩子為何讀書？為何考試？

日復一日的課堂上，老師不自覺選擇對自己最有利的教學法，對他最方便，對學生卻是不方便。例如班級閱讀時常見由熟稔注音的學生帶讀，帶讀學生的聲音迴盪在安靜的教室，他只顧著注音、標點符號、腔調，養成了閱讀時不必理解文意的習慣，其他聆聽者焦慮被問到的時候，能否指出正確的位置，手指順著字裡行間走，心卻不在，讀書變成次要的事。

或者是考試制度，每個問題要求單一答案，托爾斯泰嘲諷如此一來只會產生一個必須要付出特別努力與本事的新科目——「為考試做準備」的科目，學生在藝術人文課程讀歷史、數學等主要科目、練習答題技巧，托爾斯泰不認為這在教育上是有用的學科，若要評定學生有沒有學到知識，請到學校來生活一陣子，才能得到答案。

他甚至不客氣地批評：「教育是一個人使另一個人變得像自己（窮人傾向從富人手中取走財富，老人看到年輕人健壯又有活力會嫉妒）。我很確信教師對於兒童的教育富有熱忱，是根源於他對孩童純真的嫉妒，希望對方變得像自己，這意味著，去損傷孩子的率真。」

成人為何離開學校後不再學習？

托爾斯泰的幾篇隨筆，時代背景約為一八六〇年代前後，俄國在拿破崙戰爭結束後，頻繁入侵鄰國的年代，對這個長期以來是農業國家的社會來說，托爾斯泰質疑公眾教育是必要的嗎？尤其是政府仿效歐洲國家引入的公眾教育系統，在他看來未能符合在地性與時代性需求。

他所理解的學校，並不是一間教學用的房子，不是教師、學生，不是長椅黑板、與講台，也不是某種教學的傾向，而是一個傳授文化予他人的有意識活動，例如公開講授、戲院表演、免費提供博物館的收藏，都可以說是一所學校的作為。有人以為這種不干涉的學習模式，在高等學校比較能成功，那便是以一種狹隘的觀念去理解學校，忽略了兒童也可以從朋友或手足間學習閱讀技巧，兒童熱中於遊戲，或是欣賞一場公開的精采表演、圖畫、童話故事、歌曲等兒童喜愛的項目，皆是學校。

「不干涉教育的學校」目標是傳遞資訊與事實，而不是去影響人類的性格，也無須試圖去預知會產生什麼教學成果。學生自己會選擇聽或不聽、要不要吸收、要不要愛所學的科目。若成人想反駁「孩子無法永遠曉得自己想要什麼，孩子會犯錯」，托爾斯泰也同時質問：成人為何離開學校後不再學習、不閱讀依舊心安理得？一成不變的回答是，他們已經盡了「學習的本分」，學習過基本知識、通過學校的測驗，得到某張可證明教育程度的文憑了。這就是傳統教育模式下，當受教者不再覺得教育者的知識比他高，師生之間的教育行為與教學活動就會自動停止，學校逼迫或用文憑威脅學生學習，終究只能造成短期的成效。

讓人焦慮的是，托爾斯泰在一百多年前所寫下的錯誤教育的根基，至今仍舊存在：「孩子學習以免受罰，孩子為了獲得獎賞而學習，孩子學習是為了比其他人更好，兒童和年輕人之所以學習，是由於可以在生活中得到有利可圖的地位。」不難發現，左右學習的動機是服從、自我中心、物質利益和野心，這一切也造成了教育界長期的謬誤，也是托爾斯泰在書中的詰問：是孩子跟我們學？還是我們跟孩子學？畢竟無人能否認，一個健康的孩童誕生於世界上，他們天生天真、無罪、良善，比任何成人都接近和諧、真善美的理想典範，成人想要去教導及教育兒童，常常只是暴露出自己是一名低劣笨拙的雕刻家。

從托爾斯泰的學校，看見學習的本質

我極為羨慕雅斯納雅．波里耶那學校的學生，「孩子不只手裡不用攜帶東西，腦袋裡也沒有，他們沒有義務記住任何課程，連前一天所學的都不必，他們只要具有高度感受性，確信今天在學校會比昨天好玩就行了，課程開始之前，他們什麼都不必想。」學生們唱歌、分級閱讀、談話、做物理實驗、寫作文。讀書的時候，較大的孩子會呈現星星字型躺在大桌子上，頭靠在一起，雙腳呈現放射狀，一個人閱讀，其他人互相說出內容。最小的孩子拿著書兩兩坐在一起，溫暖又自在地閱讀。有時家長會對學校零體罰和無秩序不滿，看到孩子四處奔跑、製造騷動、互相扭打，認為太調皮，同時又認可辦學很好，對於這兩種狀況可並存的迷惑心情，多麼讓人嚮往！

藉由雅斯納雅．波里耶那學校的教學模式，百餘年後的我們可嘗試釐清關於教育與學習的思考脈絡跟價值觀。孩子去學校，是讀書求知識、與同儕相處練習社交技巧，或是照顧者有工作與經濟考量，將學校當成臨托孩子的機構？社會上主流認為「孩子跟大人學」的觀點是否也是你的個人中心價值？當學校的量已經滿足了國民（甚至過多），教育品質也同時提升了嗎？當一班學生人數從三十年前的五十人下降為三十至二十五人左右，我們能否提供如雅斯納雅．波里耶那學校般的自由氛圍？

我們的孩子今天又上學去了，沒有意外的話，明天也會去，這樣的討論、釐清、聯想與質疑不可停止，唯有連結到更寬闊的價值思辨跟生命歷程，將學習的本質看得更透澈，否則，我們就真的只是如托爾斯泰所說：「孩子把一生中最珍貴的時光，花費在學校裡變笨。」多麼遺憾。

Part 1

公眾教育的理想與現況

論公眾教育

人民對公眾教育的不滿

公眾教育時時有令人大惑不解的現象。人皆想要接受教育，而且每個人也都無意識地傾向需要教育。在文化水準較高的社會，或稱政府裡，人們致力於傳遞知識，並教育程度較低的民眾。如此一來，就同時滿足了教育者及受教者雙方的需求。但也有持反對意見的人。那群人持續地對抗社會或政府為他們的教育所做的努力，文化層次愈高的，愈是經常遭受挫折。暫且不提古典時期的印度、埃及，甚至是羅馬時代的學校，我們並不清楚大眾對這些教育機構的意見，從馬丁．路德到我們的時代，歐洲學校裡的這個現象似乎令我們大吃一驚。

德國政府是學校制度的奠基者，但兩百年的努力也無法克服大眾對學校的反抗。儘管德國歷代君王任命退役軍人為教師；縱使現行的法律已實行長達兩百年；就算教師在師資培育機構依據最新的方式接受訓練；即使德國人普遍感覺是守法的——義務教育在今日還是人民的重擔，德國政府也不能自己提出廢除義務教育法。德國人僅能從統計資料中說服自己對教育感到驕傲，然而跟過去一樣，**大部分民眾從未自學校獲得任何東西，有的只是更加地輕視學校**。

雖然這是事實，在法國，教育從國王的手分配到都政府裡，後來又為神職人員所掌握，承襲自德國的制度已愈來愈少了，甚至近乎沒有了，研究教育的歷史學者說，公眾教育的事掌控在公部門手裡。嚴厲的政治家現在甚至為法國提出一個說法：引進義務教育只是一個壓制抗議群眾的手段。

在自由英國宣布這樣的法律總是令人難以置信（然則，許多人感到懊悔），社會，而不是政府，已盡可能持續努力，但到處都有愈來愈強烈反對學校的人。學校一部分為政府所控制，一部分為私人社團掌握。英國龐大的宗教慈善教育團體的普及和活躍，比任何其他事物更足堪證明在社會上存在抵制教育的力量。

而新進國家美國迴避了這個難題，教育為半義務的形式。

當然，在俄羅斯的情況甚至更糟，民眾對學校的主張更為憤怒；最有教養的人夢想著引進德國的義務教育法；所有的學校單位，或有意升上更高階級的人，只有在階級擢升獲得利益之後，才有支持義務教育的理由。

直到現在，各地的兒童被迫進入學校，同時，父母也因為嚴格的法律或以狡猾的、利誘的方法讓他們照辦，可是，各地的民眾都依自己的意志學習，也視教育是件好事。

怎麼會這樣？每個人都需要教育；人們喜愛並企求教育，正如為了呼吸需要空氣一樣；政府和社會透過激發這個渴望去教育大眾，但縱然政府和社會狡猾且一再地強力進行，人們依舊不滿於提供給他們、並強迫他們屈從的教育。

在每次的衝突中，包括這裡提及的，必須解決的問題是：人民的抵抗和政府本身的作為哪一項比較合法？反抗是否該終止，抑或政府應改變作法？

也許從歷史的角度來看，問題至今已朝向國家與社會期待的方向獲得解決了。抗議行動已被認定為非法，人類了解到罪惡的根源乃與生俱來，沒有回溯的餘地，也就是說，無法後退及歸還教育的內容，包括社會已支配了教育、國家已強迫並狡詐地消滅人民的抗拒了。

為什麼教這個而不教那個？

吾人必須假定教育的社群有若干理由，知道其以某種形式存在的教育，對某個歷史時期的某些人有利。

是哪些原因？**為什麼我們的學校要教這個而不是那個，又為何不是其他的**？

由古至今，人性總是或多或少盡量去給予，或是獲得令人滿意的答案，到了現在，更加急需解答。一個從未離開北京的中國官吏，可能要被迫學習反覆背誦孔子，而這些諺語可能都是手持棍子促使小孩去記的；在中古時期有可能就這麼做——但是到了現在，我們從知識中接收不容質疑的強大信仰，而那是否賦予我們施暴的權力去教育一般大眾？

讓我們承繼路德之前與之後中世紀的學校吧；讓我們接收所有中古時期造詣頗深的文學——對於何者為真、何者虛假，有著強大且堅定的信念，其無以質疑的知識為人民所遵從。認識希臘文僅僅是教育的一個必要條件，因為亞里斯多德用這個語言書寫，這對當時的人是容易理解的，之後好幾個世紀從未有人質疑其主張的真實性。僧侶如何能基於一個堅強的基礎，助長研習《聖經》的要求呢？路德斷然地要求學習希伯來語是很自然的，因為他十分清楚地知道神用祂自己的語言啟示人類。當然，只要人們尚有批判意識，學校就一定是獨斷的，自然地，學生會由衷地學習神與亞里斯多德所揭示的真理，以及維吉爾[1]和西塞羅[2]展現的詩趣。在這之後的幾百年，甚至無人想像得出比那更真的真理或更美的美好。

但是，貫徹同樣教條的學校在今日的立場如何？當此之時，班級的學生肩並肩，衷心地領會不朽靈魂的真理，他們試著釐清人和青蛙皆有的，古時候通稱為靈魂的神經；在不帶解

1 維吉爾（Publius Vergilius Maro，70～19BC）：羅馬時代的知名詩人。

2 西塞羅（Marcus Tullius Cicero，106～43BC）：羅馬時代的知名哲學家、作家。

釋地傳達修女之子約書亞[3]的故事給學生後，學生發現了太陽從未繞著地球轉；在解說維吉爾詩文之美後，學生發覺大仲馬故事之巧妙，值得花費超過五生丁[4]去購得；在這個時代，教師所堅信的唯一信仰不具真實感，每件事物的存在都是能知覺到的，進步是好的而退步是差的；在今日，無人知曉放諸四海皆準的信仰，目前還存在著什麼？

再者，相較於中古時期真理不容置喙、專斷的學校，現在的學校裡無人曉得何謂真理，雖然學生被迫入學，而且家長依法也必須送孩子上學。還不只如此，對中世紀的學校而言，僅限一種教法、所有的科學視《聖經》為圭臬、書籍全是關於聖奧古斯丁和亞里斯多德的，該教什麼、孰先孰後，還有如何去教，都是比較簡單的。

不過在這個充斥著數不清、各式各樣教學方法的情況下，我們要如何在各個層面上、在體系龐大的科學支派中做出決定，這件事現在已漸漸發展開了——我們怎麼從中取決一個方法、某一個科學學科，以及何者最為艱難、我們怎麼從這些科學知識的教學中，選定其順序？要訴諸情感還是公正決定？更有甚者，在我們這個時代，這些原則的發現比在中世紀進行教育困難得多，因為當時限定只有一定的階級能受教育，而他們也預備生活在某些明確的條件裡。到了現在，所有的人都聲明有受教育的權利，事情就變得更加麻煩，而我們就更是需要知道針對異質階級該給予怎樣的教育。這些原理是什麼？隨意去問問任何一位老師，為何他教這個而不教那個，還有為什麼這個先教而不是後教。假如他了解你的提問，他會說自己懂得上帝啟示的真理，而他認為自己有責任將之傳達給年輕一代，用那些毋庸置疑的原則去教導學生；但他不會回答學科中不涉及宗教教育的事。另一位老師會根據永恆不變的理性法則，一如費希特[5]、康德和黑格爾，解釋學校的依據何在給你聽。第三位會基於他義務的正當性，說明儘管學校總是會有強迫性質，學校教育終究是實在的教育。最後再問第四個，綜合這些所有的原理，他會告訴你，學校本來就該如此，因為宗教、哲學以及經驗使它發展至此，它是具有歷史性與感性的。對我而言，這些所有的證據，似乎可分為四個種類：宗教的、哲學的、經驗的以及歷史的。教育有其基本的信仰，那就是揭示蘊含其中的神聖性，沒有人會懷疑其真理和正當性，無爭論餘地的，諄諄教誨人們（唯有這一件）是合法的暴行。即使如此，目前在非洲和中國的傳教士仍然照做不誤。於是他們至今遠赴全世界的學校，考察其宗教教育，包括天主教的、新教的、希伯來的、回教的等等。但是在今日，由於宗教教育僅作為教育的一小部分的構成要素，根源於學校的問題迫使年輕一代在固定的教法下接受宗教教育，卻依舊無以從宗教的觀點回答問題。

3 約書亞：據《舊約聖經》，約書亞是希伯來人的領袖，帶領猶太人來到應許之地迦南。
4 生丁：錢幣的單位，即為「分」。
5 費希特（Johann Gottlieb Fichte，1762～1814）：德國的哲學家。

或許答案能夠在哲學裡尋到。哲學是否像宗教一樣有堅強的基礎？其原理為何？誰提出的？如何提的？何時可以說明？我們對這些一無所知。有的哲學家在找善與惡的法則；待尋到了，就進入教育學的領域裡（它們無一有助於述及任何學科），用這些法則迫使人類順從，競相接受教育。然則，這一連串的理論中全都闡釋得不完全，而且只是在存乎人性的善與惡的認知上提供一條新的聯繫。每個思想家僅表達在他那個時代有意識的領會，因此，在此自覺下，年輕人的教育是相當不必要的：這個認知在當代已深入人心了。

教育方法有單一準則嗎？

所有的教育哲學理論家自有一套養成有德之人的目標及問題。然而，關於德性的概念不論是保持原狀，或是順其自然，還有縱使窮盡了所有的理論，德性的興衰都不受教育所主宰。當今任何一個有情操的中國人、希臘人、羅馬人或是法國人，都一樣是有品德的，或同樣地遠離德性的。

教育哲學理論要如何培養完美的人，乃根據既有的並有討論餘地的倫理學理論。柏拉圖不會懷疑自己提出的倫理學之真理以及據之而建構的教育，還有這種教育所建立的國家。施萊爾馬赫[6]說那樣的倫理學還不算是一種完成的科學，然而，養育和教育還是得有個期待的標的，希望他們在生活中能進入自己所發現的環境，同時又應充滿活力地為未來的進步而工作。施萊爾馬赫說，一般說來，教育為了展現其目的，對於政府、教會、公共的生活和科學皆有所準備。唯有倫理學，即使它不是個完成的科學，卻能為我們解答在生活的四個元素中，一個有教養的人應該如何自處。

如同柏拉圖，所有的哲學學者從教育的問題與目的出發，也如此看待倫理學。有人認為這種倫理學是廣為人知的，也有人視其為永久存乎人性的意識中；但是沒有任何一個學說可以確定地給予一個關於教導大眾什麼和如何教的答案。答案言人人殊，而我們問得愈多，主張就變得更多樣化。一個學說產生的同時，各種反駁的論據也形成了。傾向神學的與經院的互相抗衡、經院的對抗古典的、古典的抵制現實的，然後到了現在一切的取向並存，彼此之間不再爭論，而無人知曉何者為真、何者是偽。形成了數以千計的、最奇怪且毫無根據的理論，諸如盧梭、裴斯塔洛齊[7]、福祿貝爾[8]等等；同時出現了現行的學校：立基於現實的、

6 施萊爾馬赫（Friedrich Daniel Ernst Schleiermacher，1768～1834）：德國的哲學家、神學家，被稱為「現代神學之父」。

7 裴斯塔洛齊（Johann Heinrich Pestalozzi，1746～1827）：瑞士的教育家，被稱為「國民教育之父」，主張「教育愛」、「順乎兒童天性的發展」等。

8 福祿貝爾（Friedrich Wilhelm August Fröbel，1782～1852）：德國的教育家，世界上第一所幼兒園的創辦者，強調「遊戲」在幼兒時期的重要性，被認為是學前教育的先驅者。

古典的，以及神學的學說。每個人都對此不滿，而又沒人知道需要什麼新思維及其可能性。

如果你將教學法的哲學歷史演進查個水落石出，你會發現並無一個教育準則，相反地，有個共同的理念潛藏在所有教學法的基礎中，儘管觀點常有分歧——這個理念使我們在沒有準則之下信服它。始於柏拉圖而終至康德的全部理論都趨向一件事，就是把學校從過去沉重的桎梏解放出來。他們期望去推測人類所需，而且依據一定程度探查出其需求，以建立新的學校。

路德要人們研習《聖經》的原典，而不是透過神父的詮釋。培根要求從自然去學習自然，而非從亞里斯多德的書中學習。盧梭想以他所知的生活去教授生活的方法，不遵從前人機制化的經驗。歷史上每一個由哲學引領的進步，存在於解放學校之中，也就是破除由年長一輩依其認定的科學，循其所喜的教法，教授年輕一代所需的知識。可是，在整個教育學的歷史中，這是個最尋常而又自我矛盾的主張：它既是普遍的，因為替學校求得較大的自由；反之，由於每個人是基於自己的理論而求處法則，如此一來，自由就被縮減了。

過去跟現今的學校如何呢？這個經驗怎麼為我們證實現行義務教育的方法是否公正？既然到目前為止學校還沒被解放，我們無從得知是否有另一個更合法的方式。的確，我們是觀看著巴不得愈變愈自由的高階教育（大學、公開演講）。不過那僅僅是個假定。也許較低階的教育必得維持其強迫性，或許經驗會證明這樣的學校才是好的。

孩子把一生中最珍貴的時光花費在學校裡變笨

讓我們看看這些學校，不要去參閱德國教育的統計表，而試著去了解他們的學校，並學習他們在實際上怎樣地影響了民眾。

這就是我所看到的現實：一位父親違背意願地送女兒或兒子入學，他詛咒該機構剝奪了兒子的勞動力，數著日子直到他兒子脫離學校（schulfrei，這個字的意義端視人們如何看待學校）。孩子帶著信念上學，他確信那是父親的權力，但並不為國家公權力所認可，因此屈服了送孩子入學。

他從較年長的、過去曾在該教育機構待過的朋友那邊得知訊息，而那並不會提高他上學的欲望。學校呈現出一副要折磨兒童的樣子——**在這個機構裡，孩子與生俱來最重要的愉悅心、年輕人的需求以及自由的情感都被剝奪了，服從和安靜成為學校裡首要的條件**；他需要特別的允許，才能出去「一會兒」；在那裡，做錯事要用戒尺處罰（儘管官方已明令廢除以戒尺施以體罰了），又或者要學生繼續上課讀書——這對他們而言更是殘忍。

學校作為一種教育機構，理所應當地呈現在兒童的心靈裡，學生在那裡學習沒人理解的東西；他們普遍被迫講外國語而非他們的方言母語；教師大部分視他的學生為天生的敵人，那些學生及其家長出於自身的敵意，不情願地學習；從學生的觀點看來，也視老師為仇敵，覺得他們只是由於個人居心不良，才去強迫他們學習這麼困難的東西。他們不得不在這樣的機構裡度過六年，而且一天大約六小時。

我們不要依據報導引述，而是從實際情況來看看結果會如何。

在德國，十分之九的在學學生從學校帶走的是機械式的讀寫知識，而對於通往科學的途徑懷有這麼強的嫌惡感，使得他們再也不願拿起書本了。

就讓那些不認同我的話的人秀出他們閱讀的書吧；即使是《Badenian Hebel》這本年鑑和熱門的報紙，閱讀的人仍屬少數。人民在受教育時，並無受歡迎的文學作品，這是確鑿無疑的，基於上述言論，第十代的子孫將如第一代一樣，也將迫於無奈進入學校。

這樣的學校不只是引起對教育的厭惡，還有在六年間將之歸罪於學生的偽善與謊言，它是由於學生的處境未本乎人情，還有教育原理中不連貫且令人困惑的觀念使然。在我遊歷法國、德國和瑞士期間，我試著去了解學生，有關他們對學校的概念以及他們的道德發展，所以我對小學生與畢業的學生提出了以下的問題：普魯士或巴伐利亞的首府在哪裡？雅各有多少個孩子？說說約瑟的故事吧！

在學校裡，他們有時會發表從書裡墨守成規習得的激烈抨擊的演說；這些人在結尾時從不回答任何問題。倘若不是用心去學習，我幾乎無法得到答案。我發現在數學這一科並沒有普遍的規則：他們偶爾回答得很好，有時候則很差。

接著我請他們寫一篇關於上週日做了什麼的作文。無一例外，所有的孩子均寫出相同的東西，他們在星期日都不玩，盡可能地在祈禱。這是學校道德影響下的模範樣本。

關於我丟給大人的問題：**為什麼他們離開學校後便不再學習？或是為何他們不閱讀這本或那本書？**一成不變的回答是：他們已經具備基本知識、他們已經通過學校的測驗，以及他們業已獲得某種教育程度的文憑了。

除了學校令人驚訝的影響之外，德國人還為之創造了一種適切的名詞「使人愚笨」（verdeummen），意謂心智機能持續歪曲。另外還有一個更具殺傷力，它存在長時間的學習中，**孩子把一生中最珍貴的時光花費在學校裡變笨，遠離自然給予的一切必要成長的條件。**

不幸的機械式教學

經常聽見或讀到家庭生活是妨礙學校教育的主因，例如：父母的粗蠻無禮、農事的工作、村裡的遊戲等。也許這些事物確實如同教師們所知的，與學校教育發生衝突；但也該接受這些情況亦為所有教育的主要基礎，而且它們絕不會敵對和妨害學校，反倒是其精華及最重要的動力。孩子從未學習去區辨構成特殊的字母或數字的方法，也無法得到表達自己想法的能力，這是否家庭因素的影響所致。一般普通的家庭生活應該能教導孩童這樣困難的事物，出乎意料地，竟會變得不適合去教授孩子如此簡單的事情，如讀、寫等等，甚至會去中傷這種教學，這倒是挺奇怪的。舉一個最佳的例證：一個從未受過任何教育的年輕農夫與一個接受五年家教照顧的紳士之子，兩者相較之下，前者的心靈跟知識總是較為優越。

更有甚者，不管發生何事和學校該回答的疑問，都保有興趣去了解，這是只有在那些家庭條件之下才會產生的。每種教學應該根據真實人生來答覆問題，反之，學校不但沒引發學生詢問，甚至也沒有依據實際的生活來作答。它不從兒童的智慧得出，而是不斷千篇一律地回答幾百年前的人所給的答案，那是孩子所不感興趣的事物。這些問題像是：世界是如何創造的？誰是第一個人類？兩千年前發生了什麼事？亞洲的國家屬哪種類型？地球的形狀是什麼？你怎麼計算幾千乘以幾百？死後會怎麼樣……等。

但是孩子沒得到生活所呈現出的答案，後來累積得愈來愈多，按照學校的管理規則，他無法開口詢問，即使請求的是去終止接受該地的教育，為了不破壞寧靜和打擾到老師，他也只能依指示行事。

學校用這方式經營，因為政府公辦的學校乃秉承上意而制定目標，主要不是為了教育人民，而是照著我們的方法去教育他們，最重要的是，應當要有學校，而且要有很多！但是師資不夠。太好了！讓一個老師教五百個學生：機械式教學法、蘭卡斯特教學法[9]、實習老師制都用得上。因為學校是由上層強力去籌設的，無法成為群眾的領導者，卻變成了領導階級所牧的羊群。

這樣的學校不是為了兒童學習方便而設置，而是讓教師能舒適地教學而造的。孩童彼此之間的談話、動機和歡樂是他們在學習時的必要條件，卻為教師帶來不便。所以學校都蓋得像監獄，問題、對談以及活動都被禁止。為了成功地達成某項目標（這個目標在教育上意謂自由的兒童），而非他們所確信的，有研究它的必要性。他們想要就自己所知的、最好的方法去教學，為了避免失敗而去改變，但改的不是自己有誤的教學方式，卻是兒童的天性。自從提出這個觀點，其作用甚至持續至今（裴斯塔洛齊），這種體系容許機械式教學法，教育學不變的趨勢是：只會有一種方法，而且永遠都只有一種。

只要在家裡、街上或學校去觀看同一個孩子就夠了：原本你看到一個活力充沛、有好奇心，眼中和嘴上帶著微笑，從每件事物上探索方法，如同他尋求愉悅一般，既清楚又屢屢強烈地表達自己的話；然而當你再次看到他，一副筋疲力竭、退縮模樣，表現出疲憊不堪、恐慌和倦怠的樣子，從嘴裡反覆地說著奇怪語言的陌生話語——就像一個遊魂、一隻蝸牛退回牠的殼裡。去看看這兩種情形就足以決定，為了兒童的發展，哪一種較為有益。

---

9 蘭卡斯特教學法：為了使全民教育更普及，十九世紀英國的教育學家蘭卡斯特提出以「導生制」，也就是由年紀較大、或是表現較佳的學童擔任老師的助手，以減輕教師的負擔，以教導更多的學生。

我稱這種奇怪的精神狀態為**學校的靈魂狀態**，不幸的，我們都十分清楚在所有較高階的官能、想像力、創造力、發明能力向半動物性的官能讓步，後者存在於來自任何概念自主地發音、對連續展開的事物數一、二、三、四、五，在了解字彙時，不容想像力代勞去幻想那些語音，簡而言之，就是為了毀滅高階官能而發展低階官能，如此一來，只有那些與學校恐懼狀態、繃緊的記憶和專注狀態一致的，才會有發展。

倘若每個學生在學校裡，尚未落入公式化、類似半動物的狀態的話，就會被視作脫軌的人。**一旦孩子變成了大人期盼的那個樣子，喪失了他的獨有性和創造性，他就會出現各種病徵（虛偽、漫無目的地說謊、遲鈍……等）**，他不再是個偏差的人：他變得遵守常規，而老師也就滿意了。然後學生絕對不會偶發地、頻繁地重複特殊的事，最愚笨的孩子成了最好的學生，最聰穎的卻變成最差的。對我來說，讓人們思考並試著去解釋一下，這個事實突然間變得意味深遠了。而這個實情正可證明義務教育的原理真乃謬論。

除了這個消極的傷害，還有將孩子無意識地從家裡、工作中、街道上得到的教育移到學校裡，學校是有害身體健康的——對肉體來而言，它早期是和靈魂分離的。縱使這是好的，這個損傷對於單調的學校教育而言尤其重大。對農民而言，任何事物都無法取代勞動時的條件，如在農地上過活、跟長者對談等，這些全圍繞著他；即便是工匠或是一般的城市居民，情況也是一樣。若無意外，而是計畫過的，農民會置身在有大自然環繞著的鄉村裡，城市人則是住在都市中。這些情景是最高明的教學，唯有如此，他們才能各自發展。可是，學校卻還杵在先前的教育環境裡，與上述情形疏離。

學校令人不滿的還有，在兒童最寶貴的期間，一天內有六個小時將他們帶離真實生活——意圖分裂三歲小孩與母親的連結。像是創造幼兒園之類的機構，我們有機會再詳談。目前所欠缺的是發明一種蒸氣引擎以取代保母。

學校的結構性問題

大家都同意學校是不完美的（就我的觀點，它們是有害的）。所有的人都承認有許多，而且是非常多要改進的地方。大家也都贊成這些進步必須本於讓學生感到更舒適。所有人一致認同這些舒適也許只能在學齡期，透過在學習上的需求而尋得，一般說來，在班級裡特別需要。現在，為了解決學習的困難和複雜的科目，已經做了什麼？幾個世紀以來，每個學校基於另一間學校的原型，而那一間亦以更早先的做為範本，來建構學校。它們不可或缺的條件就是紀律，禁止孩子說話、問問題、選擇學科的教學法，一言以蔽之，學校一切的考量就是剝奪老師推論學生需求的全部可能性。

學校的強迫結構排除一切進步的可能性。此外，我們考量著幾個世紀以來一直在回答從未發生的兒童問題，以及這個世代已偏離古時候的文化型態多遠了，還有，他們被灌輸了什麼，導致我們無法理解為何這種學校至今仍存在著。我們眼前的學校應是教育的工具，同時將經驗傳承予年輕一代。學校的根基即是經驗，可以說，每個學校都是教學法的圖書館，只是學校不能落後於普世的進步，如此，經驗便能成為教育科學的堅強基石。

但是或許歷史會答覆我們無解的問題：基於什麼可以正當地去強迫父母和學生接受教育？現行的學校存在歷史裡，並隨著社會與時間的變化而轉變；我們變得愈多，學校就變得愈好。

針對這個問題，我會回答：首先，哲學論述只是片面地、偏向一隅地進行歷史論辯。人類的意識形構了主要的歷史要素；結果，倘若人性變得不適合學校了，這意念也就主導了歷史，這些都應取決於學校的結構。再者，我們前進得愈遠，學校並未變得更好，反而更差，社會已臻至的地步，教育的水準略遜之。

學校是國家有機的部分，無法被單獨評價，因為它的價值只能多多少少地對應於國家保有的那些部分。學校只有在以人民生活為基本原則下，才是好的。俄羅斯鄉村大草原的美麗學校滿足了所有的在地學生，對巴黎人來說卻可能是很破的學校；而十七世紀時很差的學校或許比今日最佳的還好，因為它符合當時所需，而且至少是立足於一般的教育，如果不超越它，我們的學校就遠遠落後。普遍認為，學校的難題在於傳遞人們所達成與認知的一切事情，以及回答這些人生的議題，毫無疑問的，中世紀的學校傳統上更具局限性，而發生在他們眼前的人生問題也較易於解決，因此，學校比較容易使人滿意。傳遞希臘和羅馬的傳統文化較為簡單，那都是資源不足、完成度不夠的宗教教義、文法，以及現在已知的一部分數學，我們現在要傳達所有的一切，從過去到現在的傳統、已移風易俗許久的傳統慣例，還有全部的自然知識，在今日，我們還必須解答每天的現象。同時，傳授的方式一成不變，如此學校必定落伍。為了維持學校既有的存在形式，並且不致落於教育運動之後，有必要變得更有一貫性：不但教育要比現在更具強制性，也得制止從任何其他管道，像是禁止機器、溝通的管道以及印刷術進入等等。

目前我們從歷史上得知的，唯有中國在這方面是合邏輯的。其他國家企圖限制印刷的技術，並且普遍地箝制教育運動，僅能暫時性且不妥善地遏止之。然而，中國在現在這個時候，可以有好學校自豪，因為它完全與普遍的教育水準相當了。

假如我們被告知在歷史上，學校是完美的，我們應該只會回答必須相對上理解何謂學校的進步，但是關於學校方面，相反的，一年比一年、時時刻刻愈來愈糟的「強制性」；也就是說，學校背離了一般人的教育層級，自從印刷術發明以來，它們的進展與教育的進步不成比例。

第三，為了回應關於學校已然存在，所以學校是好的，這個歷史性的爭論，我自己想引證一個歷史論據。去年我在馬賽參觀了每一所為該城市勞動人民所辦的學校。學生入學的比例相當高，而少有意外的，兒童上學的期間長達三、四年，甚至有六年的。

學校的課程在於熟記教義問答、《聖經》與世界歷史、算術的四則運算、法語拼字以及簿記。我不能理解簿記可以用什麼方式去組織該學科的教學，也沒有任何教師能為我解釋一下。我自己只能做此解釋：學生們完成書上的課程而我也測試過了，儘管他們已熟記符號的操作，卻連三條算式規則都不懂，但他們仍死記硬背地學習（對我而言，似乎沒必要去查驗簿記、會計，因為它是用英文和德文教授的，如果學生懂得四則運算，這項技術大約需要解說十五分鐘）。

在這樣的學校裡，沒有一個男孩能夠解決問題，我是指最簡單的加減問題。然而，他們還得用無名數運算簡易且快速地相乘千位數。詢問他們法國的歷史，他們背誦得很好，但假若隨意地提問，我得到的盡是像亨利四世被朱利亞凱撒殺死這種答案。在地理科和聖史的情形也一樣。拼字法與閱讀科亦同。一半以上的女孩無法閱讀其他沒學過的書。六年的學校生活不曾給予他們寫出一個正確的字的能力。

生活中的教育力量更為巨大

我知道自己提出的事實似乎是不可置信的，很多人會有所質疑；但我可以將自己在法國、瑞士和德國目睹的一切無知的事，寫成一整本書。讓任何實際上在研究學校的人，不要從公開檢查的報告，而要從額外的參觀，在校內、外同教師、學生的對談中去考察。我在馬賽也參訪了為成年人而設的一般學校跟一間修道院學校。二十五萬個居民中，少於一千人進入這些學校，其中男性只有二十個人。用的是同樣的教學法：機械式閱讀法在一年內或更久的時間內可學成、不需算數知識的簿記、宗教教學等。我在參觀過那間學校之後，又看到每天在教會裡的授課；在一間幼兒學校裡，四歲的幼兒像士兵一樣圍著長椅，在吹出哨聲後馬上受命，舉手並交叉，帶著震顫又奇異的聲音唱著聖歌，以讚美上帝和他們的捐助者。我十分確定馬賽這個城市的教育機構非常糟糕。

假如奇蹟發生了，一個人只會看這些所有的設置，而不到街上、商店裡、咖啡廳裡、住家的四周去瞧瞧，以這種態度教育出的國家會形構出什麼信念？無疑地，人們會歸論為國家是無知的、魯莽的、矯飾的、充滿偏見的，並且近乎野蠻的。但這已足以產生連結，為了確知法國這個國家的狀況，去找個普通人來聊聊，幾乎會有正好相反的評價：有智慧的、精明的、謙恭的、沒有偏見的，以及真正有教養的。看看大約三十歲的城市工人，他能寫正確的字母而不會犯在學校裡的那類錯誤，或者說很少犯錯；他對政治會有意見，對現代歷史和地理也是；他多多少少從小說裡了解歷史；他有一些自然科學的知識。在做買賣時，他經常草擬並應用數學公式。他從哪裡獲得這一切見識呢？

我不由自主地在馬賽找到一個答案，學校下課後，我開始閒逛，走下街道，常常出入賣酒的商店、音樂表演咖啡廳、博物館、工作坊、碼頭，還有書報攤。那個告訴我凱撒殺死了亨利四世的男孩，對於《三劍客》和《基督山恩仇記》知之甚詳。我發現那些書在馬賽有二十八個圖解版本，賣價五至十生丁。對有二十五萬居民的城市，他們賣出了三萬本——結論是，假定十個人讀過或聽過一種版本，那麼所有的人都已讀過該書了。加上還有博物館、公立圖書館、戲院。再來談咖啡廳，每個人花五十生丁就可進入那兩家音樂咖啡廳裡飲食，每天都有二萬五千人這麼做，這還不算較小規模的咖啡館，它們的人數甚至更多：每一間都提供小小的喜劇和舞台，還有朗讀詩歌的。最保守估計有五分之一的人每天受到口語訓練，正如希臘人和羅馬人在圓形劇場裡受到指導。

這樣的教育是好是壞乃另一回事；但它就在這裡發生了，**這種無意識下進行的教育遠比強迫教育的力量更為巨大**；無意識學校無形中損害了強迫入學的學校，並且減其內容到近乎無。殘存的專制形態也幾乎不復存，我會說「幾乎」是因為排除了機械地將字母擺在一起，並把字寫出來的能力——唯一能在五到六年的學習後帶走的知識。值得注意的是，甚至連那種機械式的讀寫技巧也常常能在學校之外，用更短的時間習得，這種能力在離開學校後無法付諸執行，或是失去了，甚或在生活中找不到應用的機會。而由於義務教育法的關係必須入學，但學校並無教導第二代讀、寫、算的需要，我們想想，因為父母在家就能教他們了，而且比在學校裡學容易多了。

我在馬賽見識到的在其他國家也存在：**個人的教育有更大的部分是得自生活，並非來自學校**。生活極具教育力，一般說來，在所有的大城市，如倫敦、巴黎，大眾都接受了教育；就算各地的學校都一樣，鄉下的生活不具教育性，人民無法得到教育。在城市得到的知識看似能保存，從鄉下得到的會遺失。無論是在都市還是鄉村，公眾教育的方針和精神絕對是獨立於、普遍地背離在學校裡灌輸的精神。教育持續地自立於學校之外。

在教育的歷史中，可見歷史性的相互爭辯，我們在那段期間發現學校的進步和人民的發展不成比例，但是，相反的，它們陷入且變成空洞的拘泥形式。國家在普通教育著力愈深，學校的教育對生活的效用也消逝得愈多，學校的內容就變得毫無意義。

暫且不談教育的其他工具，商業的發展、進步的通訊方式、尺度更大的個人自由，以及個體對國家事務的參與——姑且不論集會、博物館、公開講課等等，僅僅就印刷的技術及其演進就夠了，如此即可理解舊式與新式學校之間的差異。生活中無意識進行的教育和有意識的學校教育總是各走各的，互為補充；但還有什麼比印刷術的欠缺，捨無窮盡的教育以虛耗於學校更為可觀呢？然後，科學是少數被選定符合教育工具特質的一環。現在，看看生活中負責的教育部分因而會碰到什麼狀況：到時候，人人都擁有書籍、書本的售價低廉、公立圖書館對全民開放；到那時，一個男孩上學時攜帶的不只是筆記，還有小心藏著的一些便宜附插圖的小說；在那個時候，在我國兩本識字讀本只賣三戈比[10]，而任何大草原的農民都將買一本啟蒙讀物，並請教短期居留的軍人，引導與教授他書中的智慧；後者在先前幾年曾從學多年課程於教堂司事；體操運動員捨棄進入體育學校而就書本，獨自準備大學的入學考試；年輕人離開大學，不依教授的筆記學習，直接從根源做起；**說真的，每一種認真從事的教育只能從生活中習得，而非在學校裡。**

我們必須為下個世代準備什麼樣的教育？

在我看來，最後且最重要的爭執在於：即使從歷史的角度，基於它兩百年的歷史，容許德國人有權為學校辯護，我們又有什麼理由去為尚未成立的公立學校答辯呢？從歷史上來看，我們又有什麼權利去主張我們的學校也得跟歐洲的學校一樣？我們還沒有公立學校的經驗。但是假如我們仔細地檢驗公眾教育普遍的歷史，就不會認同自己無法依據德國的形式、用德國健全的方法、英國的幼兒學校、法國的文化會館和特殊學校，為教師設置師資養成所，因而追上歐洲，不過，關於公眾教育，俄國人也生活在特別幸運的條件下；我們的學校不像中世紀的歐洲那樣，造成市民生活的情況；它不會成為某種政府的或宗教的成果；也不必引伸模糊、不受控制的公開意見，以及最缺乏活力的教育；不須經歷新的痛苦和苦勞，還有長久以來歐洲學校遭受的有害循環，它的假設是，這樣一來學校就會演變為無意識的教育，後者又會倒過來影響前者。歐洲國家已經克服了這些問題，但無可避免地在那過程中也失去了許多。

讓我們心懷感激地使所謂的苦勞變得有用，讓我們別忘了在這領域裡要完成一件新工作。基於人類已經歷過的與考慮到的事實，我們的行動尚未展開，我們能夠在勞動上喚醒更強大的意識，而且我們也樂意去這麼做。

為了借用歐洲學校的作法，我們樂於區別它們之中是否基於永恆理性的原則，負有歷史條件下的原始樣貌。沒有普遍的、明智的法則，也沒有一定的標準去判定學校的作為是不利於人民的暴行；然而，全然地模仿歐洲學校並非進步的，而是視俄國人民為退化——這將是一種出賣的行為。

為何法國能以卓越的科學：數學、幾何學與製圖去形成有紀律的學校；為什麼德國可以擁有歌唱和分析能力的優勢，發展各級教育的學校；何以英國為普羅大眾而興辦的慈善學校，用他們嚴格且兼具道德性與實用性的傾向，已有如此發達的科學，凡此一切都是很容易理解的。但是，我們並不知道，也永遠不會知道俄羅斯的學校是怎麼開展的，如果我們不容

10 戈比：俄羅斯的錢幣單位中，一盧布等於一百戈比。

許自由地解決問題，以及在適當的時期去做，也就是說，跟上時代的腳步，當時代在演進，自己的發展也要隨之進行，更得和全世界亦步亦趨。倘若認定這樣的公眾教育較歐洲走的錯路更先進，那麼，不要為它施任何力，如此比在那上面強行推動什麼的都還要更有利於我們。

少數接受教育的民眾想受更好的教育，受過教育的階級想去教育大眾，但是民眾只能屈從在限制下接受教育。我們已經查探過是否有能給予受教階級權利的法則之哲學、實驗和歷史，但我找不到半個；**反之，我們確信從教育的束縛解放之後，人類的思想仍持續地奮鬥著。**

在找尋教學的標準時，也就是說，拿來作為該教什麼與如何教的知識，我們只發現最矛盾的觀點和教學法。而我們做了結論，人類想更進步，就要盡可能的少訂這種標準。尋求教育史上的這類準則，我們為俄國人歸結出，從歷史上來看，歐洲發展的學校無法作為範式，再者，一步步進化的學校愈來愈落於普通教育的水準之後，它們的強迫性質因而變得益加違法，最後，歐洲的教育彷彿流水，趨近另一條通道，是用來防止學校應用活化工具的教育。

現在俄羅斯人該做什麼？我們是否該多少同意並以英國、法國、德國或北美洲的教育觀點為準，並照他們的方法？或者，我們應該藉由仔細地檢驗哲學和心理學，發現人類靈魂成長普遍所必需的，並且根據我們的觀念，使年輕一代成為最適切的人？還是，我們應該要利用史實的經驗（不是去仿效已經產生的形式，而是去了解人類經歷努力而形成的那些法則），我們該不該坦白且誠實地對自己說，我們並不曉得，也不可能知道未來的世代會需要什麼，不過我們不得不，也希望去學習這些不足？我們不願去譴責那些不接受、不知道我們的教育的人，但是我們要控訴無知與傲慢的自己，是否能堅持依自己的想法去教育人們？

讓我們別再視抗拒我們的教育的人為教學上的邪惡因子，相反地，讓我們將之視為人們意志的展示，它能引導我們的運作。讓我們最終宣稱源自教學法和整個教育的歷史，清楚地告訴我們的定律，這是為了讓受教育階級知曉何者為善、何者為惡，他們有足夠的力量去表現不滿，或是，至少會轉向出於本能所不滿的教育——只有解放教學法的準繩，別無他法。

我們在教學活動上，選擇的是後者的作法。

我們的教育活動乃基於信服那種我們並不知道，而且無從得知的教育在哪裡；不僅不存在一種教育學科（教育學）就連它最初的根基都還沒出現；從哲學的角度，教育學的定義及其目標是不可能、無用並且是有害的。

我們不曉得到底教育應該怎麼做，而且也不清楚整個教育學的哲學思想，因為我們沒有認知到一個人自覺應該知道些什麼。教育和文化對我們而言是體現出人對人所作所為的歷史事實；所以，就我而言，教育學科的問題僅在於發現人類彼此間互動行為的原則。我們不只不承認當代的知識，甚至不知道使人完美所必備的知識力量，但是我們也確信，假若人類有此知識，它也不會傳送其力量，或者根本不會傳播這樣的知識。我們很確知對於善與惡的認識，是獨立於人類意志，大多數存乎人性且隨著生命歷程不知不覺地發展，想要對年輕世代用諄諄教誨的方法灌輸我們的見識是不可能的，就如同無法剝奪將會由下個歷史階段所取代的認知現有的和更高程度的見識。我們號稱善與惡之法則的知識，以及基於這些法則對年輕世代所進行的教育活動，有一大部分是對於發展新認知而做的反動行為，它在我們這一代尚未達成，但能寄望於下個世代——這對教育是一種妨害，而非助益。

我們相信教育就是一段歷史，而且沒有止境。廣義地說，教育包括了養育，就我的觀點，人類這項活動有其一致的基本需要，還有教育歷程中無可避免的原則。

母親用只有他們彼此能夠理解的話去教導孩子；且出自本能地試著去從孩子看事物的觀點對他說話，然則為了遵循使教育進步的規範，母親無法依孩子程度教養他，反而是強迫孩子提升能力到母親的程度。同樣的關係也存在於作者跟讀者、學校與學生、國家和社會——人民之間。提供給他的教育活動有一個相同的目的。教育科學所要處理的問題僅在於，探討在兩種傾向由於同一目的而趨於一致狀態，並指出妨礙這種一致性的狀況。

因此教育學科，對我們而言，一方面變得簡單多了，不再拋出問題：教育的最終目標是什麼？還有，我們必須為年輕世代預備什麼？等等；另一方面，卻變得更加無比的艱難了。我們被迫研究所有的形勢，也就是有助於當代教育的各種思潮；我們得定義何謂自由，它可以說是：去除令兩種思潮融為一致的障礙，也可被視為整個教育學科的尺度；我們必須漸漸地移向無窮的事實，去解決教育科學的問題。

我們知道自己的論述無法說服許多人。我們曉得自己確信的基礎乃僅以經驗作為教育的方法，而**唯一的準則就是自由**。聽起來就像許多平凡的老生常談，如同一些模糊的抽象概念，對其他人正如一場幻想的夢。我們不敢去冒犯平靜的教學法理論並抒發這些確信的事，它們與過去的經驗完全相反，是否我們必須限定自己對這篇文章的反省；但是我們感受到自己的能力，一步步、一件件的事實，證實了我們狂熱信念的適切性及合法性。而在最後，我們致力於發行《雅斯納雅．波里耶那期刊》[11]。

---

11 《雅斯納雅．波里耶那期刊》（*Yasnaya Polyana*）：雅斯納雅．波里耶那是托爾斯泰的居所名稱，意思是「陽光草地」，托爾斯泰於1861~1862年期間舉辦此期刊，討論教育相關議題。

論基礎知識的教學

對基礎知識的誤解

時下有不少人致力於發現、借用或是創造最佳的方法以利閱讀教學；也有許多人致力於創造與發現最好的教學法。我們經常在文獻和生活中遇到這個問題：你採用何種方法教學？然而，我必須承認這個問題通常來自於教育程度不高的民眾，以及長期以來以教書為業的人，或是來自關注公眾教育的高官，還有長久以來因利乘便，準備撰寫一篇關於最好教學法的文章，投身於出版識字讀本的人。另外還有一些特別偏好自己的方式、卻從未涉獵教學的人。這些公眾往往人云亦云。忙於認真教學且富於教養的人則不會詢問這樣的問題。

在大眾看來，公立學校的問題在於教導閱讀，這是不爭的事實。閱讀知識是教育的初階，因此，找出最好的教學方法極為必要。有個人告訴你這個發音法很好；另一個則向你保證佐洛托夫（Zolotov）的方法是最好的；還有一個知道更好的，就是蘭卡斯特教學法，不一而足。唯有懶惰的人才無法讓字母教學變得有趣，而大家都確信，為了教育人民，必須使出最好的方法，捐獻三個盧布租間房子、聘一位教師，或者是在週日望彌撒和探望時，從他們因教育而獲得的富足中，提供少許給因為蒙昧而朝不保夕的人，就算功德圓滿了。

一些聰明、具涵養且富有的人聚集在一起，一個快樂的想法閃過其中一人的腦袋：給予可憐的俄國人民一個利益。「我們做吧！」大家都同意了，一個社群產生了，目標是培養公眾教育、為大眾印製既優良又便宜的書、創辦學校、鼓舞教師等。他們仔細描寫著章程，女士也參與其中，終於正式通過這種社群的法案，而社群的活動立即啟動。

為大眾印好書！看起來多麼簡單而容易，就像所有的好主意一樣。只有一個難處：沒有給一般人讀的好書，不但我國沒有，就連歐洲也沒有。要印製這樣的書，就必須先有人寫，但沒有一位捐助者願意承接這項任務。社群用募集來的錢委任某人，編輯或選擇最好的歐洲暢銷文學來翻譯（挑選這些何其簡單），人民也會很高興，且能如急行軍般展開教育，而社群亦相當滿意。

這個社群用同樣的方法進行學校其他相關活動。唯有少數自我犧牲的人，才願意分配自己珍貴的閒暇時間來教育大眾（這些人並沒考量到自己事實上未曾讀過任何一本教育專書，也不曾見過自己就讀以外的學校），其餘的人則鼓勵辦學。這看似簡單的事，卻有意想不到的困擾，亦即，想要發揚教育，除了學習並澈底投入外，別無他法。

不過，慈善社群與個人不知為何，沒有注意到這個困擾，而持續用這個態度在公眾教育領域奮鬥，且仍舊相當自豪。這個現象一方面挺有趣也無害，因為這個社群的活動及參與的人並不貼近大眾；另一方面則非常危險，因為這個現象在公眾教育的觀念尚未成形之際，丟出了一記煙霧彈。造成此現象的部分原因，可能是社群的躁進，部分則是人類普遍的弱點，將每個誠實的概念都弄成虛華與安逸的玩物。對我們而言，最根本的因素乃是澈底誤解了何謂基礎知識，傳播這種錯誤知識形塑了教育者的目標，導致在我國有著奇怪的論述。

沒有基礎知識也能得到教育

基礎知識這個概念，公認是小學的課程，這不只在我國，在全歐洲亦然。該學的有讀與寫。這些基礎知識是什麼？這些基礎知識跟初級教育有何共同點？基礎知識是由特定符號構成文字，即以文字來表現的藝術；基礎知識是種明確的技能；教育則是各種事實及其之間相關的知識。但是，為了引導人們接受教育，也許這個技能是不可或缺的，又或許沒有其他的法子？我們所見不及於此；我們體認的剛好完全相反。談到教育，我們要了解的不只是學業上的，也包括生活上的。

在教育程度低的人之中，我們注意到讀寫能力與教育程度無關。我們見到熟稔一切耕作必要常識的人，他們具備這方面的知識，卻不會閱讀也不會寫作。要不就是極佳的軍隊指揮官、優秀的商人、經營者、工作督導、熟練的技工、承造業者，他們單純地從生活中學習。他們具備許多知識，善於說理，以那些資訊為基礎，但他們既不會閱讀也不能書寫。反觀那些能讀也能寫，以及具備所需技能的人，卻無法據以吸收新知。每個認真檢驗大眾教育的人，不僅在俄國，全歐洲皆是，都會不情願地得出這個結論：人獲得的教育與讀寫能力是兩碼子事，而這些基礎知識，除了需要出乎尋常的能力之外，在大多數的情況下依然是個用不上的技能，甚至是危險的技能，的確是危險的，因為在生活中沒有什麼是無關緊要的，如果基礎知識不適切又無用途，反而有害。

或許有某種教育在我們上述所舉的例子之外，若沒有基礎知識就不可能獲得，但我們無法確認，也沒有理由為下個世代的教育做此臆測。我們所知的一切即為自己的教育程度，我們無法也不想去想像別的，而且也辦不到。我們的小學曾有過一個可構成教育磐石的例子，我們不想知道所有已然形成的教育程度，不是那些在學校裡的，而是在學校之外，不依附學校而存在的教育。

我們認為，所有不懂基礎知識的人都算是沒受過教育，對我們而言，他們是塞西亞人[12]。基礎知識在教育之初有其必要性，我們堅持引導大眾走我們的教育途徑。想到我受過

12 塞西亞人（Scythians）：古希臘時代在歐洲東北部、東歐大草原至中亞一帶居住與活動的農耕民族，一部分為半游牧民族。

的教育，令我欣然同意那個觀點；我甚至確信這是良好教育的必備條件，但是我無法說服自己所受的教育是好的，追隨科學的路線是正確的。最重要的是，我無法不去考量四分之三的人類，他們沒有學習基礎知識也得到教育。

缺乏真正的基礎知識學校

假若一定要教育民眾，就去問他們怎麼自我教育，以及是用什麼方法達到目標的。如果我們想要找出基礎，即教育的第一個階段，為何我們需要在基礎知識裡尋求，而非更深一些的東西？為何我們必須在無數的教育工具之下停頓在某一點，並視其為完全的教育，而它其實僅是教育中偶發的、不重要的一個事件罷了。

教授基礎知識在歐洲已有一段時日了，但通俗文學在其中並無一席之地。也就是說，完全以勞力維生的大眾沒有讀書的餘地。這個現象理當受到注意與闡釋，但人們卻想像著如何繼續藉由教授基礎知識改善這個現象。所有關於生命的問題用理論來解答都輕而易舉，唯有在運用時才發現沒那麼容易解決，反而會化為幾千個難題。

教育大眾看似單純又容易：教授他們讀寫能力，如有必要，就強迫他們去學，給他們好書，這麼做就成了。但事實上沒有這麼簡單。民眾並不想要學習讀寫。好吧，這點我們能強迫他們接受。另一個阻礙是：沒有書。我們也能訂購書籍，可是訂到的都不是好書，而我們不可能命令人寫出好書。主要的困難在於沒人想去閱讀這些書，也還沒有人引進強制閱讀的方法；此外，民眾仍是用他們一貫的方式得到教育，而不是去讀小學。

也許人民參與共同教育的歷史時刻尚未到來，他們得先研讀基礎知識上百年。也許人民被寵壞了（如同許多人想的），也許人民必須自己寫書，也許最好的方法尚未問世；也或許藉由書本和基礎知識的教育是貴族階級的手段，相較於這個時代的其他教學法，勞動階級較少採用。以基礎知識教學的主要好處在於不靠輔助的手段就能傳播科學，但這種為了大眾而實行的基礎知識並不存在。或許一個工人透過植物研究植物學、透過動物學習動物學、經由算盤學算術，會比較容易，會比從書本上得到更多。也許工人會有時間去聽故事、去博物館或參觀展覽，卻找不到時間讀書。甚至，書本教學與他的生活方式及性格養成完全相反。我們經常觀察到，一個有知識的人對勞工說明或解釋某件事，他可以集中注意力、提起興趣以及清楚地理解；但是難以想像同一個工人在他起水泡的手裡捧著一本書，試著領受兩頁紙上為他平易地詳述一個科學觀念。這一切僅是成因的假定，也可能相當錯誤，但是通俗文學的欠缺以及人們抵制透過基礎知識進行教育的這個事實，存在整個歐洲。於是全歐洲的教育階級甚至視小學為教育的第一個階段。

如果我們仔細看看教育的歷史進程，對這種顯然不合理的概念之起源將會一清二楚。

我們發現，最早創設的不是較低階的，而是較高階的學校。首先是修道院，然後是中等學校，接著才是初等學校。依照這個觀點，以兩張紙呈現整個人類歷史的史馬拉格多夫（Smaragdov）的教本，在縣立學校是必要的，一如基礎知識之於初級學校。基礎知識在這個組織化的層級制度中乃是最後一個階段，或者說，最後設定的第一階段，所以較低階的學校僅是為了回應較高階所需而設置的。

不過，也有另一種觀點，公眾學校做為獨立的機構，其出現無關乎高階學習有欠完善，而是為了公眾教育的目的而存在。由政府設置的這個教育階梯起步愈低，就愈是有必要讓每個教育階段自主且完備。中等學校[13]能進入大學的只有五分之一；從縣立學校進入中等學校的也僅有五分之一；公眾學校只剩千分之一可能升學至較高等的學習機構。從公眾學校升至高等機構到頭來成為公眾學校追求的最後目標。還有，只有這個連結才能說明大眾學校即是基礎知識學校的觀點。

公眾學校教育必須回應大眾的需求

我們在文獻中討論基礎知識的利弊，要嘲諷很容易，但若想嚴肅地探討，由此亦闡明了許多問題。然而，這樣的議論無所不在。有些人說大眾能閱讀書本與刊物是有害的，會將思維與政治傾向交到這些人手裡；他們說閱讀能力會除去勞動的要素，灌輸他們對現狀不滿的想法，並引發邪惡和道德衰退。其餘的人會說，或暗指，教育不可能有害，而是永遠有益的。前者或多或少是慎重的觀察者，其餘則是理論家。這個議題爭論已久，兩者皆完全正確。我們認為，這番爭論事實上是由於沒有清楚地提出問題所導致。

前者恰如其分地攻擊了把基礎知識視為無需其他資訊也能單獨灌輸讀寫能力的看法（正如絕大多數學校所做的，死記活背的學習法已被遺忘，留下的只剩閱讀的藝術）；後者則為基礎知識辯護，認為透過它來理解是教育的初步，唯有對基礎知識產生不正確概念才會出錯。倘若拋出的問題是：初級教育是否有利於人民？沒有人可以否定。可是如果我們問：教無法閱讀或是無書可讀的人讀書，仍是有用的嗎？還是沒有用？我希望每個不帶偏見的人會回答：我不知道。如同我不曉得教導全國人民拉小提琴或製作靴子是否有益一般。

更仔細地審視傳遞給大眾基礎知識的成效，我認為大部分呈現出他們對基礎知識的反對。學生在學校裡養成了長時間被迫學習、不均衡的記憶發展、不完整的科學概念、對持續教育的憎恨、不真實的虛榮心，以及無意義閱讀的習慣。在雅斯納雅．波里耶那學校，來自初級學校的學生趕不上從生活中學習的學生；不只落後，他們還退步到初級學校的程度。

---

13 中等學校（gymnasium）：教授升大學的德國中學。

因此，我們在這裡無法解釋公眾學校裡的課程問題何在，甚至不認為有做出說明的可能。公眾學校必須回應大眾的迫切需要，那是我們在考量這個問題時所能主張的一切。至於這些迫切需要為何，只有仔細研究與自由實驗後才能教導。基礎知識在迫切需要的占比微不足道，所以小學的創辦人可能會贊同，但它對大眾而言，幾乎是有害無益，而且即便實行了，也不可能等同於初等教育的學校。

基於相同的理由，如何在最短的時間內教授基礎知識，以及該用何種方法，在公眾教育事務上，這些問題顯得微不足道。同樣的，認真投入初級學校的人們，若是更換為較有趣的工作，將會做得更好，因為，公眾教育不僅止於基礎知識，它呈現出來的不僅困難，而且必然需要立即且持久的努力以及對大眾的研究。

初級學校使基礎知識在表面上看起來是大眾所需，而他們依自己的步調達到為大眾所需的地步。這些學校大量存在於我們之中，理由在於這些學校的老師除了基礎技能之外，無法傳遞知識給學生，而人們需要這些基礎知識做為實際的用途，像是讀懂符號、記下字形、頌詩悼念亡者以營生等。

這些學校的存在就像裁縫師與木工的工作坊，甚至大眾對它們的觀點及其教學法也是如此。學生最後以某種方式自行學習，正如師傅為了需要而僱用學徒，派他去取白蘭地、砍木頭、清排水道，這就好比師徒制的學習。也像進行交易，基礎知識未曾做為將來自行教育之用，而僅有實用目的。教堂司事或軍人皆可成為教師，農夫送三個兒子中的一個去學習基礎技能，或是當學徒，無論是跟裁縫師學或是處理有關法律的緊急事件，他都滿意。不過，把這視為文化程度，並且以此為根基建造公立學校、設置錯誤的初等教育方法、誘騙並強迫人民入學，都可能是一種犯罪和錯誤。

然而在公眾學校，如你所知，他們會說，教授基礎知識仍是形塑教育的首要條件，因為在公眾的教育概念裡，有知曉基礎知識的需求，也由於絕大多數教師最懂得基礎學習，因此，初等教學法的問題終究是有待解決的難題。

依據孩子的理解力選擇教學法

針對這點，我們會如此回答，在大多數的學校裡，由於我們對大眾和教育學的知識不足，教育實際上乃是始於初級教學，但是教授印刷符號和書寫藝術的過程中，呈現出來的是非常微不足道且是長久以來無人不知的。教堂司事用字母表教導閱讀要花三個月；一位聰明的父親或兄長用相同的方式要花的時間卻少得多；根據佐洛托夫與路特教學法（Lautirmethode），學習閱讀還可以更快。可是，不論他們採用什麼方法學習，如果兒童沒有理解自己所讀的內容，那麼他什麼也沒得到，這是初等教學的主要問題；還沒人聽過任何必要的、困難的，但尚未發現的方法。基於這個理由，如何最方便的教授基礎知識這個問題，儘管該有個答案，但對我們根本一點也不重要，而為此耗費精力，持續尋覓一個方法，在較為先進的教育裡找到一個更加重要的施為，對我們而言似乎引起更大的誤解，這是由於對基礎知識的理解不當所導致的。

我們從經驗得知，方法無所謂好或壞，敗筆在其嚴守的作法，**最好的方法並不存於教學方式中，而存在於知識及應用所有手法的優點，根據教學時遭遇的困境，創造一個新策略。**

每個曾經教過閱讀的人都會依目的自有一套方法，縱然他不曉得那是什麼，授課時仍舊存在著許多教學的要素。新方法只是為了能夠讓學生理解新觀點而發明的，因此新方法無法排除舊的，不只沒變好，反而變得更糟，因為大多數基本手法一開始就被學生察知了。一般認為大部分新方法的發明是為了滅絕舊方法，即便實際上舊方法仍是其中的元素，而創新者刻意駁斥也只是使事情變複雜，落後於有意識地應用舊方法及無意識地運用新的、未來的作法的那些人罷了。

讓我們援引一個例證，其中包含最古老跟最新穎的教法：基里爾與麥托迪[14]的方法，以及在德國採行、健全富創意的魚類圖鑑（*Fischbuch*）。教堂司事或農民使用古老方法教授*az*、*buki*時，總是藉由*buki*發音為*b*，來為學生說明子音的無母音。我曾見過一個農夫教導他的孩子，他先解釋字母*b*、*r*，接著再繼續教字的組成與拼字。就算教師不這麼做，學生自己也會理解為*be*的基本語音就是*b*。這就是語音系統。最近，老派的教師讓學生拼兩個或兩個以上音節的字時，會蓋住一個音節說：這是*bo*、這是*go*、這是*ro*等，這有部分應用了佐洛托夫教學法跟母音的教學技巧。每一個讓學生研讀啟蒙讀物的人指著「上帝」這個字的象徵，並同時發音「上帝」，於是，他與學生閱讀一整本書，由學生自在地學習拼字的步驟，用拆解開的要素整合為有機體，以熟悉的言詞（例如祈禱文，毫無疑問的，在兒童的心靈裡，這是必要的知識）分析其構成元素。

為了向學生說明閱讀的歷程，以最方便學生上手的方式，讓他任意地自我闡述，每個聰慧的老派教師皆在無意識中，採用了所有的新方法和數百個策略。

不是一條魚，是一條畫的魚？

我知曉幾百件以buki-az-ba[15]這個方法迅速學會閱讀技巧的例子，也有數百件用新方法很

14 基里爾（Cyril）與麥托迪（Methodius）：斯拉夫民族中最早的倡導人、斯拉夫字母的創造者，俄文即屬之，但後來經過變化。

15 指上述教堂司事或農民使用古老教授字母發音的方法。

慢才學會的，但這些都姑且不提，我只堅信老方法勝過新的，儘管在不知不覺中，它涵括了全部的新方法，而新方法卻排除了舊方法的元素。老方法還有一個好處，它很自由，新的卻具強迫性。什麼，自由？人們跟我說，使用老方法教拼字時會被棍子打，而採行新方法學習的孩子被稱為「你們」，他們會恭敬地為求了解前來詢問。

這就是目前在孩子身上實施的最有力也最有害的暴力，兒童被要求確實地理解老師過去以相同作法學到的。一個從未授過課、也不懂得人類與兒童的人必須想像，既然*bra*只是*b*加*r*加*a*，每個兒童為求能夠發音，只需學習*b*、*r*、*a*。你告訴他：*b*、*r*、*a*如何發音？他回答*ra*，且相當正確，因為他是這麼聽到的；另一個說*a*，第三個答*br*，一如他將*shch*發音成*sch*、*f*念為*khv*[16]等。你告訴他*a*、*e*、*i*、*o*、*u*是主要的字母，但對他而言，*l*、*r*才是，而且他經由你的指示理解到全然不同的語音。

這還不是最糟的。一個從德國學院學成歸來的教師，學過最好的教學法，用魚類圖鑑授課。他大剌剌地、自信地坐在教室裡，教具已備妥：字母積木、方形的黑板，以及畫有魚的圖案的識字讀本。老師俯視著學生，他總是知道學生該懂些什麼；也曉得學生的靈魂組合成分，還有許多他從學院學到的事情。

他翻開書並指向一條魚。「親愛的孩子，這是什麼？」你們瞧，這就是目的教學。如果還沒從其他學校或兄長那邊得到情報，那些可憐的兒童會因為見到這條魚感到欣喜，想著要為這條魚添加什麼醬料，而陷入道德上的折磨與苦惱。不論如何，他們會說：「這是一條魚。」

老師答道：「不對。你們看到了什麼？」（我所說的不是虛構故事、諷刺作品，而是我在德國和英國最好的學校的所見所聞，他們已成功採用這個最美、最好的方法了。）

孩子們一片沉靜。你無法忘懷他們被迫坐得極其端正，在每個位置上都沒移動，安靜又服從。

「你們看到了什麼？」

最愚笨的孩子說：「一本書。」所有的聰明學生此時想著一千個自己看到的東西，他們直覺上知道自己絕對猜不出老師要的答案，他們應該說魚不是魚，但對其他東西又無以名之。

「是的，是的。」老師歡欣地說：「非常好，是一本書。」

聰明的學生變得更大膽了，而那個笨男孩自己也不曉得為什麼被稱讚。

老師說：「書裡有些什麼？」

最快又最機靈的學生搶著答，驕傲又喜悅地說：「字母。」

---

16 俄國民眾把*f*的念法轉變為*khv*。

「不，不對，不完全是。」老師幾乎是悲哀地回答：「你得想想自己所說的答案。」

所有聰穎的學生再次沉悶起來，甚至猜也不猜了，開始想老師戴什麼眼鏡，他怎麼不離開卻偏偏直盯著他們，諸如此類。

「好吧，書裡有些什麼？」

沒有人出聲。

「這裡有什麼？」

一個大膽的小子說：「一條魚。」

「是的，一條魚，但不是條活魚吧？」

「不，不是一條活魚。」

「非常好。牠死了嗎？」

「不是。」

「很好。這是哪一種魚？」

「一張圖畫。」

「是的，相當好。」

大家重複著這是一張圖畫並且幻想著一切結束了。不，他們應該說這是一張描繪一條魚的圖畫。而這是精確的方式，老師要學生說這是一張描繪一條魚的圖畫。他臆測學生不夠聰明無法看出這一點，他這麼做是有原因的，這樣要學生說出，比讓他們背誦至理名言來學習要單純得多。

倘若老師就此停住，學生算是走運了。我聽過有一個老師讓學生說這不是一條魚，而是一個東西，且那個東西是條魚。要是你喜歡，這是一個接觸基礎知識的目的教學，是一種讓學生思考的技巧。然而，現在這個目的教學結束，開始要分析文字了，在圖片上展示「魚」（Fisch）這個字的組成字母。程度最好、最聰明的學生希望能彌補剛才的錯誤，立即緊抓字母的構造跟名稱，可是他們搞錯了。

「魚的前面有什麼？」

膽怯的人靜靜不說話，最後有個較大膽的男孩說：「一個頭。」

「很好，非常好。頭在哪裡？」

「在前面。」

「相當好。那頭之後呢？」

「那條魚。」

「不對，想想看！」

他們必須說：「身體。」儘管最後說出來了，但也喪失了希望和自信。**他們所有的精神力量為了要理解老師所要的而過勞受挫**。「魚的頭、身體以及末端：尾巴。很好！大家一起念：魚有一個頭、一個身體，還有一條尾巴。這裡是『魚』這個字構成的字母，而不是一條畫好的魚。」

魚組成的字母突然間被分成*F*、*i*和*sch*三個部分。技術熟練而自我滿足的老師，像個表演者向觀眾灑下許多花朵，而不灑酒。他隔開*F*，指著它說：「這是頭，*i*是身體，*sch*是尾巴。」接著複述：「*Fisch*、*ffffiiiischschschsch*。這是*ffff*、這是*iiii*、*schschschsch*。」

可憐的孩童受著苦、發出噓聲、上氣不接下氣，試著發出沒有母音的子音，這是生理上辦不到的。老師沒有意識到這件事，自己採用半母音，在*urn*之內的*u*，與在*pity*之中的*y*，介於兩者之間的音。起初學生被噓聲逗樂了，但隨後他們注意到，假設自己記得這些*ff*、*ii*、*shsh*，他們就會說*shif*、*shish*、*fif*這些音，而如此就絕對認不出*Fisch*、*ffff-iiii-shshshsh*了。知道最佳方法的老師，不幫助他們，反而建議他們從*Feder*、*Faust*這些字去記*f*，以及從*Schurze*、*Schachtel*去記*sch*等諸如此類，並且繼續要求他們說*shshshsh*；他不只不解救學生，還禁止他們從插圖般的ABC或片語中學習字母，例如*a*意謂著*apple*，*b*則是*boy*；他不允許學生在不懂得區分音節前就學習音節，並朗讀自己熟悉的；簡言之，用德國人的說法，老師視而不見，除了*Fisch*之外，他不願意知道任何其他方法，而且，一條魚是一個東西等。

有一種基礎知識的教學法，也有一種教導初級思考發展的方法：目的教學（查閱丹佐〔Denzel〕的《草案》〔*Entwruf*〕）；這兩者都有所連結，孩子一定會通過這些考驗。所有的方法都做過了，因此學校除了這條路應該已沒有其他可以發展的途徑。每個動作、每個字眼與問題都被禁止。這些手都牽在一塊。安靜又順從。有些人奚落**buki-za-ba**的作法，堅持這個方法毀了一切心理官能，而推薦路特教學法以連結目的教學；亦即，建議記熟一條魚是一個東西，*f*是頭、*i*是身體，而*sch*是尾巴，而且不要死記聖詩和《時禱書》[17]。英國與法國的老學究驕傲地發出「目的教學」這個字的音，並說會在初級教學推行。我必須說得更詳細一點，這個目的教學對我們而言難以理解。目的教學是什麼？若不用它，還有沒有別種教學法？五種感官在教學時都能發揮作用，但總是在使用、並且一定會用目的教學。

歐洲學校試圖擺脫中古時期的形式主義，因而產生與之相反的目的教學法，其錯誤在於保有部分舊方法，並加以改變外在手段；但對我們而言，我再說一次，目的教學毫無意義。在整個歐洲致力於發明目的教學與裴斯塔洛齊的方法卻又徒勞無功之後，發現除了用平面地圖來教授地理的描述之外，假如他們能夠從顏色教色彩、從製圖教幾何學、從動物教動物學，就不需要去發明任何教學法，因為自古以來，自然本身即創造了一切，每個人都清楚了解而且如此長大成人。

17《時禱書》（Book of hours）：中世紀基督教徒的祈禱書。每一本時禱書手稿都是獨一無二的，但是大多數都包含類似的文本。

這些教學法都很類似，老師根據既定方法備課，皆是十分認真地規劃課程。俄國的學校始於十九世紀下半葉，沒有任何歷史的安定要素以及謬誤壓迫我們，認知基礎完全不同於歐洲學校所承受的。即使把這些方法的錯誤，與對學生施加的精神暴力置之不理，我們和教堂司事用六個月教學生閱讀，為何必須採用路特目的教學法，如此，他們不就得學習一年，甚至更久？

不同語言適合不同的教學法

前面已經說過，就我們所見，每種方法都是好方法，但同時也是片面的；任何一個方法對某個學生、某種語言或國家都有其方便之處。正因如此，扎實的及其他非俄羅斯式的方法，對我們而言皆不如buki-za-ba的作法。目的教學在德國已經得到這麼不好的結果，而那個國家，有好幾個世代，根據康德或施萊爾馬赫所定義的法則去學習，最好的教師也在此受訓。路特教學法在十七世紀始於德國，基於某個作法，某種具有道德格言的《讀本》（*Lesebuch*）就該由法律制定嗎？無法被人民和教師所吸收的話，以嶄新的方式引用任何教學法將導致什麼結果呢？

我要談談最近接觸到的少數幾個例子。今年秋天，有個曾在雅斯納雅．波里耶那學校任教的教師，在一個村子裡創辦了一間學校，那裡有四十多位學生，一半以上已經學過*azes*和區分音節，三分之一的學生能閱讀。兩週後，農民普遍表達他們對學校的不滿。主要控訴的點在於老師用德文教*a*、*be*，而不是俄語的*az*、*buki*；他教的是童話故事，而非祈禱文，再加上學校裡沒有秩序。跟這個老師會面時，我告知他農民的意見。那個經過大學訓練的老師，輕率地微笑著向我說明他教*a*、*be*取代*az*、*buki*是因為有助拼字的學習；讀童話則是為了讓學生憑自身的智力理解所讀的內容；而且，與他的新式作法一致的是，他認為不必處罰學生，因此，無法嚴格地命令已習慣學習音節時受教鞭督促的農民孩子。

兩週後我再次造訪該校。學生被分成三班，老師小心地依程度分級。程度較差的班裡，有些學生站在桌子邊，背誦著紙製圖解的某些部分，上面寫著字母。我詢問他們問題如*az*、*buki*等，有些人甚至懂得區分音節，一個雖然才學不久卻能閱讀，用他的手指指出並複述*a*、*be*、*ve*。想像一下，他已經學到新東西了；其他班也是，在中級班，學生會拼*s*、*k*、*a*，*ska*，一個人提問而其他人回答。他們這麼做已超過兩週了，儘管學會捨去多餘的字母*e*的過程，只消一天就綽綽有餘了。在觀察以上這些情形時，我發現有些人曉得舊式的音節區分，有人可以閱讀，但就像其他人，這些學生為自己以舊法學習感到羞愧，退避三舍，想像除了拼*be*、*re*、*a*，*bra*的方式別無他法。第三個班，程度很好，都在閱讀。這些不幸的人坐在地板上，每個人手握一本書，放置在眼前，他們佯裝在閱讀，大聲重覆以下的詩句：「在圓拱穹蒼的盡頭，人們不食小麥也不食黑麥……」

念完了這些詩句，他們面露哀傷與緊張，再次重述同樣的韻文，不時斜眼瞄我，想問我他們是否表現良好。

這件事令人感受極差且不可置信。那些男孩中，有的讀得很好，有的無法拼字。能夠閱讀的那些失去了友誼，無法閱讀的那些人，至少得花三週不斷地念那兩句改編自厄修夫[18]拙劣童話的韻文，那是到目前為止公認最差的韻文。

我接著用聖史檢驗他們。大家什麼都不知道，因為老師還是根據新式教學法，同時展示一切，一共有幾百萬個事物，沒讓學生熟記。我用《祈禱書》檢測他們，學生什麼都不曉得，他們把主禱文搞錯了，如同在家裡學習一樣。大家都是很棒的孩子，有豐富的生命力、智力以及對學習的熱忱！最糟的是，這一切乃是依照我的辦法實施的！這裡的所有策略都是在我的學校實行的：用粉筆立即寫出全部字母的學習、為兒童所做最易理解的閱讀、口頭描述聖史，以及不透過背誦學習數學。同時，每件事都有策略，能有意識地避免教師最熟悉的死記，唯有他精熟且違背意志地提供全然迥異的教材：他要學生記的不是祈禱文，而是厄修夫的童話故事；不從書本學習聖史，卻取自他自己貧乏又沉悶的背誦；數學科跟拼字教學亦如此。要敲醒受過大學訓練的不幸教師是不可能的，粗野農民控訴一千次也合理；教堂司事比他教得好太多，無法相提並論。而且如果他想教閱讀，可以根據buki-az-ba教，讓學生記憶，用這個作法，他能得到一些實際的好處。然而，那個受過大學訓練的教師，學習過雅斯納雅・波里耶那學校的作法，依據他自己的說法，基於某個理由，他想在這裡造就一個模式。

我還看過另一個在俄國某城市的一所縣立學校發生的事。在聆聽最高級班裡、最好學生驚恐又急急忙忙地說出俄國的水路後，中級班有另一個學生用亞歷山大大帝的故事向我們致意。在我和一道去參訪學校的同伴要離去之際，學校的督導邀請我們去他的房間，看看他新創且正準備付印的新式初級教學法。他告訴我們：「我已經選了八個最貧窮的男孩，用他們做實驗，來驗證我的方法。」

我們進了門，八個男孩成一組站著。督導用最古老的發音方式喊：「回去你們的位置！」孩子們像軍人一樣圍成圈圈站著。他對我們疾呼了一個小時，告訴我們過去這個美好又有效的方法曾於整個首府實行，但現在只剩他這間學校在用了，他希望恢復其榮景。孩子們一直站著。最後，他從桌上拿起有*c-a-t*畫像的圖解。他指著貓說：「這是什麼？」一個男孩回答：「乳牛。」「這是什麼？*c*。」那個男孩念*c*。「而這是*a*，這個是*t*，合在一起是

---

18 厄修夫（Pyotr Pavlovich Yershov，1815～1869）：俄國詩人及作家，作品有知名童謠詩《駝背小馬》（*The Little Humpbacked Horse*）。

cat。再加上*mp*，就會得出*camp*。」孩子們很難向我們背誦這些答案。我試圖問他們一些新的，除了貓和乳牛，沒人知道別的答案。我想知道他們學習多久了。那個監督者已實驗了兩年。那些男孩們介於六到九歲，都是清醒萬分、真實的男孩，不是人體模型，而是活生生的人類。

我對管理者談到，在德國，這個穩建的方法用得不一樣，他向我解釋在德國這個方法被誤用了。我努力讓他信服正好相反，他卻為了證明自己的想法，從另一個房間帶給我五種三十幾個與四十幾個不等的德文字母，由另一種非發聲的方法所構成。那八個男孩留下督導，去做進一步的實驗時，我們靜靜地離開了。這件事發生在一八六一年秋天。

這位督導可以教八個男孩閱讀到怎樣的程度，將他們整齊地安置在桌邊，使用字母讀本和教鞭，甚至拉他們的頭髮，就像他的老執事那樣拉他！在今日，可以發現非常、非常多根據新方法教學的實例，它在學校大規模地施行，更別提反覆無常的主日學校了。

還有另外兩個完全相反的例子。一間鄉村學校，在上個月開課了，我在最初授課時留意到一個結實、塌鼻的十四歲男孩，他無時無刻不重複念著字母，口齒不清地說了些什麼，自信滿滿地微笑。他並未註冊為學生。我跟他說話，發現他曉得全部的字母，不時地念*buki*、*rtsy*等等。與別人在一起時也會這樣，他感到很不好意思，認為這是被禁止的壞事。即便他不相信自己辦得到，但我問他音節如何區分，他也知道；要他朗讀，也沒有拼字錯誤。

「你在哪裡學的？」

「夏天的時候，我跟一個牧羊人學的；他懂，他教我閱讀。」

「你有字母書嗎？」

「有。」

「你從哪裡得到的？」

「我買的。」

「你學了多久？」

「整個夏天。只要他出現在田野，我就會去學。」

另一個例子是雅斯納雅．波里耶那學校的學生，他過去跟一個教堂司事學習過，是一個十歲的男孩，有一次他帶弟弟來找我。這個七歲的男孩朗誦得很好，而且在冬天的晚上跟哥哥學習閱讀。我知道很多這樣的例子；任何人皆可以從民眾裡找到許多例證。那麼，創造新教學法有什麼用？雖然可以捨棄 az-buki-ba 這個方式，但除了 az-buki-ba 以外所有的都是好方法嗎？

此外，俄語與基里爾語的字母超過其他歐系語言，而且其字母有特殊的形態，必然會有其教導閱讀的獨特風格。俄語字母的優越之處就在於此，每個音調的發音即本身的音，不像別的語言那樣。

解決學生的學習困擾才是好的教師

那麼，教授俄語閱讀的最佳方法是什麼呢？不是最新的發音法，也不是最舊的*azes*、字母合併與音節區分，亦非母音教學法或佐洛托夫的方法。對老師而言，最好的方法就是他最熟悉的方法，其他所知或創造的方法只是做為教學之初的輔助工具。想要發現這個教學法，我們只須依照人們使用最長久的方法就可得知；這個方法的基本特徵最能為大眾接受。對我們來說，字母、組合、標音節的方式，就如同所有的方法，是不完美的，因而能夠藉著一切提供給我們的創新作法來改善。

為了盡可能在最短時間內獲得閱讀技巧，**每個人的學習方法都應該不同，因此必須為每個人提供殊異的手法**。一個人無法克服的難題並不能使另一個人望之卻步，反之亦然。有的人記憶力佳，對他來說，記住音節比理解子母的無母音簡單得多；有的人可以冷靜思考且了解最合理的發音方式；還有人直覺反應快，得以閱讀一次就知曉文字結合的原則。

最好的教師是能用自己的話解決學生學習困擾的人。這說明了要盡可能地提供老師最大量的教學法、創新教學的能力等相關知識，尤其重要的是，**不盲目地固定用一個教法，而是確信所有方法都是片面的**。最好的方法是可以用最佳的方式，回答學生所遇到的問題，也就是靠教學的技巧與才華，而非某一種教學法。

每位教閱讀的老師必須好好地紮根於一個能夠為人民所使用的方法，也一定要以自己的經驗進一步地驗證它；他必須竭力找出最多的方法來做為輔助的工具；且必須考慮到學生無法事事完全理解，那並非學生的缺陷，而是老師的教學法不良，教師也得致力於培養自己發掘新方法的能力。每位老師都應該知道，任何創新的方法只是一個階段，他必須以此為基礎力求精進；他要曉得若不如此，別人會吸收這個辦法，並以此為基礎進步得更多，而且，教學這件事是一門藝術，完成跟完美是不可得的，然而對於成長與完美的追求卻是無止境的。

創辦公眾學校的通用計畫提案

公眾教育是必要的嗎？

幾天前，我讀了創辦公眾學校的通用計畫提案。閱讀後，對像我這樣的人造成一種影響，就像每個人都必定有過的經驗，收到突如其來的消息，得知自己十分喜愛、且在自己的注視下成長、剛形成的小樹林變成了一座公園，樹木被砍光、清除乾淨且綑成一束束放在那裡，將初生的幼芽連根拔除，改鋪上鵝卵石步道。

這個企畫的想法是：考量到普及公眾教育的必要性，且推測大眾尚未開始受教育，並認為大眾的教育對於未知的教育懷有敵意；言下之意是現況仍停留在一八二八年，當時並無明令禁止人們辦學與授課，現在依舊如此；且認為民眾絕不會想著要接受非強迫的教育，或者是，一旦接受教育就不可能不繼續，政府強行對人民徵收一個新的、且是現存稅制中最重的學校稅，並委任內閣官員管理全部新開的學校，意即，政府任命教師，亦有權選擇課程規畫與教學手冊。考慮到新的賦稅，政府認為自己有責任為人民找到並任用五萬名教師、至少創辦五萬所學校。然而，政府還是覺得在管理現行的教區與縣立學校方面有不妥之處。大家都知道沒有老師，也沒人會否認這點。

說也奇怪，任何了解自己國家的俄國人都不曾表達這個想法，在提案裡，也以各種藉口、透露出的傾向以及得到承諾的特權掩蓋，迄今，尚無俄國人懷疑過這件事。不過，這也不是一個新觀點。公眾學校在世界上最大的國家之一已經實施了，那就是北美利堅國（North American States）[19]。相較於俄國，美國施行這個制度的成果非常輝煌；無處不是國民教育，發展既快速又普及。這是千真萬確的。美國的學校制度一開始就效法歐洲國家，而且比歐洲辦得更加成功，其他追隨的國家也完成其歷史性的任務，而現在輪到俄國實踐了。既然移植自美國義務教育制度（由徵稅來支應費用），俄國在創辦學校時也犯了跟美國相同的錯誤，採取了適用於德國或英國的系統。美國義務教育之所以成功，是因為學校是順應時勢與環境而發展的。在我看來，俄國應該以同樣的方法進行；我堅信俄國的公眾教育制度不會亞於其他的國家（考量到俄國每個時期的條件），它必須獨立於其他的制度之外。

美國人已施行徵收學校稅的法律了。即使不為整個國家，大多數人也都認同提出這個教育制度的必要性，並且對政府有充分的信心，因此才能委託政府創設學校。假使人民是被強

19 即美利堅合眾國（United States of America），今日簡稱的美國。

制徵稅，那只有一群微不足道的人會受影響而已。

眾所周知，美國是世界上唯一沒有農民（佃農）階級的國家，不只是在法律上，事實上也是如此，因此，美國的教育是有等級差別的，在其觀念上也是，而那差異恰恰存在我國的農民與非農民階級之間。此外，我猜想美國人在設置學校時，十分確信自己具備辦學的基本要素：教師。

從各方面比較俄國與美國，即可明白移植美國教育制度到俄國來是多麼地不適當。

人力、經費與資源，最基本的條件具備了嗎？

現在我重回提案本身。

【提案第一章：總則】

第一條，為了加強民眾的宗教跟道德觀，以及提供都市裡的農民和低下階級的居民初級的、一般的及必備的知識，由鄉村與都市的公社在帝國各地，依人口比例設置足夠數量的學校。

何謂「設置」？過程如何？我們只能確定民眾無法參與創辦學校；只會認為學校稅徒增負擔。由誰選擇建校的地點？何人委任教師？什麼人去招生並引起父母的興趣送孩子入學？我在提案中找不到這一切的答案。那些全由公共教育部（Ministry of Public Instruction）的官員還有治安推事與當地警察合作，共同處理；然而方法為何？又是根據什麼基礎去辦理的？

在帝國各地，依人口比例設置足夠數量的學校。在我看來，這完全沒考慮到不可能讓俄國全部人口接受相同待遇的公眾教育，再者，以這種強制方法將教育達到一個共同的程度是非常不利與危險的。政府、郡縣以及區域都非常需要學校（每一千人中就會有兩、三百名學生，學校的需求量之大可見一斑），隨之而來的是更多延伸的規畫。另一方面，有些地方每一千個居民中學生尚不及五十甚或十個，在那裡實施義務教育即使不是有害，也會一不小心便浪費了義務教育的效益。

我知道有些地方彼此相距二十俄里[20]；其間有一所閒置不用的學校，沒人送孩子去那裡；還有一所兒童高興地走三俄里遠去上學，父母十分樂於每個月付出五十戈比學費的學校。依人口數比例而興辦的義務教育首先製造了沒人入學的學校，並且對學校心生懷疑、憤怒的人，其次，在整個俄國學校的平均配額不足。按照人口比例設置學校的義務教育的結

20 俄里：俄國使用的一種長度單位，一俄里約一・〇六公里。

果，一部分是有害的，另一部分則是不加留意就會造成公眾教育經費的浪費。

第二條，公眾學校的初級教學課程是由公共教育部規範的。

照我看來，不可能去規範公眾學校的課程。

本書第六章就提供了一個不可能這麼做的好例子。其中舉例書寫不包括在課程表裡，把它當作一種注解，原因是書寫只能由教育當局特許的人教授。

第三條，公眾學校是個開放的機構，意即，僅供日間部學生就讀。

這條規範是許多類似的法律條例的命令，沒有人會懷疑其縝密與嚴肅的說明。這種負面陳述條文的出現，讓我們不由自主地懷疑此舉是為了增加提案的數量，或者是公社裡的一些成員將公眾學校當作寄宿學校的關係。

第四條，為了能夠持續、立即地控制每間學校，支援學校開銷的公社與自治區當局，有權去選擇任一性別的學校管理人；非由此法產生的管理人，則由治安推事負責監督學校。

由誰來選這些管理人？誰想當管理人？管理人意謂著什麼？學校的監督又是什麼？這些問題皆不見諸於法律。

經費並不掌握在管理人的手中；教師的任命與解僱也不由他們決定；他們沒有變更學校課程表的權力；那麼，我想問，管理人是什麼？喜歡這個頭銜並情願為此奉獻金錢的人。我無法承認有任何人會欣然從事這樣奇怪的工作，還有，自治區當局跟公社怎麼會想選個人賦予可疑的名聲。

第五條，帝國裡所有公眾學校間的往來皆交由公共教育部處理，且學校特別任命的主管也由各地政府支配。

第六條，每個學校的物資繼續由每個提供該校經費的公社辦理。

第七條，為了讓學生免費入學必須課稅，例外的案例在第二十五與第二十六條條文裡。

第七條條文涉及第二十五、二十六條條文，隸屬於過去提過的那些嚴肅的官方條款。意指一個已經付出三十戈比給學校的農民，有充分的優惠無須為孩子再付一次。

第六與第七條條文則完全與定義無關。何謂教育的部分，學校的主管能保有什麼主張？而留給公社的物資又意謂著什麼？教師的任用與解職、學校的籌畫、選址、教師的薪俸、選書及課程規畫，全部由公共教育部做主。那麼，保留下來的有哪些？那些留給公社處理的也算在內嗎？購買制音器和門閂、選擇門的左側或右側開一條路、聘用學校守衛、清潔地板等。公社甚至只有權接受組織付的錢。建立什麼與如何建立，這一切都有法律依據，並且由教育主管機關執行。

根據第五條，學校裡會有一個主管。主管將管轄三至五百所學校。一年也不可能視察完全部的學校．結果是，主管會在他的辦公室處理學校的事務。

【提案第二章：學校的創辦】

我要略過第八與第九條，那是處理城鎮學校的事，我沒研讀過，因此無法評論。

第十條，在鄉村地區，每個教區強制要有至少一所公眾學校。

「強制」這個詞，按提案中的意思，毫無疑問意謂著不論農民要或不要，都必須進入學校就讀。這裡唯有兩個問題：一、何謂一個教區（提案的撰寫人在心裡必定是指一個小鎮）？二、不論是否為了建立學校，如果農民拒絕、沒意願付學校稅（這會經常發生），該怎麼處置？由誰來選擇地點、建築、教師，諸如此類的事宜？

第十一條，教區的財力若不足以維持學校開支，得以在創辦學校時以公社的經費僱用教師，目的是讓該教區的兒童免費入學，在該地為教師置辦一棟房子或是聚會的屋子，抑或輪流到農民家裡去。

第十二條，前述第十一條條文制定的規則將使村落疏離偏僻的教區，由於這樣的疏遠與交流不便，送孩子去各個教區學校將變得困難。

第十一項與第十二項條文相當令人不解，但是以上所述卻屬於開明的官方條文。

在教區聘用一位教師並租賃一間小屋，能為一間學校留下什麼？而何謂教區「得以」做這件事？我曾經想過，有了學生、一名教師以及一個地方可以教學，就算是一所學校；那麼，為什麼現在我們有了一名教師、一間教室以及學生，還不算是一所學校呢？然而，如果我們懂得那個小小的、遙遠的公社有權選擇他們的老師，不必確認法律對於教師的支持，如同提案裡制定的，不須在小屋上寫著「學校」這個詞，沒有人會質疑這個權利，大家一直以來都在使用這個權利，縱然法律禁止，也無法阻止一個父親、叔伯或祖父去教導一個、兩個、三個或十五個男孩。條文裡寫的是教師由公社所聘用，但這在大多數情況是不便的，因為所有自由創設的學校不是由公社，而是普遍由父母捐獻來支撐的，如此才較為有利且更加公義。

第十三、十四及十五條，不可能專門為女孩辦理一間學校，男女生必須在同一間學校上課，由同一個老師教學，但是分別在一天中不同的時段，或是一週內在不同的日子各自上課。沒有單獨的女子學校，公社得聘用女教師以協助男教師。女生到了十三歲便可與同年齡的男生一同上課。

第十三條條文提到，女生到了十三歲被稱做少女，並且得到父母的同意或是自己的選擇，跟小男孩一起上學，為了保護公眾的道德，指示少女遵守規則，正如指示能做與不能做的法律一般。大眾看待教育所呈現出的觀點，甚至是思想，都無須討論。第十四條條文還提出了一個應該下個世代才會產生的例證，賦予公社前所未聞的權利，再次以其經費去聘請一位女教師。學校都還未著手教導女性，我敢說，第十三、十四和十五條條文還沒察知對女性授課會發生的一切情形。照我來看，在法律形式上，授與此權利一般是極度困難的，目前還辦不到。

加徵學校稅，父母沉重買單，課本卻不是學生的？

【提案第三章：學校的維持】

我省略了關於城鎮地方自治的條文。

第二十、二十一、二十二和二十三條條文為了學校持續運作及政府基金，而公布了教區裡的義務稅。

我們必須再次重申，儘管這些條文似乎定義明確，我們卻無法藉此理解許多很基本的事情；也就是說，由誰分配學校所需的經費？誰去收款並在什麼狀況下收？公社是否有權基於第十與十一條條文宣告自己的貧困？我能保證無一例外，所有的公社將因不安而行使這個權利，所以闡明條文是極度重要的。從以上提及的規畫僅僅顯示出本提案的撰寫人意圖使鄉下的人擔負創建學校和成立政府基金的稅責。用最錯誤的計算結果、依據法律，應從每個學生取得的二十七．五戈比將轉嫁由每個農民分攤。這個稅賦相當龐大，事實上，稅額增加了超過六倍，因為計算結果是基於學院會員維斯諾夫斯基[21]在俄羅斯帝國地理協會[22]的研究論文所提供的統計資料，不只沒有根據，而且還有一些印刷錯誤。難以相信委員會成員這麼不清楚他們所居住的國家，也不了解自己致力的公眾教育之狀況。

初級教育的兒童數量意指那些八到十歲之間的孩子，占總人口數的百分之五。

接受初級教育的兒童數量其實是上述數字的三倍，因為，毫無疑問的，自找麻煩去參觀學校的人都曉得，一般學校收的孩子不是從八到十歲，而是七到十三歲，更正確地說，是從六到十四歲。目前，學校的普及性不足，在亞謝涅齊（Yasenets）教區，每千人就有一百五十個學生，在葛洛芬克夫（Golovenkov）教區，每四百人就有六十個學生，而在特拉斯仍（Trasnen）教區則是每五百人就有七十個學生。在現今學校尚未分布發展的情況下，任何一處該入學的學生不是百分之五，而是百分之十二及十五。請記住，到目前為止，不是全部的兒童都在上學，女孩只占所有學生的二十分之一。

結論是，如提案而言，就一千個人口來說，我們得假設有五十個符合年齡的男孩應該接受初級教育，而同年齡的女生也會有五十個。一個老師教導這個數量的學生負擔不會過重嗎？

前面已經指出，實際上將會有三倍的學生，而那不只是負擔，簡單地說，一個老師不可能同時教授五十個男生和五十個女生。但那並非最糟的情況。每一個俄國人皆知，俄國的冬天長達六個月，不僅酷寒，還有暴風雪，農民的孩子得在夏天幫忙農務，在冬天則少有夠暖的衣物讓他們冒險出遠門；他們從街上趕著回家，急忙地跳到灶上取暖。在俄國，大多數的人民散布在五十到一百人的聚落裡，彼此距離二百至三百俄里。如何在一所學校集合五十個學生？事實擺在眼前，一所學校無法招收到多於十至十五個人。

如果我的計算沒有錯，提案真的要實行，那麼，基於錯誤估算出的學校人口數，徵稅將會增為三倍，因為一所五十個學生的學校會變成三所，由於一所學校容納五十個學生的估算有誤，稅將加倍，意指，假設一所學校招收高達二十五個學生，而每一千人需要六所學校，則六乘以二十七．五戈比，再扣除政府基金的百分之十，不算創建、修復學校以及支援教師各項的花費，每個人至少應要花費一．五盧布。這樣的賦稅是不可行的。在第二十三條條文的附注裡寫著，那是根據實務推演的觀察資料，教學的花費時常讓未受教育的父母不送子女入學，意指教育設備與教科書不由父母自行添購，而由提案裡述及的人選處理學校運作的經費。

21 維斯諾夫斯基（Aleksandr Nikoláyevich Veselovski，1838～1906）：俄羅斯文學理論家，為比較文學研究奠定了基礎。

22 俄羅斯帝國地理學會（Russian Geographical society）：一九一七年以前的名稱，現為俄羅斯地理學會。創立於一八四五年，總部位於聖彼得堡。

依照實際推論的觀察資料並不是真的，相反的，我們總是看到父母寧願自行為兒子選購書籍、石板和鉛筆，因為東西可以一直留在家裡，而不是付錢給學校去購買；此外，這些物品放在家裡比在學校更安全，也較有用處。

儘管在第二十四條條文提及，**做為學校運作的經費可由村裡的長者與村子集會審核**，但我敢斷言，在提案裡未曾述及何人可以託管學校運作的經費。由誰建造校舍？在哪裡？何時？要蓋怎樣的房子？是誰採購學校設備？買什麼書和鉛筆等諸如此類的事，還有，該買多少？這些在提案裡不是付之闕如，就是委託學校主管辦理。公社只有收款和付錢的權利，也可以租賃或建造一棟房子、或為教師砍伐半俄畝[23]的土地、或為了購買幫浦而到城鎮去遊歷，還有，審查其估價時不限制金額，這是最能討好大家的。這一切業已完成，如提案所言，**為了讓公社做更多的準備，未來可以提出支援學校的方法**。

這是為了，**給予公社充分的自由去任免人員以及募集維持學校所必需的資金，還有獲得學校所需的每項物資供給**。

對我而言，在提案裡關於這件事的處理不夠嚴謹；更簡單地說，公社未被授權支配學校事務，卻增加了新的負擔，即設法取得某些新的必需用品及管理學校帳戶。

第二十五條條文增加了為學校和教師找到適當財源的責任，並監督他們。這個義務定義得很隱晦，是很大的負擔，而且，由於誨澀難明，學校管理機構更容易濫權。

第二十六條條文是關於城鎮的事。

第二十七條條文則仔細地解釋了未奉獻的人得付特別款項。

> 第二十八條，由於城鎮、鄉村教區與居民財產稀少，確實無法支應學校花費，甚至不能僱用教師，可得到公共教育部一般學校預備金的輔助。

正如以上所指出的，如果公社理解提案的意思，將會毫無例外地為第二十八條條文憂心，他們能理所當然地說大部分的居民都很窮（貧窮，特別是金錢方面，我國農民普遍的情況是眾所周知的）。誰規定公社的問題被歸入第二十八條？什麼優先？哪個次之？以什麼為基礎？且將由誰決定類似的問題？提案裡什麼也沒說，還有，我們所提的意見，是普遍存在的問題。

第二十九條條文再次重申公社有權決定門在通道的右側或左側、製作松樹或橡樹的座位，甚至不用不好意思去取得物品；也就是，他們有足夠的權利自行購買木材去建造房子。

第三十條條文只是一個承諾，想辦法降低教科書的價錢，展現出強烈的同理心。

23 俄畝（desyatina）：一俄畝約等於一．〇九公頃。

第三十一、三十二及三十三條條文並沒有理所當然地提及創辦農村學校，而是關於成立政府基金。我們無法認同「轉移公社一部分的經費至政府，然後再取出給公社運用」這種處置的智慧。對我們而言，這個從公社取之又用之於斯的錢應該可以更公平且有效地應用。

誰有資格管理學校及擔任教職？

【提案第四章：公眾學校人員】

在第三十四條條文提到，每所學校都必須有一個教師及一個宗教導師，這很合理。除此之外，公社有權選出一個管理者，男女不拘。但接下來的條文說明了即使有個管理者也沒意義、無權利，而且不須任何資格就能入選。

第三十七條條文說明**選出管理者之後，須立刻履行其責任，告知政府的學校監督者著手分派其職務。**

此外，第三十八條條文載明管理者並非隸屬於教育當局，而是要與之商量；因此，他們不必撰寫報告，只要溝通即可，這未免過度逢迎與預設立場。

另一方面，在第三十六條條文裡說到，管理者監督教師正確地履行其義務，而且保障教師按時收到薪資、在適當的時候供給學校所需的物資，以及在學校裡維持秩序，萬一教師在教學方面不適任，作為一個管理者不會也不能表示什麼。他只能與監督者交流；他可以公正，也可以不公正地理解事件，或者如同許多人猜測的，他們通常不了解事件的來龍去脈。無須期待完全是多餘的局外人的干涉能有任何作用。

第三十九、四十、四十一及四十六條條文明示宗教導師與學校的關係。

第四十二條條文直接載明，毋庸置疑的是，即使公社「完全獨立自主」，對管理者的產生亦不甚理解，每個政府對每所學校的經營都落在一個人身上，那就是學校的主管。從我們的觀點看來，既然教師的解僱跟任用是學校唯一的構成要素，以後應該會有機會大篇幅地談談，這麼龐大的權力集中於一個人身上的不利之處。

第四十三條條文允諾培訓教師，即使這算是承諾，這條條文甚至無法成為提案構成的要素；我無法評述任何訓練教師的意圖，在我國的教學機構以及德國的學院、法國與英國的師範學校至今皆沒有什麼成果，唯有我們相信教育訓練是做不到的，尤其是為了公眾教育而培訓，這就好比不可能去訓練藝術家跟詩人一樣。教師的養成教育唯有與一般人對教育的要求相稱，以及提升全面的教育程度。

第四十四及四十五條條文是說明任何階級的人都能擔任教學的工作，專職的牧師與鄉紳階級皆可成為教師；其中也闡明，如果一個神職人員擬成為教師，他無論如何就是得教學！

這十分正確。在第四十五條條文的注解中載明的是管理者或治安推事可為學校的主管推薦教師以填補空缺。我推測他們會向主管引薦自己的兄弟或叔伯去當教師。

提供優渥待遇，就能獲得良好教師嗎？

【提案第五章：人們接觸公眾教育的權利】

第四十七條條文提及管理者並未獲准配戴帽章與短劍的特權（我沒省略任何文詞，讀者只要查閱提案即可確知我引用正確）。

第四十八、四十九、五十及五十一條條文定下了教師的待遇如何。

我們得承認其待遇極佳，假使提案勢必實行，那麼我們將立刻勝過歐洲。

鄉村教師一年可得到一百五十銀盧布，住在附暖氣的宿舍，那在我們這個地方價值約五十盧布。此外，他還能領到穀物或麵粉（根據提案的規定，公社有極大的自由處置這件事），一個月有兩普特[24]，若依市場價格來算，一年的總數約有十二盧布；另外，老師還可得到半俄畝的土地做為菜園，這意謂著又多出十盧布，因此，一年總共可領到二百二十二盧布（這些全部由公社供給，依上面所引用的數據計算，一間學校幾乎無法聚集平均二十個學生）。此外，公社得付給宗教導師五十盧布、給予學校聘用的五十盧布，以及政府基金的利息二十五盧布；還有建造與維護學校、聘僱守衛的費用，算起來至少超過八十盧布，因此公社得付出四百二十七盧布。

第五十條條文述及，公社也有權可以聘請一位女教師。

一個教師服務了二十年之後，可以獲得他三分之二的年收入，還可免除稅責及兵役，如此一來每年增加了十盧布的款項仍舊由公社擔負。教師待遇確實是非常佳，但容我詢問，公社是否情願如此慷慨地給他們這些酬勞，是否能付給教師應得的報酬，或者，提案的撰寫者是不是得被迫另闢財源（按照第五十二、五十六和五十七條條文，教師有個特權，意即，等同於就任公職，並獲得亞歷山大勛帶〔Alexander ribbon〕，還能被遴選為學校主管的助理，這些不會造成公社的負擔，可是，容我冒昧地說，這些特權均不是吸引老師接受公社提供之經費的誘因）。

長久以來，歐洲政府反覆思考公眾學校老師薪水增加這件事，要解決這個問題只能一步一步地來；但是對我們而言，這個問題從提案裡的幾句話就可以立刻解決。這個單純又容易的解決方法令我不由得產生疑惑。為何修改為一百五十盧布，而不是一百七十八盧布加十六

---

24 普特（pud）：沙俄時的重量單位，一普特約是一六．三八公斤。

又三分之一戈比，這樣我們還可以得到更好的教師。再者，為何不定為一百七十八盧布？這是來自人民的錢，我們卻完全無法掌控它？為什麼只給半俄畝的良土做為菜園，而不是八又三分之二俄畝做農田？有一則注記提到：同時兼任宗教導師與正式教師的神職人員，僅能給付全額教師的薪資，並且只可領取宗教導師儲備的半數總額。或許這些數目全是仔細精算出來的，因為任用宗教導師的二十五盧布是如此地謹慎撥放。該款項必定已依明確的資料匯入了。這些資料必須完全公開，更有甚者，既然從我們個人經驗所收集到的資料計算之後的學校稅，會加諸於公社，我們認為，沒有一個公社會同意付出那無可計量的高額、過分的五分之一學校稅，而在俄國也找不到百分之一的老師應得這樣的酬勞。

為什麼教的人和學的人都無權決定課程計畫？

【提案第六章：公眾學校裡的教學課程】

在第五十八條條文的第一段定義了宗教課的課程計畫。教學與思考該學科的事情皆留給神職人員去專責處理。

母語：閱讀俄文與斯拉夫文的作品；說明性的閱讀文本要改寫為適合初級教學。

算數：整數的四則運算、不名數和名數，以及分數的概念。

注釋：除了這些學科，公社可以請求採用教會歌唱教學，而教育當局也同意增加其他學科。

我們已經確信為公眾學校限定教學課程是非常不可行的，尤其是提案裡試圖去做的，限制教學的科目。這是公共教學部參考主日學校所提出的；同樣的，非前面三項文字所定義的課程表，如注釋所提，只有得到教育當局的應允才能教授；同理，在第五十九、六十、六十一條條文中提到，於理不通和受到約束的課程之教學方式與教學手冊，亦須由公共教育部決定。

我不會說這是不正當的；但它對教育的發展有害；也排除了教師在工作上可能得到的樂趣；在工作上加諸無盡的虐待（課程計畫或教科書的撰寫人只要犯一個錯誤，整個俄國就得承受這個錯誤）。我只是說，絕對不可能規定公眾學校的每個課程表，而且課程計畫中只有文字、文字，以及文字。我能理解一個課程計畫的責任義務是由教師或有影響力的辦學機構自行決定的；也曉得一個人會如何對公社與家長陳述：我是這裡的老師；我辦了學校，保證會教授貴子弟這些或那些，而你無權要求我教授其他的。開設了一所學校並允諾不教這個或那個都是輕率且絕對不可行的。而這種負面的計畫正好是為全俄國人及初級公眾學校所做的提案。我推測，在一個較高等級的機構，如此教學是可能的，為了避免離題，而緊扣住一個既有的課題。例如教導羅馬民法時，大學教授能約束自己不談動物學或化學，但是在公眾學校的教學中，歷史、自然及數學等學科皆彼此混合，任何微小的項目都和所有的學科彼此相關聯。

高等學校與初級學校最基本的差異在學科的細分程度；在最低階的學校則完全無區分，全部的科目整合為一，之後才漸漸分離開來。

讓我們看看課程計畫。

何謂母語？包括語法學跟語源學嗎？有些教師認為這兩者是教導語言的最佳方式。閱讀書籍與詮釋書中內容意何所指？學習過字母書的人能夠閱讀，他閱讀《莫斯科公報》（*Moscow Gazette*）的內容，但也只是讀過而已。書是怎麼被解讀的，這是說社會所刊行的佳作選集是做為廉價書籍出版之用嗎？透過說明書中的全部文章，能夠幾乎等同於整個人類知識，神學、哲學、歷史以及自然科學；用音節閱讀整本書以及用其他不甚理解的文字來說明每段重覆的片語，也是一種詮釋閱讀。提案中全然省略了寫作；但即使允許寫作，在課程表裡最明確的定義是，經由書寫而了解只是複製字母，或是語言技巧的知識僅能從學科課程與練習來獲得。課程計畫決定了每件事卻又決定不了什麼事，因為它無法規定任何事情。

在數學科方面。何謂不名數與名數的四則運算？比方說，在我的教學裡並沒有使用名數，不用所謂的名數做乘法與除法。我教算數時，通常始於級數，每個老師都如此，因為讀數法除了十進位級數之外就沒什麼了。其中還提到：一個分數的概念。但為什麼只有一個概念？我在教學時，一開始即以讀數法教十進位分數。方程式，就是代數，我著手第一次的教學。結果，我超越了計畫表。在課程計畫裡並沒包括平面幾何，可是，來自平面幾何的問題是最常見的，也是在運用上最好理解的法則。一個教授幾何與代數的老師，可以變成四則運算；另一個老師教四則運算則只是用粉筆在黑板上書寫機械式的練習，而上述兩者任一個在計畫表中都只是文字、文字，還有文字呈現。它可能多多少少教導和指引了教師，但為了成功地教學，老師必須有自己的一套，在抉擇方法時有充分的自由，只要他熟練就好。教師並非透過告知和指示吸收另一種教學方式，他必須相信這個方法最好，也要喜歡運用它。

這涉及教學方法本身以及對待學生的方式。

對老師一遍又一遍地下指令只會使他們困窘。我不只一次看到教師按合理正確的方式授課，就像buki-az-ba教學法那樣，記下字母、組合、音節，把buki念作by、將dobro念為by，因為這是規定。

至於目標，委員會在謄寫課程計畫時有個觀念，要避開任何具有邪惡精神教師的有害影響。但應該說，任何計畫表都無法防止教師對學生施行有害的影響。有了這樣的課程表，每所學校都得要有一位憲兵隊長，因為沒人能夠信賴學生的供述，也無法對抗教師。事實上，這種恐懼不可能用課程計畫來平息，因為是沒來由的。不管公社在學校教育方面被解除了多少支配權，也不能阻止一個父親關心他兒子學到了什麼；然而，在義務教育的學校，可能無法制止一大堆學生評估他們的老師，並給予他應承受的。透過推測跟經驗，我非常確定，學校總是藉著控制家長以及學生心中的正義感，來預防負面的影響。

在第六十二條條文中陳述，公社得以設置圖書館；也就是說，並不禁止人們購書，有意購買的話，個別或合夥皆可。

學校制度該如何與現實生活接軌？

【提案第七章：關於公眾學校裡的學生以及求學時間的分布】

第六十三條，兒童到了八歲時，可以進入公眾學校就讀。入學者無須具有先備知識。

為什麼要定在八歲，而不是六歲、三歲又一個半月？這個問題有待查證，就如另一個問題：為何教師收取一百五十盧布，而非一百七十八盧布加十六又三分之一戈比。更有甚者，既然我從個人經驗得知有四分之一的兒童是八歲以下入學，以及在六至八歲之間，孩子學習閱讀更快、更容易，也更好。我所知道在家自學的孩童也是八歲之前就開始學習了。對農民孩童而言，那是最自由的時光，因為他尚未分擔家務，八歲之前也還不用為入學做準備。那麼，為何提案的撰寫人要提出那令人反感的年齡範圍呢？絕對有必要了解，基於什麼緣故，兒童在八歲以前不能去學校。

在條文的第二部分有個陳述，入學的學生不須有先備知識。我們不曉得那所為何來，難道是說入學者必須在夏天穿著帆布工作服，而在冬天穿大家所熟知的制服這類知識嗎？

如果不必事事限制，那麼這件事也該載明。

第六十四條條文述及，在公眾學校裡沒有明確的上課期限；只要在學校已充分習得知識，每個學生都可以宣告自己的學習課程已完成。

我們能夠生動地想像某個叫亞赫拉米耶的人宣布自己完成一套課程的喜悅與幸福。

第六十五條，在鄉村裡的公眾學校，應該在農務結束後才開始上課，並且應持續到次年的農事開始，以適應農民生活的在地狀況。

諸位提案人在這裡顯然試圖聰明地屈從於現實的迫切需要，但他們又錯了，即便這條條文顯得稍微有實務經驗。何謂農業勞動之始與末？縱然有相關法律規定，還是應該下個定義。在每件事上都順從法律的老師，就會立即依法行事。就這件事而言，倘若四月一日是最後一天，他就無法一天教授太多內容。更不用說定義上課時間的困難，在很多地區，整個夏天幾乎有三分之一的學生分散在各地。由於正時興記誦的方法，各處的農民堅信該學的東西很快就會忘掉；因此，唯有不得已才會將孩子帶走，他們甚至要孩子一週至少背誦一次。如果是為了順應人們的需求而撰寫提案，應該也要把這個寫下來。

第六十六條條文轉而注意到教學是在平日而非假日這一點，一般人無法同意這類的法令，沒人懂得這條陳述所為何來，完全表達不出訴求。

然而第六十七條條文再次令我們驚愕。內容是**學生只應上一學期的課，而且每天不該超過四個小時，包含假日。**

這一點很有趣，一所至少五十個學生（按照計算或許會超過一百個）的學校，僅在冬天上課，而且一天不超過四個小時，還包含假日！我厚顏地認為自己是個好老師，但假使我讓七十個學生以這種方式上課，我能預知有一半的人無法上學兩年。提案者應該立即確認，儘管有半俄畝的菜園，老師仍不會主動增加工作一小時，為避免依從提案中富有遠見的博愛主義者的觀點，他應該充分運用農民兒童青春洋溢的心靈。就我所知，在一個規模夠大的學校裡，即使孩子一天學習八到九個小時，並且整晚待在學校裡，以便晚上背誦給老師聽，家長跟老師也未觀察到任何有害的後果。

根據第六十九條條文，有一個年度公開會考。我在這裡並不是要證明檢測的害處，而是尤有甚者，那根本辦不到。我已經在〈雅斯納雅．波里耶那學校〉（The School at Yasnaya Polyana）這篇文章中提過此事。參照第六十九條條文，我僅會問一個問題：「做這些檢測的原因何在，以及為誰而施行？」

在公眾學校實施檢測的壞處與不利，對所有人而言都是顯而易見的：檢測將導致官員欺騙、作假、平白無故地召集兒童進行會考，打擾了日常事務進行。我完全不了解這些測驗的用處。**孩子在八歲的時候被測驗喚起對學習的敵意是有害的，且不可能透過兩個小時的測驗就得以判定八歲兒童的知識和教師的功績**。

按照第七十條條文，學生收到蓋印的文件，稱為文憑。至於拿到這些文件有何用途，提案裡沒有述及。有了文憑，他們也沒有獲得相關的權利與特權，我猜想這個討好人的蓋印文件是騙人的，這種事屢見不鮮，或是做為入學就讀的獎勵。儘管民眾起初會被這些紙張的意義所騙，但很快就會識清自己的謬誤。

第七十一條條文對人民應允，在體制外的學校亦有權取得文憑，在我看來，如此較不易取悅特權。

第七十二條條文附帶一個注解，但是與提案的目標跟精神相符，完全值得信賴，甚至比其他條文更值得信任。進行方式是：在每個學年度結束時，教師將在密封的空白表格上向政府主管做書面報告，就像在公眾學校的學生一樣，也跟那些為了取得文憑而接受學科測驗的人一樣。

注解：這個提供資訊的資料令人滿意，提交最終報告給公共教育部有其必要性，如報告所表明的，形式上總是得同意所提的問題。學校的指導者會提供這些空白表格，印製的全部花費可報為公帳。

每個細節考慮得多麼縝密啊！提供的每件東西，甚至連印刷的表格、經費的來源都考量到了！這是一個只考慮到嚴守規則和不可更改的形式，甚至連報告的內容都符合政府想要的，那不是實際情形，也不相關（在私人學校將會省略這些報告），但會順從政府不切實際的政令。這個條文最廣可涵括到州立學校的規定。

試圖壟斷教育市場，將會造成濫權的弊端

【提案第八章：私立公眾學校】

第一章有三條條文允諾人們有權創辦私人學校，並在可能設立的前提下決定其條件，限制這種學校的課程計畫更狹隘地只能教基本能力，並且要在神職人員的掌控之下。我曾經在

諾得（Nord）還有其他外國報紙上看過報導，它寫到，得到這樣的特權優待是個進步。不熟悉俄國生活的人會引用一八二八年的法律批判這條條文，當時明令禁止辦學校與私人授課，相較於比較舊的限制，新的提案僅要求提出開設新學校的資訊，批判者會說，提案在公共教育上給予比過去更多的自由。但是對我們生活在俄國的人而言，事實並非如此。

一八二八年的法律只是形式，從未有任何人遵守過；所有人，包括這個社會及其執行者都了解這個法條不切實際和無法執行。還有上千個學校未獲同意，但沒有一個文理中學[25]的監督者或主管者動手關閉這些學校，因為他們不遵從一八二八年的法律條文。由於這個心照不宣的共識，整個社會和執法者都認定一八二八年的法律條文不存在，而事實上，教授和創辦學校的人受到由來已久的完全自由風氣所導引，根本沒人注意到那條法律。我在一八四九年創設學校至今，只有在一八六二年三月，偶然在提案公布的情況下，才知悉自己無權創設學校。超過一千個教師與興學者幾乎皆不曉得有一八二八年這條法律，唯有公共教育部官員知道。

因此，在我看來，提案的第七十三、七十四以及七十五條條文提出的新權利，大概只能視為暫時的約束，但是和現行的命令相較，它們只是強加的新限制和不切實際的條件。如果

25 文理中學：中等學校教育體系中一種為進入大學準備的學校。

無權任免教師、自己選擇教科書並籌備自己的教學計畫，沒有人會願意辦學校的。大部分的教師和辦學者，諸如軍人、教堂司事、駐區軍人[26]等，都會為他們創辦學校的報告而擔心；很多人不知有這道命令，而且，假如他們要這麼做，也會知道如何合法地規避。如我在前面陳述的，不可能明訂家庭教師與學校教育的界限。旅館主人為兩個孩子僱用一個老師，其他三個朋友則來他家裡學習；地主教導他莊園僕役的四個孩子、兩個農民小孩以及自己的子女；勞工在週日來找我，我讀書給他們聽，還有些人則在學習基礎知識或是看著繪畫與作畫的模特兒。這些場所算不算學校？還有，真是濫用職權！假如我是個愛好和平的法官，也確信受教育對管理民眾有害。於是，看到一個老人在指導他的教子女（乾兒子或乾女兒）讀書，我便拿走他的字母書與詩篇集。他應該會當場告訴我有關學校的創辦精神。人跟人之間的關係無法用法律去限制，譬如家務事、教育者與被教育者的關係等。

【提案第九章：學校的經營】

這章闡明學校的經營交託給經營學校的指導者，一個省配置一名。在提案裡時常述及學校的細分，認為指導者的管理屬於教育的一部分，也扮演著其他的角色。我真的無法理解這種區分，除了教育之外，我看不出學校還有其他用途，學校的本質當然是教育，無法將之分割。依提案所言，一切事務皆由一個指導者來主持。從模糊不清的第八十七條條文的陳述判斷，這個主事者（此人在擔任教師期間已有過教育實務經驗），乃選自文理中學教師或是教授。這個指導者必須個別進行教學視察，甚至得示範應有的行為，與如何教學，不過一個指導者要管理三百至五百間學校，為了履行對教師提出建議的權利，他必須調查每一所學校的狀況，一週一所，然而，大家都知道，一年只有三百六十五天。全俄國的這些官員將需要二十萬盧布的花費。

第七十九條條文述及該指導者得避免通信聯絡，而應個別督導。

在接下來的條文裡則說，指導者要授課，如同他對教師的要求。

在第八十六條條文裡表示，會供給指導者周遊各地的花費。這明顯透露出提案撰寫人的期望，指導者必須實地視察，而非形式上的。但是擔任這個職位的官員會盡可能地避免實際觀察。所謂大學畢業生、前任文理中學教師或是大學教授，意指他與大眾和公眾學校未曾有過任何交集。他住在城市裡並履行自己的職務，去任用教師、付酬金、做報告等，如果負荷得了，再指導一年只能訪視一次的學校。我認識文理中學來的指導人員幾乎都是如此，富有最大的熱忱與愛心，忙著處理教區學校的事，在每一個步驟（修正、檢測、任用與更換教師）接連犯錯，只因為這些事務要反覆做一百次，多過該有或可以負擔的次數。他們能管理

26 在軍隊僑居地自少年時代即擢升的軍人。

並督導部隊，能夠曉得這些下士的秩序是否良好，但管理幾十所學校已超過一個人的能力所及。

每個知道公眾學校的人必須了解，藉著審查或檢測來探知某個學校有多成功及其發展方向是多麼困難，也不可能。一個本著良心、具有尊嚴，且不允許炫耀其學生的教師，比起軍人更能再三地傳授糟糕的觀點，一位能荼毒其學生長達一年，而另一方只有在最後的閱兵才起作用！這些沒操守的人是多麼狡猾，而且他們成功地欺騙了善良又誠實的審查員多少次啊！去提這些可怕的危害在學生身上產生的嚴重影響是無用的，但是就算我的讀者不認同我，單單就這個理由，設置指導者此一職位將是無用又有害的，不為別的，僅以一個指導者經營，將只能根據傳聞臆測任免教師或是武斷地支付該給老師的報酬，因為一個人不可能知悉五百所學校在進行些什麼。

然後要做出一份關於許多學生的報告範例，內容包括維持公眾學校運作，以及主管公眾學校的政府人員，並計算出總共需要的金額。

接下來是一則說明的注解。

從注解可以得知，委員會的活動分成兩部分：一、從現在開始直到最後調整好鄉村人口為止，找到公眾教育發展的措施；二、我們已討論過的提案計畫本身。初步的規畫已經實現了，目前就我所知道，依照內政部的通知，他們自認肩負著決定創校的指示以及公告的責任。關於指導者管轄的教師之任免、委託給當地神職人員的指導，以及使用教科書的命令，都該由公共教育部跟教會會議認可。我搞不懂，儘管我對學校特別有興趣，這到底是請求，還是依法行事。我在自己學校使用未被認許的書好像在犯法，沒有指導者許可，公社替換、任用教師也是犯罪行為。假若已經或是將要強制執行這條法律，則無法遵照法律規章的第一條條文行事。該條文宣告，不懂法律，不能成為藉口；這種既新又倉促頒布的法律，應該在所有教堂及教區宣讀。我們同樣不知道公共教育部是否業已採納委員會的提議，盡快培訓教師，還有在何處、有多少人正在接受這種教師培訓。之前我曾經提過內政部的通知所指示的措施並不實際，但現在轉而思考這個注解的其他意義，反而最令我們吃驚。

在這麼嚴重的事態下，沒有理由不認真思考。我關注的是依照提案和我國的神職人員所提供的有關教育意義跟影響力的部分。我要如實地呈現提案撰寫人所寫的注解：以及交託教區神職人員進行教育監督，東正教的道德精神等因而能延續。這種順從和他們高傲的意識，以及這個錯誤的方法，讓我忍不住想笑，這必定是他們閱讀條文時，提案撰寫人脫口而出，並立刻命人將之記下。當下了解現實生活的人全都露出了笑意。

有些人說：「該怎麼做？這行為真是白痴。」其他沒有經驗、但有智慧的人注意到這件事，怒氣沖沖地閱讀這條條文。他們要對誰隱瞞這可悲的真相？毫無疑問，是大眾。但是民眾比我們還清楚。他們好幾個世紀以來與神職人員保持最密切的關係，有可能還不了解和不重視東正教的精神嗎？人們感激神職人員，因而讓他們在教育上占有一席之地及影響力。在提案裡有很多這類偽善的應酬條文，但實際執行上皆會被規避掉，寫不寫都沒差；然而這些條文，舉例來說，就像我們剛剛提到的那一條，由於其虛假與隱晦，開啟了濫用的大門，嚴重程度無法預知。我知道有些神職人員認為，教閱讀時採用be教學法，而不用buki方法[27]是一種罪；將斯拉夫語祈禱文翻譯為俄文，並闡釋之也是種罪；還有《聖史》只能記在字母書裡等諸如此類皆是罪。

關於公眾教育的管理，政府的課題是什麼？

我想自己在討論這個提案時的態度不夠認真，看起來好像在開玩笑一般故意全盤否定它。這樣的態度已經不知不覺地造成了和我的實務觀點相反的結果，這些觀點源自於我與人們緊密的關係，而與現實的脫節在在證明了提案的理念與草案的差異。我們抱持的觀點如此大相逕庭，即便我注意到、甚至對這個提案感到恐懼，卻不知何故無法相信它是真的，而且，儘管我已盡了全力，就是無法嚴肅以對。對於委員會的行動，我提不出任何可以駁斥的概念。我反對的原因很直接，不是抗拒提案的錯誤及忽略之處，而是它已在某些範圍實行，還有我無法認同這樣一個提案的應用性跟可行性。

我會努力去同理提案中的想法與實行範圍。我很清楚為何在俄國百廢待興之際，創設一個公眾教育系統會在政府機構引發問題。主動重整與改革的政府，必定會確信此時該負起職責去創建一套公眾教育系統。有了這樣的決心後，自然得為不同部門的官員設置這套系統。讓所有部會的代表參與計畫的撰寫可說是最基本、最符合自由的理念、也如大眾期待的了（然而，其中可能論及對委員會來說很奇怪的事，部門代表的工作比那些服苦役的委員重要一千倍，委員會裡沒有邀請專家，做法與解放農奴的考量如出一轍。但是這並無說服力，依我看來，即使所謂的專家加入，提案還是會有點變質）。當然，我們希望人們關心提案的原因不在於此，而是他們趁勢自己創造制度。

就算他們是非常值得尊敬的人，但做為官員，他們從未理解大眾，也不懂公眾教育的問題，教育並非他們的專業，而且他們沒有幾十年的時間去研讀手邊的問題，而是在幾十天裡討論出世界上最大的問題：俄國的公眾教育。學校本質上隸屬於公共教育部的這個問題也該述及，這已由各部門的代表委員處置了，結果，委員會成員的職權卻被限縮至最小。

我事先假設委員會的成員是文化與道德水準皆高的人，甚至是對大眾有愛、欲為祖國謀福利的人，雖然我無法假定在他們的工作狀態下能夠做好其他的事，但是除了我們正在探討

27 be教學法即be-a法，而buki方法即buki-az-b法，皆俄語的拼音法。

的提案之外，什麼都沒解決。我們所評述的這份提案鮮少根據國家的需求與教育本身，以及基於新頒的法律來進行研究的，反而像竭力去做未知、有害的、死氣沉沉的事情。如讀者所見，這整個提案充滿了條文，陳述著公眾學校是開放的公共設施；牧師唯有在賦閒之際才可教學；管理者不允許有特權；教師不受階級晉升拘限；學校建築並非採傳統因襲；私人可以個別授課；得以建造圖書館；學校的指導者應該視察學校；任何階級的人皆可成為教師；薪水僅支付一次；教師不禁止轉任其他工作（第二十二條條文說明注解）；教師無須身著制服等。閱讀這個提案讓人彷彿置身一個不可思議的國家，為何會寫出這樣的條文？而從我們的分析不難看出，這個提案充斥著這類條文。

在無視於現況、人民及其需求的情況下做事，還有上述所有讓人處處受到牽制的條文，除了讓人訝異之外，這份提案也不會變得更糟了。

問題就是：沒有辦法也不可能有；公眾教育對公共教育部而言是個課題；神職人員必須有引導跟指示教育精神的權力；學校的經營與學校本身得在俄國處在同一標準，且將之制度化可能是最好的。要創造一套俄國的教育制度，一如人們的需求，對委員或世界上的任何人來說皆是不可能辦到的事。要推測可以促進的措施、不去阻擾這樣的發展、花大量時間、勞力、研讀以及自由觀，委員會裡沒半個人具備這些條件。要解決問題需要參考歐洲的制度。我猜想，官員們曾被派遣到歐洲各國去學習他們的制度（我甚至看過一些研究調查者，漫無目的的一個地方換過一個，關注的只有那些要詳細寫下來呈給部長看的事）。

基於這樣的研究記要，我猜想，所有的外國制度委員會都已經商議過了。對於委員們在所有不適當的制度中，篩選出其中最不差的，即美國的制度，我們無言以對。基於解決主要的財務問題，委員會不管行政的難處，正如隸屬於公共教育部的學校一般，一面倒向各部會代表委員的指導，利用實際個案的訊息，並為事實的情報做出貢獻，這種題材就像在聖彼德堡不久即將發生的：為了普及學校、官方的宗教部門做的記事，以及為無數學校做裁決的指導者而做的紀錄，還有提案中有記載的部分，地理協會提出了專案報告。

公眾教育的理想型態

就政府的立場而言，在俄國，學校將會按人口比例開設，這時候提案就派上用場了。在大部分的個案裡，小康農民會樂於為每個學生支付二十七．五戈比，在貧窮的新拓居地，學校將會免費開放（經費由政府基金支付）。有了這麼棒的學校，農民不會讓軍人教導他們的孩子，而會高興地送他們入學。每一千個居民（這全是政府的觀點）將會有一間漂亮的房子，雖然不是依指示的做法建造的，但將題有「學校」之名，並提供長椅、桌子以及由政府任命可信賴的教師。

整個教區的孩童將聚集於此，父母會以他們獲得文憑為榮；這種文憑將被視為最值得推薦給少年的東西，因為如果他們有文憑，大人會更願意將女兒許配給他，並交給他工作。三、四年後，不只是男孩，女孩也會入學。一天的課程分割成幾個小時，一個教師將教導一千個學生。

首先，教學會成功，因為藉著授予報酬，公共教育部將發現、選擇以及認可最好的教學方法，而這個方法對所有學校而言是有強制性的（不久之後，教師將以這個最好的方法受訓）；第二，由於教科書也將是經過公共教育部認許為最佳選擇的，就像伯泰特（Bertet）跟歐布多夫斯基（Obodovski）的作品。教師將做好妥善的準備，他將跟當地居民結為一體、與他們共同生活。一如德國，教師會跟牧師形成村莊的貴族政體，成為農民的首要朋友和顧問。每個教師的空缺都將有幾十個候選人競爭，專家和有教養的心靈導師會選出其中最好的。

為了一份穩妥的酬勞，宗教導師將確保兒童虔誠信仰東正教。既然所有的年輕世代將受招生入學，或許能停止更進一步的宗教分裂。

學校總是有足夠的資產，不只是藉著徵收二十七戈比稅額來保障給教師的薪酬，還有學校設備以及建物，其建造物則留給公社，因此公社不會緊縮財產，相反的，會彼此良性競爭。不只是公社不會計較其資產的耗費，每個學校亦有其管理者，這些人同情公眾教育（想必他們都是有錢人）並為幫助學校而來，豐富其物質財產並管理。教師最細微的違規行為或是家長的誤解都會被管理者或治安法官抹去，他們會興高采烈地利用閒暇時間致力於公眾教育這份神聖的工作，這件事引起俄國所有已受到啟蒙的人共鳴。

授課的時間不會對學生的精神造成負擔；他們整個夏天都致力於農務。教授的課程將包含最根本的知識，並且配合強化大眾的宗教與道德概念。惡意的、粗俗的、未受文化陶冶的人將被迫到開辦的學校報到，完全置於教育當局的控制中，因而除掉了造成任何傷害的可能。這樣的話，學校的經營自然會好，私人學校的競爭將做到在美國做不到的事，如此一來，學校的經營甚至會得到解放。

學校的省立主管機關將會是一個受到栽培的專家、獨立自主的人，也就是學校的指導者。這個人實質上不受官僚體制的束縛，將不斷地到學校各處視察並個別監看教學的過程。

這樣似乎挺不錯的！整個俄國樹立著碩大的學校建築，有著由管理者或公社奉獻的鐵屋頂；來自不同村莊的學生聚集在此，肩上背著背包；還有已習得最佳的教學法、有文化素養的教師，以及一位女性管理者，對工作充滿了愛，出現在課堂上監看教學；指導者坐著五匹馬拉著的馬車前來，這是一年中的第三或第四次到訪，教師跟學生都迎接他，他也認得全部的人，並給予教師實用的建議；快樂又滿意的家長，孩子檢測時也在場，忐忑地等著孩子們獲得褒獎和文憑；籠罩在全俄國的無知陰影快速地消散，粗魯、無知的人完全變了，增進了文化涵養與喜悅。

公眾教育可能產生的實質影響

但是現實不會如此。現實有其法則及要求。事實上，到目前為止，我所知道的人民，還有提案施行後將導致以下後果：

透過鄉下警察或教區官員宣布，農民每人要徵收二十七．五戈比的稅，以應付這樣和那樣的事情一段期間。他們將得知這筆錢是做為學校之用。接著官方再宣布課稅以建設學校；如果由農民來決定課稅的總額，他們會說三戈比，所以他們將被迫繳納規定的稅額。自然地，農民搞不懂這件事，也不再相信它。多數官員會從沙皇那裡得到一個敕令來增稅交差了事，但透過威脅和暴力徵收稅金會很困難。鄉下的警察隊長決定建校的地點，並要求公社選出他們的建築監造者。當然，農民會曉得這項新稅並受到強制實行，但他們不知道要蓋什麼或如何建造，只是完成當局的命令罷了。

農民會被告知可以為他們的學校選一個管理者；但無論如何有一件事他們都無法理解，並非由於愚笨與無知，而是不懂何以自己無權觀看子女的上課情形，卻可以選出做這件事的人，事實上，他們也無權這麼做。為了建造學校而繳納二十七．五戈比的稅金、負擔義務，這一切將令人們對這個想法以及「學校」這個詞產生敵意，由此，他們自然地會學到賦稅的概念，他們不希望選出任何人，免得要為了付管理者的薪俸而被課稅。警察隊長跟法官將斥責他們，他們會恐懼且倉惶地選出第一個名為管理者的人選。管理者與治安法官將是同一人，或者，選出來的人幾乎都是村莊裡擁有最多土地的人，於是管理者這個職務成了他的娛樂跟消遣，意謂著世界上最嚴肅的工作變成他的玩物或炫耀的手段。治安推事現在仍肩負著職責，卻完全無法執行他的主要任務；這件事非常麻煩，需要豐富的知識跟謹慎的態度，才能成為公社的代理人並管理學校。大部分的管理者一個月會視察學校二或三次，可能會贈送一個自製的黑板，週日邀請教師到家裡（這是最棒的事），假如有空缺的話，就會舉薦他們的教子為教師，或是被神學院驅逐出去的牧師之子，或是他們的好友前任官員。

蓋了學校並付了錢之後，公社以為他們已繳完稅金，但他們錯了。警察隊長會告訴他們，他們得切割半俄畝的田地給教師用。然後再一次開會，其中「學校」與「強制讓渡」混合為一個不可分離的概念。農民將交接他們的田地，試著去切除想要的狹長形田地，彼此口出惡言並吵架，他們稱之為罪惡的會議，將進行第二次、第三次，而不知怎地，會議上充斥著當局的命令，想方設法剝奪他們一片有價值的田地。還不僅如此，整個教區為了分攤教師的穀物津貼又舉行了一次會議（農民最樂於支付各種捐獻了）。最後學校蓋好了，而教師的生活費獲得了保障。

假設地主或治安推事沒推薦他的官員好友或教子，學校的指導者得以自己僱用教師。這工作對他而言，可易可難，幾千個教師，有被學院逐出的，或是被解聘的書記員，每天都站在接待室裡，拿酒款待祕書，用盡各種方法得到職位。曾任職文理中學的指導者，倘若他是個慎重嚴謹的人，會依據自己受的教育來選出老師，也就是說，他寧願選擇已完成一套課程的人，而不選尚未結業的人來執教，由於這樣的選擇原則而不斷地出紕漏。但是大多數的指導者對自己的職責似乎不是那麼認真，他們會出於博愛主義與好心腸做出選擇：為何不給窮人一片麵包？於是他也犯了跟前者一樣的過失。相比於指導者的選擇，我看不出有任何比抽籤來選出教師更合理的方式了。

不管怎樣，教師總會被聘用。公社得到通知，農民可以不花更多費用送兒女入學，這對公社而言窒礙難行。在各地的大部分農民對於這個提議都將回答：「惡魔占據了學校，對此，我們感到厭惡。我們生活了這麼多年都沒有學校，我們應該設法不靠它度日；倘若我要兒子學點東西，就送他去教堂司事那裡。我懂一些教學的事，而且上帝知道學校會教我兒子一些事情，然後從我身邊把他帶走。」我們假定這種觀點並不普遍，遲早會消失，而且看到其他孩子入學的過程，農民也會希望送自己的孩子入學；我並不完全認同，唯有那些村莊裡有學校的人才會送孩子去念書。沒有任何免費的教學能夠吸引學生在冬天，從一俄里外的村莊到學校來，因為身體無法承擔。平均一所學校有十五個學生左右，其餘的教區兒童將會在村子裡私下跟人學習，或許他們不會全心投入研修，不過他們也算是讀過書，而教區的報告也會如此陳述。

雖然如此，如果學校能成功、不遜於其他類型的教學，就能像師從私人教師、教堂司事與軍人一樣，達到圓滿的結果。有相同能力的人、傳教士也能當老師，但有一點不同於學校教師，他們不被法律抑制的條件所束縛，且受到家長的支配，父母要求他們做出符合酬勞的成果。然而，在政府公辦的學校裡，教師必須屈從於教學法、教學手冊、每天有限的上課時間，還有管理者和指導者的干預，成果當然會較差。

指導者收到高額的薪水，可以旅遊各地，而且不時打擾良好、本著良心的教師，僱用不良的教師並解聘好的。政府不可能知悉學校的狀況；指導者必須監督各校，並在指定的時間做報告，然而那是在不了解情況之下做出的錯誤紀錄，就像別人現在正在做的。

如今存在的私立學校不需要提供現存的資訊，儘管它們將催生公眾教育的主要運動，也沒有人會知道任何它們的事情。

這些都不是最糟的，也不是最令人苦惱的。我們已習慣俄國的行政部門立法與真實情況不符了，那麼，在公眾教育方面也許同樣不切實際。應排除在提案中錯誤且不適用的項目，納入有效與有用的。由於提案的關係，公眾教育制度至少有個起點了，而且不論好或壞，小或大，每一千個俄國人至少會有一所學校了。

從行政跟財務方面考量，假如學校創建是完全、確實地轉手給公社也就罷了，然而在提案裡，公社的設置是為了付錢，政府則是接收學校組織，這是千真萬確的。如此自然會造成嚴重的道德敗壞，雖然不會展現在每個人身上，長此以往將漸漸敗壞俄國人民的教育發展。教育的需求源自於大眾。從二月十九日的聲明以後，四面八方的人民表示現在他們需要更高的教育程度，而為了接受教育，他們已準備好做出某種犧牲了。各地的免費學校數量日漸龐大這個事實，已表達出人民的信念。大眾已經超越政府希望他們走的路了。

突然間，為了免費學校，對全部的人採取壓迫手段並課以強制的學校稅，政府不僅不了解先前的教育運動，還否定之。看起來政府像是強制推行另一種大眾不熟悉的教育，將他們從原本的工作撤走，命令他們不准領導與協商事情，只能服從政府的決定。不只是我親身的經歷，歷史跟常識都告訴我們，這種介入可能導致的後果是：人民將自己視為暴力下的殉道者。年老教堂司事的學校被他們視為聖堂，新的公辦學校卻像罪惡的新制度，大眾將憤怒地離開自己剛剛才愛上的事情，僅僅是因為政府匆促又沒給他們機會去思考得出結論、沒給他們好時機去挑選自己要走的路，而是強制他們沿著一條他們還沒有視為最佳的途徑走。

這份提案若實現，除卻其本質的不完美，還會滋生一個無可估計的惡：教育的分立、對學校的沉默消極抵抗，以及對無知或老式教育的狂熱。

教育與文化

彼此相關且無法分割的概念

「教育」、「文化」以及「教學」這幾個字彙，沒有清楚地下過定義，而且很容易互為解釋，但在概念的傳達上仍有其必要性。

有時候，教育學並不承認文化與教育之間的差別，但若非使用文化、教育、教學或教導，就無法表達其觀念。必須有某種獨立的概念以對應字彙，或許有某些理由使得我們不希望以明確且實在的意義來運用這些概念；不過這些概念是存在的，且有獨立存在的正當性。

教育跟教學的概念在德文上，有清楚的劃分。教育包含了教學，教學乃教育主要的手段，每種教學都有一種教育的元素。但是教養的概念做為教育或教學之用均是錯誤的。教育就是在某段時期，在世界已到達協調的狀況後，來形塑一個完美的人。教學是種引導道德發展的手段，儘管不是為了達成目的而行使的排他方式；除了教學之外的方法，在教育裡的論題，最適於達成教育的條件，就是規訓與強制。

德國人說，人的精神必須像在做體操時身體被解放一樣。

在德國的社會，甚至是在教育學的文獻裡，教養總被誤認為教學與教育，或是做為社會現象的表徵，教育學對此無能為力。在法語中，我甚至不知道哪個字相當於文化的概念。教育、教學、文化是截然不同的概念，因此，即使是英語也沒有一個字能夠對應於「文化」[28]的概念。

德國的教育實務工作者有時不承認教育與文化的分野，導致兩者乃結合成一個不可分離的整體。有一次跟那位知名的第斯多惠[29]談話時，我將話題引導至文化、教育以及教學的議題。第斯多惠懷有敵意地諷刺做出這樣區分的人，對他而言，這一切是相輔相成的。我們還談到了教育、文化以及教學，我們非常了解彼此。他提到，文化中具有教育的元素，而那包含在每一種教學之中。

這些字的意義何在？如何理解它們，又應該如何被解讀？

我不會複述自己與教育者曾就這個議題所做的討論跟對話，也不會複製時下書本上那些否定的論點，那只會浪費時間，每個閱讀過我第一篇教育文章的人都可以證明我的話。我只會試著在這裡解釋這些觀念的起源及其模糊的因由。

根據第斯多惠的觀點，教育涵蓋了教學。

所謂的教育科學僅僅與教育有關，對教育家而言，一個人所接受的文化就是一個完整的論題。端看這個人在接收文化或教育影響的文化塑形期間，書本、故事、記憶、藝術或身體的訓練是否影響著他的成長。整個外在世界能夠對學生發揮的作用取決於教育家的意願。教育家試圖在學生周圍用一座難以穿透的牆，阻擋世界的影響，並且只篩選他認為有用的、科學性學校教育的知識。我不是指所謂不進步的人所做的事，我並沒有對抗風車[30]，我所說的是由那些優秀、進步的教育家對教育的理解與運用。各地的教師已不在乎生活造成的影響；學校環繞著書本知識構成的城牆，少數被許可的生氣勃勃的文化作用就足以取悅那些教育家。生活的影響不被認同，於是，號稱科學的教育學在這件事上，擔負著形塑一個最優良的人所必備的權利，並且考慮移除每一種不必要的教育作用；他們甚至進行了教育的實踐行動。

---

28 俄文的「文化」（obrazovanie）這個字，也意指「形成」（formation），源自「形象」或「形式」之意。托爾斯泰的問題在於沒找到英語中與之同義的字，乃用「文化」（culture）這個非常接近的字代表。然而，在這篇文章中，翻譯成「教育」的較近於「養育」，而譯作「文化」的則常常是英語中「教育」的言外之意，本篇其餘地方亦同此理。

29 第斯多惠（Friedrich Adolph Wilhelm Diesterweg，1790～1866）：德國教育家、思想家，被視為教學改革的先驅。

30 這裡意指西班牙作家塞凡提斯（Miguel de Cervantes Saavedra，1547～1616）的《唐吉軻德》。故事中，主角想像風車是巨人，向前挑戰卻落得遍體鱗傷的情節。

基於這樣的觀點，自然會搞錯教育與文化，因為假設的前提是沒有教育就沒有文化。近來，人們已開始模糊地表達出文化自由的需求，最好的教育者得出一個結論：教學是教育的最佳手段，不過教學必須是強制、義務的。自此開始搞混了教育、文化以及教學。

教育、教學是文化的一部分，而文化涵蓋兩者

按照善於理論的教育者的概念，教育是一個人對另一個人施加的行為，包括三個動作：一、教師的道德或強勢的作用，包括生活的模範、處罰；二、教導與教學，以及三、教育對一個人的重要影響。在我們看來，觀念的錯誤跟混亂，起於教育學占據教育主題，而不由文化主導教育，並且沒有意識到不可能會有能預知、權衡與決定生活影響的教育家。每個教育者都認同，學生在入學前後，就已受到生活影響，儘管用盡全力擺脫，這些影響還是進入學校。這種影響太過強大，以致左右了整個學校教育，因此要盡最大力量消除；但是教育者只將此事視為教育科學與藝術發展不完全而已，且堅持認定人的教育問題要依照某種模式，不是他們的文化，而是某種學習途徑與博雅文化[31]協力合作，讓人變得有教養。我同意教導、教學是文化的一部分，而文化涵蓋了兩者。

教育非教育學的主題，而是教育學無法關注的一個現象；教育學的主題應該是、也只能

是文化。就我們的觀點，以最廣泛的意義來看，文化就是影響力的總和，促使一個人發展、予以更寬闊的世界觀，並提供他嶄新的資訊。兒童的遊戲、苦惱、父母的處罰、書籍、工作、強制且免費的教學、藝術、科學、生活……每一件事皆提供了文化的成分。

文化普遍被視為人類生活作用下的產物（就是一個人的文化之意，我們稱「一個有文化素養的人」），或者，人所具備極其重要的條件（就德國的文化之意，我們會稱一個俄國農民、紳士為「這個人接受過良好的或不佳的文化〔訓練〕」等），但是我們得持續發展它。教育是指一個人為了使另一個人學到某種道德習慣而施加的行動（我們會說：「他們教育他〔培養他〕成為一個偽善者、強盜，或是一個好人。」斯巴達人教育勇敢的人，法國人教育出偏頗又自滿的人）。教學則是將一個人的資訊傳遞給另一個人（可能是下西洋棋、歷史、鞋匠的工藝）。教導，稍微有點教學的意思，是指一個人對另一個人施予的行為，為了使學生獲得某個技能（教導學生如何歌唱、做木工、跳舞、划船、演說）。教學跟教導為文化的手段，如果它們是自由的，可做為教育的媒介；假若教導只會強迫學生，而教學成為獨占事業，就意謂著，教育家只重視教授的科目。真相清楚、直接地呈現在每個人眼前。然而，我們可以試著緊密結合被切斷的關係、再細分不可分離的，以及使存在事物的常規成為從屬的

31 即為通才教育、全人教育。

想法，真相就出現了。

教育是一個人強制去形塑另一個人朝善的方向發展的行為；而文化則是一種人際間自由的關係，奠基於求知的需要並且將所學傳達出去。教學兼為文化與教育的手段，教育跟文化之間的差異受制於文化，文化則是自由解放的。

教育的法語是éducation，德語是Erziehung，是目前普遍通行在歐洲的概念；但是文化的概念只存在於俄國和部分德國人之中，有個幾乎切合的字Bildung。可是在法國與英國完全沒有這個概念，也不存在這個字。文明（Civilization）是啟蒙，教學是歐洲的觀念，無法譯成俄語，意指豐富的學術科學資訊，或是遞嬗這樣的資訊，但那不是文化，而是包括科學知識、藝術以及身體的發展。

我在第一篇教育文章談過強迫教育的正當性，並且竭力證明其不存在，首先，教育是強迫不來的；其次，強制只會帶來不幸；第三，強迫除了武斷的意志之外，什麼都沒有（例如索卡西亞人[32]教導如何偷竊，以及回教徒是無神論者）。教育像是個不存在的知識主題，為了將道德獨裁提升成道德原則。我不會述及人性中惡的那一面，教育不過是證明人類思想未開發的現象，因此無法被評估為有智慧的人類活動；這是科學的基本原則。

教育是一個人使另一個人變得像自己（窮人傾向從富人手中取走財富、老人看到年輕人健壯又有活力會嫉妒；嫉妒的感情引發另有一套原理與理論）。**我很確信教師對於兒童的教**

育富有熱忱，是根源於他對孩童純真的嫉妒，希望使對方變得像自己，這意謂著，去損傷孩子的率真。

我認識一個放高利貸的人，他藉著各種無賴行為賺錢，他聽從我的勸告與恭維，送他十二歲的優秀兒子到我的雅斯納雅．波里耶那學校就讀，他紅通通的臉上展現出一種自滿的微笑，並不斷地重複回答：「是的，尊貴的閣下，但對我而言更重要的是，得先讓他繼承我的精神。」因此，他要兒子跟著他，並誇口自己的兒子已學會如何詐欺農民去賣父親的小麥。誰不知道那些曾在軍事學校裡受教育的父親，認為只有內化自己所受的教育，浸濡在那精神中才是好的文化？大學教授和僧侶在學院裡，不會用這樣的方式對學生灌輸自己的心意嗎？

那很容易證實，我已經證明過了，我不想重複。教育依照某個預先計畫好的範式去形塑人，既無獨創性、不合法，也不可能辦得到。在這裡我只要提出一個問題。在教育上沒有所謂的權利。我不認同這個說法，受教者也不曾承認，而且受教育的年輕世代也不會同意，他們無時無刻不反抗著教育的強制性。你[33]要如何證明此一正當性？我什麼都不知道也不假設任何事，但是你承認並假定的，是個新的、對我們而言不存在的權利，而那是為了取悅某人

32 索卡西亞人（Circassian）：西北高加索人，為俄羅斯境內民族之一。

33 這裡的「你」是托爾斯泰反問「制度的規畫者」。

而訂的。你永遠都是用其他論述，而不採權力濫用的事實來證明這個正當性。你不是原告，我們才是，而你是被告。

人有權利去教育他人嗎？

我有好幾次以口頭回答，並在雅斯納雅．波里耶那教學日誌裡表達想法，如同安撫暴亂的孩子。我答道：「當然，用跟中世紀修道院一樣的教育法是不好的，但是文理中學、大學是相當不一樣的教育。」其他人告訴我：「毫無疑問正是如此，不過經過考量之後，如此這般的情況，我們必須做出結論，不可能用別的方法。」

這種駁斥的形式，在我看來似乎洩露了一個軟弱的心靈，而非認真的靈魂。我的問題是：一個人有權利去教育他人嗎？回答不會是「沒有，但是……」，而是必須直截了當地答覆「有」或「沒有」。假若是「有」，那麼猶太教堂、教堂司事的學校都該像所有的大學一樣，擁有合法的權利。如果是「沒有」，那麼你的大學，如同其不完善，也是非法的教育機構，這是不爭的事實。我看不出有中間之道，不只是在理論上，甚至在實務上也沒有。我就讀文理中學時也同樣被拉丁文誘導，也被一個大學教授以其基進主義跟物質主義所煽動。無論是中學生或是學者，皆無選擇的自由。就我自己的觀察，各種類型的教育成果對我而言都很古怪。到了二十一世紀，我們的子孫回頭看當今較高等級學習機構的教學課程，難道不會明顯地感到奇怪又無用，正如中古學校之於我們？很容易得到這個簡單的結論，假如在人類知識的歷史中，沒有絕對的真相，只有錯誤不斷地製造出另一個錯誤，那麼，毫無理由地強迫年輕一代取其資訊，確實是不對的。

曾有人告訴我：「假如事情一直是這樣，那你又有什麼好擔心的呢？沒有別的辦法。」我無法想像。假設人們總是彼此殘殺，就不要仿效這個陋習，而且必須提出法則制裁謀殺，尤其是防範已知的謀殺動機再次發生。

主要的問題是，為何你[34]認可普世人類的受教權，卻譴責壞的教育呢？一個送兒子去文理中學就讀的父親會責難學校；教會觀察著大學，並非難之；政府、社會皆批判壞的教育。你不是允諾每個人，就是不給任何人這個權利。我看不出有何中間之道。科學必須決定我們是否有權接受教育。為何不說出實情呢？大學不像神職教育，說沒有什麼比學院更糟的了；神職人員不喜歡大學的文化，說再也沒有什麼比大學更糟的了，它們只不過是傲慢與無神論的學校罷了；家長譴責大學，大學責怪軍事學校；政府非難大學，反之亦然。

究竟誰對誰錯？活著的人才有健康的思維，不是作古的人，有鑑於此，人們不能忙著為

34 這裡的「你」是托爾斯泰對讀者的提問。

有目的的學習自己製造假象；而必須為這些問題取得答案，不管這個思考是不是叫做教育學都沒有差別。解答有兩個選項：一、我們必須承認授予權利給那些與我們較接近的，或是我們最喜愛的，抑或最恐懼的人，甚至是大多數人選擇的（我是個牧師，所以認為神學院最好；我是個軍人，因此偏好軍事學校；倘若我是個學生，我只認同大學：我們都是如此，只是或多或少經由有創意的爭論而強化了偏見，沒注意到所有的對手都是如此）；另一個是，不要給予任何人教育的權利。我選擇後者，且我已試圖證明為什麼。

我要說的是，關於大學，不只是俄國境內的，還有全歐洲的大學，都並非全然地自由，除了以武斷為基礎之外沒有別的，就像修道院學校一樣畸形。我希望未來的批評不會遮蔽我的推論：若不是我胡說八道，就是整個教育學有錯誤，沒有中間之道。所以，只要沒有辦法證明教育有其權利，我就不承認它。另外，既然我不認同屬於教育的權利，就無法承認教育的現象，我必須說明之。

文化影響教育的四個元素

教育從何處而來？我們社會的奇怪觀點又是如何產生的？因為有難以解釋的矛盾，所以我們說這個母親不好，她沒有教育女兒的權利，並將她從母親身邊帶走；這個機構不良，我們要摧毀它，這個機構好，我們就要支援它嗎？那麼，教育存在著什麼力量呢？

如果這種異常狀況就如同文化影響教育的作用（已存在多年，這個現象的原由想必植基於人類的本質中），我知道有以下元素：一、家庭，二、宗教，三、國家，四、社會（用較狹隘的定義，在俄國包含了官僚社會組織及上流社會階級）。

第一個因素是由於父母都盼望子女像自己，不管是父親或母親，或至少也要像他們喜歡的樣子。這個癖性十分自然，以至於無人對此產生疑惑。只要「**每個個體都有自由發展的權利」尚未進入家長的意識裡，就無法期待有所改變**。此外，家長比任何人更依賴兒子的將來；結論是，他們傾向以自己的作風去教育孩子，如果不恰當，也是理所當然。

第二個製造出教育現象的要素是宗教。只要是人，不論回教徒、猶太人，或是基督徒，皆堅信不認同主的教誨之人不能得救、一旦失掉靈魂的人無法懷抱希望、即便是使用暴力，也要讓每個孩童皈依並以其教義教育之。

我的答覆是：宗教是教育根基中唯一合法與理性的元素。

第三個、也是最基本的教育元素，包含在政府為了某種目的而教育人民的需求裡。此一理由在軍事學校、法律學校以及工程學校等，皆可以發現。假設沒有政府公僕，就不會有政府；倘若沒有政府，國家就不存在。結論是，這個因素也毫無疑問地有其正當性。

最後，第四個原因存在於社會的需求中，社會是由上流階級、官僚以及一部分商人階級組成的。這個社會需要同謀者、煽動者和共犯。

有件事值得注意，看在追求真相的分上，我請諸位讀者特別留心以下情形，從科學與文獻中，很不尋常地經常攻擊家庭教育（其中指出家長腐化了自己的孩子，雖然對父母而言，希望讓孩子像自己似乎是很自然的），以及宗教教育（好像在一年前，全歐洲為一名猶太男孩惋惜，他被一名基督徒帶大，然而這個照顧者想要讓這個男孩得到他所信仰的宗教的永恆救贖，沒有比這件事更合法的了），也抨擊官僚與官方的教育；但是大家都需要的政府怎麼可能不為了自己跟人民，去教育公務員呢？反之，卻不會聽到任何直接抨擊社會教育的言論。特權社會及其大學永遠是正確的，不過，其教育學生與大眾相悖的概念，除了尊嚴之外，並無其他正當性。怎麼會這樣？我認為是由於我們沒有聽見攻擊的言論；我們不去聽取，因為那不是出自教授的著作。但是，我們必須仔細傾聽並知曉的是人們強有力的聲音。

舉當前社會的公共教育機構來說，包含公眾學校和貧窮孩子就讀的女性寄宿學校，及文理中學跟大學，在這些教育機構裡，你將發現眾人對無法理解的現象已見怪不怪。一開始是農民、市民家長，最後是商人跟上流階級家長，皆抱怨其子女受的教育與自己的社交圈相異。商人和老派紳士說：「我們不想要那種大學和文理中學，它們會讓孩子變成無神論者及解放思想家。」農民與商人不需要任何學校、養育所或寄宿學校，因為他們不希望孩子變成「雙手白淨」的書記員，而不從事農耕。

從公眾學校到高等學習機構無一例外，所有的教育家只關心在他們的掌控下，避免將孩子教導成他們父母的樣子。有一些教育家天真地表示，不僅如此，他們認為自己就是學生的榜樣，而學生的家長是粗野、無知與邪惡的代表，孩子不該效法。

女教師這種奇怪的生物被生活扭曲，把人類本質的完美寄託在鞠躬、穿有衣領的衣服，以及會說法語之上，她會偷偷地告知你，自己是工作的殉道者；她為教育所做的一切努力，將因為無法完全移除家長對子女的影響而徒勞無功；她下的功夫包括忘掉俄語改說法語、忘掉與廚師以及烹飪同好的關係，還有他們光著腳一起奔跑的事，另外，謝天謝地，她學了所有關於亞歷山大大帝跟哥德羅普島（Guadeloupe）的事，以與其家庭成員對抗。天啊！忘掉這些並重新獲得微不足道的習性吧。這個教師在她的學生面前毫不困窘地嘲笑學生的母親，或是所有跟學生同一個社交圈的女性，她考慮的是自己的好處，藉由諷刺學生先前的人際關係，以圖改變他們的觀點與想法。

我不是指那些人造的物質環境，那必定完全改變學生的觀點。在家裡擁有一切的生活享受，像是水、蛋糕、好的食物、準備妥善的晚餐、乾淨又舒適的房子，這些全仰賴母親跟家庭的關照。用愈少的勞力與照顧，就得到愈少的舒適快意，這是件簡單的道理，但是，我敢說，這比法語和亞歷山大大帝還要有教育意義。在公共教育裡，這個透過勞動獲得的不變、重要的獎賞被忽視到這樣的程度，不論學生會不會這麼想，不管她的晚餐會變更好還是變差、枕頭套會更乾淨或弄得更髒；她不具備自己的細胞，沒有能夠隨意決定是否修正的角落，也沒機會自己用緞帶編點什麼和做些零散的東西。

「好吧！誰要去打擊一個倒在地上的人。」我的讀者中有十分之九的人會說：「所以，為什麼要討論寄宿學校？」等等。不，他們沒有倒下，而是正奮起而行，安全地依賴教育的權利。寄宿學校一點也不會比文理中學與大學還怪異，它們全都奠基於同一個準則，亦即，授權給一個人或一個小團體，讓他們隨心所欲。寄宿學校並非式微，有幾個寄宿學校還存在著，而且將持續下去，因為它們跟文理中學和大學一樣，都有同樣的權利成為文化的養分。唯一的不同是，如果真有不同的話，我們不會為了某個理由認同他們隨意行使家庭教育的權利：將孩子從腐化的母親身邊帶走，放到一個腐化的女教師家中，讓孩子去淨化她自己。

我們不承認宗教在教育的正當性；我們大聲指責學院及修院學校；我們不認同國家在教育上的權利；我們不滿意軍事學校、法律學校等；然而我們欠缺勇氣去否定社會裡教育機構的合法性，易言之，並非大眾，而是較高階級的社群聲稱教育的權利是隨其所好，不論是女子寄宿學校或大學。大學？沒錯，大學。我會分析這個知識的殿堂。依我看來，它並非比寄宿學校優越多少；更有甚者，它是植基於邪惡之上，亦即社群的專制，對抗著尚未揭竿起義的手。

大學，是知識還是邪惡的殿堂？

正如寄宿學校已決定了救贖要靠名為鋼琴的樂器，以及法語，即使如此，一個自作聰明的人，或是那種人的夥伴（我不在乎這個同伴是否了解歐洲科學的典型——我們依此建立了大學的組織，不管怎樣，這個自作聰明的夥伴與未來在大學組織的一群學生相較，也將非常微不足道），創辦為了實證研究所有科學的機構，以達致最高深的發展，並且，你也不要忘記，在莫斯科、聖彼得堡、喀山、基輔、多帕（Dopat）和哈可夫（Kharkov）等地，已經創設了這樣的機構，且未來將在沙拉托夫（Saratov）及尼可拉耶夫（Nikolaev）設立更多；只要他們喜歡，就會在那裡設置一所研究最高深學問的機構。我懷疑這些自認聰明的人是否仔細考慮過這種機構的組織。

寄宿學校的老師有更簡單的任務：她有一個模範，就是她自己。但大學的範式太多樣也太複雜了。假設他們仔細想過這樣的機構；我們來推測設立這種機構跟進入這些機構的人數，何者較可能達到。我們來看看這些機構的活動及其結果吧。我曾經說過，要驗證任何學校的課程計畫有沒有必要是不可能的，大學的就更不用說了，那裡的課程是為了將來進入其他學校做準備，而非生活。我只能再說一次，學習有無分科的必要性是證實不了的；所有沒有偏見的人必然都會同意我。

寄宿學校的教師與大學均視此為承諾人們參與文化形構的首要條件，他們脫離自己原本的生活圈。普遍來說，大學只容許在文理中學通過七年見習期間，以及住在大都市的學生入學。有少數特殊學生不是進入文理中學就讀，而是經由私人教師協助，通過同樣的課程而及格。

在過去，想進入文理中學就讀，學生得在縣立及公眾學校修過教育課程，才能合格入學。我會收起一切習得的歷史與聰穎同伴的案例，也不管歐洲各國的狀態，單純地談談我們俄國發生的事。

我希望所有人都同意，教育機構的主要目的在於普及所有階級的文化，而不單單是某個階級的保守文化。那是壟斷，意即，我們不太需要去關心某些富人或高官子弟的文化（在歐洲人身上可以發現這種文化，即使俄國人身上沒有，也會存在學校裡），卻要去注意旅舍主人、行會商人、一般公民、牧師、過去從事莊園僕役等人之子的文化。我略過了農民，因為文化對他們完全是個無法理解的夢想。簡而言之，大學的目標在傳播最多數人的文化。

舉一個小鎮商人或自耕農之子為例。首先，這個男孩被送去學校學基礎能力。如我們所知，教學包括了記憶他所不理解的斯拉夫文，我們很清楚那會持續三或四年。那些經過教學得到的知識使兒童不適應生活；因他們養成的道德習慣是對長者跟老師不尊敬，偶爾偷書等諸如此類的事，最重要的是，孩子變得閒散又怠惰。

對我而言，似乎沒必要去證實孩童花三年時光待在一所閒散又怠惰的學校，學習只要三個月就能學會的知識。他們被迫每天花六個小時坐著靜止不動地看書，處於最澈底且有害的安逸下，進行人工的訓練，學習半個小時就能學會的事情。

十分之九的家長，尤其是母親，發現有部分從這樣的學校返家的孩子被寵壞了、體力衰退，以及與人疏離；可是製造成功者世界的人催促家長送孩子進入公立學校。在這種學校習得懶散、欺騙、矯飾的習性，而且持續體力退化，大量的活力被消耗殆盡。在公立中學，有時候會看到一些健康的臉龐，在文理中學就很罕見，在大學幾乎看不到。公立中學的學科教學比起孩子最初的學習，能夠應用於生活中的甚至更少。在這裡一開始教授亞歷山大大帝跟哥德羅普島，並聲稱在說明自然現象，但除了給學生家長虛假的傲慢跟輕視，什麼也沒有，而這些課程還是受到老師們擁護。誰不知道那些學生澈底蔑視未受教育的民眾，只因為老師告訴他們地球是圓的，空氣中含有氫與氧！

讀完縣立高中之後，那些連小說家都沒興趣譏笑的愚蠢母親更加擔心自己在身體上和道德上改變了孩子。接下來進入文理中學的課程，學到的同樣是測驗的技巧，且是強制的，內涵虛偽、欺詐與懶散，而一個不知上哪找工人或店員的商人，或小氣的自耕農之子，以強記背誦的方法學習法語或拉丁文法、馬丁·路德的歷史和自己不熟稔的語言，並為了代議政府的利益，徒勞無功地努力寫出一篇作品。由於這所有不適用的知識，他學會如何受恩於人、欺騙、從父母那裡敲詐金錢、沉溺於酒色等，取得的知識將決定他在大學的最後發展。我們在文理中學裡，看見學生與家庭生活完全地疏遠。

已受啟迪的教師在學生原生的環境上，努力提升他，為了這個目標讓他閱讀拜林斯基[35]、麥考萊[36]、路易斯（Lewes）等，不是由於學生可能有特別的傾向，而是如他們斷言，為了使學生成長。而那些文理中學的學生，基於模糊的概念和象徵他們的文字，像是進步、自由主義、物質主義、歷史的演進等，輕視自己的過去且懷有敵意。教學者的目的達到了，然而父母，尤其是母親，看著他們衰弱，卻有了更大的懸念跟悲哀，自信、自滿的凡尼亞[37]說著奇怪的語言、用怪異的心靈思考、抽菸並喝酒。他的雙親想：「這行為是高尚的，而且還有跟他一樣的人。」、「或許本該如此。」然後凡尼亞就這樣進了大學。父母不敢承認自己錯了。

錯誤的基礎，培養無用之人

正如我之前所言，在大學裡，你幾乎看不到健康、有朝氣的臉龐，也見不著任何懷有敵意或不存敬意的人，只有在自己出身且必須生存於此的社交圈裡保持平淡無奇態度的人；他蔑視、憎惡及自大地憐憫著這樣的社會組織，於是依據自己的社會地位，看著這個圈子裡的人，甚至是在其中進行的活動。在他身上只能看見三種具優越榮光的生涯：有學問的人、文學家以及政府官員。

在所有授課的學科中，沒有一科對生活有用處，而且用相同的方式教導《聖詩集》與歐布多夫斯基的《地理學》。除了實驗性質的科目，例如化學、生理學、解剖學，甚至是天文學，學生在大學裡被迫做工；其餘學科，譬如哲學、歷史、法律、語言學，都以死記硬背的方式學習，唯一的目的是讓學生能夠在測驗時寫出答案，不論是怎樣的考試，為了晉級或最終考核，都沒有差別。

我彷彿看見傲慢的教授不屑地讀我寫的這些話，他們甚至不會為了表示敬意而對我表現出憤怒，也不會在這麼重要且不可思議的事情上，為了證明自己不懂得一個作家的故事而紆尊降貴。我很清楚，但那無法阻止我指出依據理性及觀察得出的推論。

認同文化的神祕、學生無從察覺的表現、自立於教授授課的形式跟內容之外，我和那些教授無法在這諸多地方持相同意見。我一點都不贊同，正如我不認為有必要去討論他們已不

---

35 拜林斯基（Vissarion Grigoryevich Belinsky，1811～1848）：俄國文學評論家。

36 第一代麥考萊男爵（Thomas Babington Macaulay，1800～1859）：英國歷史學家及政治家。著有《英國史》（*The History of England from the Accession of James the Second*）。

37 凡尼亞（Vanya）：原書未注明凡尼亞的身分，有可能只是某個男孩，也可能是以契訶夫（Anton Pavlovich Chekhov，1860～1904）的戲劇作品《凡尼亞叔叔》（*Uncle Vanya*）的主角做為諷刺。

再重視的古典教育的神祕及無從解釋的文化影響力。不論有多少自作聰明和有社會地位的人斷言，學習拉丁文文法，以及無法讀到希臘文和拉丁文詩歌譯本時閱讀其原典，是最有益於人類發展的途徑，但我不相信，就像我不認為用一隻腳站立三個小時可以增進人類發展，那得拿出比經驗更有力的事實來證明。

從經驗上看，每件可想像的事都能被證明。《聖詩集》的讀者依經驗證明了，教閱讀最好的方法就是去讀《聖詩集》；製鞋匠說，要學他技藝的最佳方式是，讓學徒花兩年取水、砍木頭等。你能藉由經驗證實想做的任何事。我所說的種種將導致為大學抗辯的人不願告訴我其歷史的意義、神祕的文化影響力、管理教育機構的共同約束，也不會提供我牛津大學和海德堡大學的例子，但卻允許我像他們那樣，依照良善、共通的思維討論事情。

就我所知，打從我十六歲至十八歲就讀大學期間，就已經定義了自己的知識範疇，在我攻讀的學系裡，那是相當武斷的界定。我接受系裡為我指定的課程，且不僅聆聽教授講課，甚至還逐字，至少是逐句地將之記牢。若我不澈底學會這些，教授就不會在最後或次年的成績考核中給我文憑。我就不再贅述早已提過一百次的虐待了。為了得到這個文憑，我必須具備一些教授推崇的習性：不是得坐在第一排並做筆記，就是必須在考試時擺出一副驚訝或愉快的面貌，抑或分享教授的意見，或者是定期出席他在家舉辦的晚會（這些並不是出自我的推測，而是學生們的判斷，每一件事在大學裡都有傳聞）。聽教授講課的時候，我會有不同的觀點，基於自修此學科的見解，我發現教授教得並不好，但我還是得聽課，或是至少背誦其內容。

在大學裡有條關於教授的不成文規定：教授無謬論教條。再者，就如同所有神職人員那樣，在修道院裡私下要求非初次入會的人與學生對他表現出尊崇的敬意。這就是教授確實傳授給學生的文化。一旦任命為教授，他就開始教學，儘管生性駑鈍，在執行職務時更顯笨拙，就算他的知識可能完全落後於學科的發展，縱使他有不足取的特質，但只要還活著，他就會繼續反覆地朗讀，而學生無從表達滿意或不滿意。更有甚者，除了學生以外，教授的課需對外保密。可能是我無知，但我不知道教授的授課來自哪本手冊。假若真的有這種課程的相關教學手冊，也是百中選一的。

那是什麼意思？一個在高等文化機構授課的教授，例如俄國法或民法的歷史，他曉得此學科最發達的狀態、能夠結合關於此學科各種不同的觀點，或選擇一種最現代的，並證實何以如此；那麼，為什麼他不允許大眾接受全歐洲以及他智慧的果實，為何只將之傳給上課的學生？難道他不知道有好的出版社願意為了好書，付出一筆可觀的金錢，包括鑑賞文學作品的文學評論？那比謄寫上課內容更有利於學生在家、躺在床上讀他的書。如果學科日新月異，並且一年比一年豐富，每一年便可以有新增補的文章問世，文學界和社會皆會感激他。為何教授不出版其課程內容呢？

我想這要歸因於他們不關心文學工作的成就，但是，不幸地，我知道與這些教授同樣地位的神職人員並不排斥撰寫少量的政策專論，而那是他們平時鮮少觸及的主題。我很擔憂大學教育不可理解之處乃肇因於百分之九十以上的課程保密，假如出版它們的話，就不會有我們不成熟的文學評論了。講課何以是絕對必要的？為何不能給學生一本或兩本，又或者十本教授的，或其他人的好書呢？

大學教學的情況，也就是由教授上課，而課程必須是出自他本人的學識，這種獨斷之見在大學橫行，我並不相信，但那也不可能證實。有人告訴我：「經由口述傳遞知識，更能感動心智等。」那是錯的。**我知道很多人跟我一樣，在聽口頭上課時什麼也搞不懂，只有在家裡好好地讀一本書，方才通透理解**；這並非特例而是人人皆準的通則。口頭傳授唯有在學生有權提出異議時才有意義，上課應該進行對話，而非一方講演。否則公眾即有權利要求教授發行他們三十年來，持續不變、教導我們子弟的教學手冊。不過，照現在的情況，閱讀課程內容毫無意義，充其量僅是一種有趣的儀式，在進行時的莊嚴尤為可笑。

我並非在討論改善大學的方法；我不是說藉由給予學生在課堂上反駁的特權，就能為大學的課程賦予某種意義。在此事上我反而認為學生的行為好似學童，接受了所謂開明的老生常談，而教授在進行討論時再也無法神情自若，在不訴諸支配權的情況下，事情只會變得更糟。但這並不意味著學生無論如何都必須保持安靜，且教授有權說想說的話，因而導致整個大學的組織結構建立在一個錯誤的基礎上。

因地制宜勝過盲目移植外國文化

我能領會大學的性質，對照其名稱及基本主張，目的就是聚集人類共有的文化。我們不曾知悉在俄國的不同角落中，興起、存在著這樣的大學；在大學裡、學生圈中，人們集結於此一起閱讀、探究，直到規則終於建立，規定何時碰面及如何討論；那才是真的大學。可是，反觀我們的大學，儘管全在空談關於虛有其表的自由主義，這個機構的組織與女子寄宿學校和軍事專科學校並無二致。一如軍事學校培訓軍官，法律學校培養官員，大學也栽培官員跟熟稔大學文化的人（眾所周知的，這即是一種特別的階級，一種天職，幾近於種性制度）。

近來，大學發現一種盡量簡單的方式來管理：允許學生露出上衣衣領、穿著制服無須扣上扣子，以及不再處罰上課缺席的人。結果整個組織幾近崩潰。為了亡羊補牢，校方再次幽禁缺課的人以及強迫學生穿制服。這樣會變得好些，接下來採用英國學校的制度規範，懲罰成績差強人意和行為不檢的學生，還有，最重要的是，限制入學的學生人數。在這些安排之下，大學將會前後一致，給予我們跟從前相同的大學教育。

為了教育社會大眾而創設的大學，其中有較為高層的官僚圈子的意向是可想而知的；但是人們當時為了整個俄國社會文化而成立的教育機構，被證明毫無價值。我完全無法理解，在軍事學校裡學生必須認同軍服跟紀律，而在大學裡的情況也雷同，有考試、強制以及教育課程，學生沒有權利反駁與逃課，但他們在大學裡卻大談自由，並自以為與軍事學校不同。別讓德國大學的範式困擾我們！我們沒辦法採用德國大學的例子，他們的每條慣例、每則法律都是神聖不可侵犯的，但對於我們，不論快樂與否，那些都是另類的風俗習慣。

所有的麻煩，包括大學教學事宜和一般的文化，主要是肇因於人民不反映心聲，卻屈從於時代的主張，幻想著有可能立刻信奉相反的兩種主義。回應我的想法的是同一種人，他們說：「確實，孩子因為學習而挨打和死記硬背的方式已經過時了，千真萬確；但你必須承認，有時候不可能不使用教鞭，而且孩子得被強迫才記得起來。你是對的，不過為何要走向極端呢？」諸如此類的話。

你會認為這些人表現得很和善，可是他們這麼做實際上成了真相與自由的敵人。他們看似同意你，接受你的想法，但卻依照自己的意思曲解、斷章取義。他們完全不贊同自由是必要的；他們只是害怕對抗時代的主流。這些人就像那些官員一樣，既然統治者還掌握著權力，就在他面前讚美彼此。不知道有幾千次，我寧願我的神父朋友直接表明，只要人民傾向不幸的死亡、尚不知道神聖的法則，就沒有理由責難之。而且，採行的手段必須是為了教導兒童神聖的法則，以拯救他。他說強制是必要的，教導就是教導，不是在玩。我能與他爭論，但要是換成同時信奉專制政體跟自由解放的紳士，則絕無可能。

在今日的生活中，正是這些紳士造成大學的奇特現象，依據費加洛[38]的說法，在此處不曉得誰在騙人、誰被欺騙，人們需要特殊的交際手腕。學生欺瞞父母與指導者；指導者欺騙父母、學生以及政府等，很有可能大家成為共同體卻彼此交相賊。有人告訴我們不得不如此：「你，還沒加入我們，就別管我們的事，在這裡做事需要特別的技巧跟知識，這是歷史演化的結果。」而到目前為止，事情似乎非常簡單。有些人想要教一些想學的人，就讓他們盡其所能地教，如其所願地學吧。

我曾因科斯托馬羅夫[39]的大學提案而激動不已，我記得自己與在場教授進行辯論。那教授帶著無法模仿、深奧的嚴肅，幾乎是呢喃，感人又告祕似地對我說：「你知道那個提案是什麼嗎？那不是一所新大學的企畫，而是個取走大學的計畫。」他對我露出恐怖的表情。我答道：「真是如此？那是件好事。因為那些大學並不好。」那個教授不再跟我討論，儘管他或是其他人都無法向我證明設置那些大學是好事。

---

38 此處無從得知托爾斯泰指的是否為莫札特的歌劇《費加洛的婚禮》，然而，主角費加洛確實有此類情節的演出。

39 科斯托馬羅夫（Nikolay Ivanovich Kostomarov，1817~1885）：俄國傑出歷史學家。

所有人都是人類，教授也不例外。不會有任何勞工說我們必須摧毀他賺取麵包的工廠，即使他這麼說也不是出於確信，而是無意識地說出口。那些認為大學要有更多自由的紳士和某種人很相似，他們養大一些小夜鶯，決心給牠們自由而放出籠子，卻又在牠們腳上綁了繩索，然後感到奇怪，為何夜鶯綁上繩索後並未唱得比從前更好，反而只是弄斷腿後死去。

沒有人想過，大學的創立要基於人民的需求。因為那是不可能的，人們的需要還是未知之事。建立大學一部分是為了回應來自政府的要求，另一部分則是較高級社群的訴求，之所以設置大學全是為了教育機構所做的預備步驟，無關乎人民的需求。政府要有官員、醫生、推事、教師，而創設大學即是為了培訓這些人。較高級的社群需要某個自由主義者的典範，而大學負責訓練出來。唯一的失策是，公眾根本不需要這些自由主義者。

一般而言，大學的不足之處源自於欠缺較低層的教育機構。我卻能斷言，正好相反：公眾學校的缺陷，尤其是公立中學，主要是由於倉促且不當地創設大學。

考試無法衡量知識，只是控制學生的手段

我們來瞧瞧大學的運作。超過五十個學生是聽眾，前面兩排的十個學生有筆記本並正在做筆記；在那十個中，六個做筆記是為了討教授歡心，就像在較低層學校與文理學校裡一

樣，諂媚地做練習；另外四個認真地記下整段課程，但他們到第四堂課也放棄了，最後只剩十五分之一或二十分之一的學生還在持續抄錄上課內容。

學生很難不錯過任何一堂課。他們參閱教學手冊，且自然而然地發現寫下講課內容是多此一舉，因為手冊或其他人的筆記內容完全一致。上數學課以及其他任何學科時，一如每個教師所知，沒有一個學生能夠一直跟上老師的推論與結果，然而教師可以試著明確、清楚又有趣地授課。學生經常會出現遲鈍[40]或心不在焉的情況，他應該問為什麼，有什麼目的，有何前提；學生與教授間的連結已經沒了，但是教授仍繼續上課。學生最關心的（我是指最好的學生）就是做筆記或是得到手冊，那可以用來準備考試。

大部分去上課的人，不是因為沒事可做，或是覺得自己還不夠累，抑或是想討教授歡心，又或者像某些少數案例，覺得那是正確的事。若是如此教授絕對會變得受歡迎，而且學生認為出席他的課堂是件時髦的事。從學生的觀點來看，課程一直是個幾近空洞的形式，只是看在考試的分上才參與的。大多數學生在學習期間並不研究自己的主題，而是忙於其他學科，其課程表是學生加入的社群組織決定的。**那種授課方式看起來與士兵的軍事訓練一致，而考試對他們來說就像是閱兵，一種愚蠢的必要行為。**

40 此處英文版為dulness，可能是打字錯誤。

近來社群組織制定的課程計畫沒什麼變化，一般包含了閱讀再閱讀拜林斯基的舊文章，以及車爾尼雪夫斯基[41]、安東諾維其[42]和皮沙瑞夫[43]等人的新文章；接著，閱讀在歐洲大受歡迎的新書，這些與他們所學的主題像是路易斯、巴克爾[44]等，沒有任何連結或關係。不過他們念的主要是禁書及其複印本，如費爾巴哈[45]、摩萊蕭特[46]、畢希納[47]，特別是哥申[48]和歐加列夫[49]。學生不是依價值而複製他們的書，而是按照被禁的程度。我曾在學生的房裡看過一大堆複寫本，比大學四年課程用過的書還要多得多，而在這些厚厚的書中最令人作嘔的是普希金（Pushkin）的詩，而最枯燥無味與平凡無奇的是里萊耶夫（Rylyeev）的詩。其餘該做的還有集會討論時一成不變且最重要的主題，例如小俄羅斯的獨立、在公眾之中基本知能的普及、一起開些教授或檢查員的玩笑，這就叫做請求交談，貴族與平民兩個生活圈的結合。這一切有時候顯得荒謬，但是常常是可愛、動人且富有詩意的，就像遊手好閒的年輕人常做的那樣。

問題是，在進行這些活動時，年輕人喪失了自我，小地主之子或是第三行會商人之子，家長派遣幫手去協助他們，一個替他增加少許的財產，其他的幫他維持生意更有規律且獲利更甚。在這些圈子裡，流行著一些關於教授的看法：那些教授中，有一個雖然是個工人，卻很笨；另一個儘管是個能人，卻遠落後於自己鑽研的學問之後；又有一個不是挺公正的，只允許達成自己要求的人過關；還有一個是人類的笑柄，他三十年不斷連任，閱讀著用令人作嘔的語言書寫的筆記。他們覺得大學生活很快樂，五十個教授之中，至少有一個受到學生尊崇與敬愛。

在過去，一年一度的會考並不是主題式的研究，而是在考試前死記活背筆記。時至今日，這樣的填鴨仍要進行兩次：通過第二次會考升上三年級，以及最後一次考試。過去在大學生涯中需經過四次的命運考驗，現在則是兩次。

---

41 車爾尼雪夫斯基（Nikolái Gavrílovich Chernyshevski，1828～1889）：俄國唯物主義哲學家、文學評論家、作家。

42 安東諾維其（César Antonovich Cui，1835～1918）：俄國作曲家、音樂評論家。

43 皮沙瑞夫（Dmitry Ivanovich Pisarev，1840～1868）：俄國基進主義作家及社會評論家。

44 巴克爾（Henry Thomas Buckle，1821～1862）：英國歷史學家，著有《英國文明史》（*History of Civilization in England*）。

45 費爾巴哈（Ludwig Feuerbach，1804～1872）：德國哲學家及人類學家，著有《基督教的本質》（*The Essence of Christianity*）。

46 摩萊蕭特（Jacob Moleschott，1822～1893）：荷蘭的生理學家和唯物主義哲學家。著有《生命之路》（*Kreislauf des Lebens*）。

47 畢希納（Eduard Buchner，1860～1917）：德國化學家，曾獲諾貝爾化學獎。

48 哥申（Aleksandr Ivanovich Herzen; Gertsen，1812～1870）：俄國思想家、革命家。

49 歐加列夫（Nikolay Platonovich Ogarev，1813～1877）：俄國詩人、歷史學家、政治活動家。

只要現存的考試是處於這種制度之下，不論通過各項檢驗或是最終的考試，一定都會存在著無意識的填鴨行為，還有命運輪轉、個人喜好與否、教授的武斷以及學生作弊。我不曉得大學的創辦者對於那些考試的見解如何，不過用常識推斷，也如同我不只一次的經歷，以及很多、很多、很多人的共同想法：**考試無法作為知識的衡量手段，僅能成為教授單方面獨斷的評價和學生欺騙的依據**。

在我一生中必須通過三次考試：第一次被俄國史教授當掉並未升級，那個人與我的家人有過短暫爭吵，儘管我不曾蹺掉任何一堂課，也懂得俄國史；還有就是德語科，雖然我比班上同學更了解德語，但同一個教授評等我為第一級[50]。我在次年（一八四五年）的俄國史得到五，因為我曾與同學較量誰的記性較佳，我們默背一個問題，而在考試中恰好就考了我背得很熟的那個關於馬澤帕[51]的自傳。一八七八年，我前往聖彼德堡大學進行候選人考核，實在是什麼都不知道，只在考試前準備了一週。我晚上都沒睡，因為取得了民法與刑法的候選人資格，每一科的預備時間都不超過一週。在一八六二年，我知道有些學生在考前一週才準備就畢業了。我也曉得某些內情，就在今年，一些最高年級生偽造了候選人名單；我知悉某個教授給一個學生三而非五，因為那個學生面帶微笑。該名教授給他的評語是：「我們可以微笑，但你不可以。」就這樣將他歸為第三級。

我希望沒有人視上述的事證為特例。了解大學的人都知曉這些案例形塑了規則，沒有例外，別無他法。倘若任何人心存懷疑，我們可以再舉幾百萬個例子以資證明，其中包含抗議公共教育部的人的名字，以及抗議內政部跟司法部的人。只要組織機構不變，在一八四八年發生的事，一八六二年和一八七二年也將再現。制服與年度會考的廢除並未延伸到解放髮禁；那只是舊衣加上新補釘，僅會撕掉舊衣。沒人會舊瓶裝新酒。

我太高估，才會期待即使大學的擁護者也會說：「是那樣沒錯，或者說是部分正確。不過你忘了還有學生對上課抱持熱情，有人完全不需要考試，而且最重要的是，你忘了大學的文化影響力。」

不，我什麼都沒忘。首先，對於有工作的學生，我會對他們說：沒有必要進入大學這種機構，只需善用設施，如圖書館，而不是去聽課，要去跟能引導他們的人對談。然而，即使是大多數的大學，如果學生不想成為文學家或教授，都不會聽從人際圈提供的資訊；主要的問題在於文化的影響，即使只有一小部分，我稱之為大學的腐敗作用。

---

50 第一級乃最低等級，第五級為最高等級。

51 馬澤帕（Ivan Mazepa，1639~1709）：烏克蘭的民族英雄。拜倫、雨果及李斯特等都曾以他為主題創作。

大學畢業生的困境：文化發展不同步

第二個駁斥有關大學的文化影響力，且該首先證明的，乃屬基於信仰的那些部分。誰已經證明，又是如何證明了大學具有文化影響力，而神祕的作用又是從何處湧現的呢？學生與教授間沒有交流，彼此間不存在著信賴跟愛；在大部分的案例裡，除了恐懼和懷疑，什麼都沒有。學生自教授身上學不到新知識，也無法從書中習得。然後，我猜文化的作用存在於年輕人的交流中，談的是同樣的主題。這是確鑿無疑的；但他們大部分談論的不是你以為的學科內容，而是那些為了考試而進行的填鴨學習、欺騙教授、表現得像自由主義者，以及年輕人取得所有權的一切東西。他們離開原有的環境、家人，不自然地被共同利益聯結在一起，建立一個法則並且貫徹在自我滿足及自給自足的特點上。

我並不是在談一些特例，與家人同住的學生較少受到這種文化的支配，意即，被學生生涯的腐敗所左右；我所述及的也非罕見的事證，人們從兒童時期就專心於學科知識，在工作時也經常受到其作用的支配。的確，人們被訓練為未來的生活、工作做準備；每件工作要求的除了精熟度，還有秩序、規律，最重要的，是與人相處的能力。瞧瞧農人子弟如何學會成為一個農夫、教堂司事之子在唱詩班裡怎麼朗讀、學習擔任一個教堂司事、克吉茲（Kirgiz）的牛群看守人如何變成一個牧人：他相當年少時就投入，與生活、自然以及人們產生直接的關係；他早年就開始鍛練，在工作的同時，既有生產力也在學習，他在物質生活方面得到保障，也就是說，無須擔心維生的麵包、穿的衣物以及住的小屋。現在再看看學生，遠離家園、家人，跑到一個奇怪的城市，那裡充斥著對年輕人的誘惑，沒有錢財的支援（因為家人僅提供必要的花費，同時大家都出外工作，好好地度過他們的時光），在只顧強化自己缺陷的同儕圈子裡，沒有領導、目標，必須推走舊的生活卻尚無新的可以憑藉。這就是身為學生的處境，少有例外。由此，他們得到的結果只有：官員，只適合到政府工作；或是在社會上擔任恰如其分的專業高層職員或精通文學的幹員；又或者是成為遊手好閒的人，跟先前的環境脫節，像個被寵壞的年輕人，又找不到生活的立足點，成為所謂有著「大學文化」的人，先進的，意即，暴躁、患病的自由主義者。

大學是我們第一個主要的教育機構。它是第一個不當獲取教育利益的單位，並且，就結論而言，也是第一個可以證明教育的非法與不合情理的單位。唯有從社會的觀點才能正當化大學的成果。大學訓練出來的人不是人類所欲求的，是腐化的社會才會需要的。

課程結束了。想必我想像中的畢業生在各方面都是最棒的。當他返家時，所有的人對他而言均是陌生人，他的父親、母親、親戚。他與他們的信仰不同，欲望也各異，他不向親人的神明祈禱，而向其他偶像祈求。他的父母被騙了，兒子希望能與家人時常結合為一個群體，可是他再也辦不到。我所說的並非空話，也不是幻想。我知道很多返鄉的學生與家人幾乎在婚姻、誠信與交際的信念上皆格格不入。但是木已成舟，父母自我安慰著現在會這樣是年齡的關係；現今的教育和以前的環境不同，會讓他們的兒子在某處過他的人生；他會找到自己的生計跟生活方式；而他將用自己的方法過得快樂。

不幸地，在十個案例中有九個的父母都看走眼了。他們的兒子像無頭蒼蠅似的不知所措。這真是件怪事！他所習得的知識並不適用在任何人身上，沒人教過他這一點。大學裡教的只能應用在文學跟教育學上，換言之，學科裡所探討的學識無益於現實生活中的人。

奇怪的是，文化在俄國那麼罕見，所以應當是昂貴又崇高的。但事實上卻完全相反。我們需要機械技師，因為俄國技師的數量很少，於是送去全歐洲學習，並付給他們極佳的薪資；那麼，為何受過大學教育的人會說（不過在我們當中還是有些少數文化），他們是社會需要的，而我們卻不賞識他們，他們還不知道自己的處境？為什麼一個完成了木匠、石匠，或是粉刷工見習年限的學徒，若是成為工人，立刻就能得到十五到十七盧布的報酬，他如果是工匠師傅、老闆，一個月就可賺到二十五盧布，而學者能獲得十盧布就很好了（我排除文學家跟官員階級，講的只是一般學者在實際活動中能獲得的報酬）？為何擁有生產力的土地地主付給農民三百至五百盧布，而不願意付給農科學者與自然科學的研究生二百盧布呢？何以不是學者，而是鄉下人在鐵路上指揮管理幾千名工人？為什麼一個學者有了工作，即使能賺到一份不錯的薪水，也不是因為在大學得到的，而是依靠後來習得的知識？法律學者何故成為軍官與數學家，而自然科學的學者則任職政府官員？為何一個農夫過了豐收的一年後，還可以帶回家五十至六十盧布，而學生離家生活一年之後，卻欠債一百盧布呢？何以大眾一個月付八、九、十盧布給公眾學校教師，不管他是教堂司事或是學者？一個商人僱用店員，待之如女婿並領進屋內的，不是學者而是個鄉下青年的原因何在？

有人告訴我，那是由於社會上的人還不曉得如何評價教育；一個學者教師不會欺騙工人，並且用更高的薪水奴役他們；一個學者商人不會算錯尺寸跟重量；因為文化的果實不像例行性工作與無知的回報那樣清楚明瞭。

我會回答，或許是如此，唯有靠經驗才能教會我們完全不同的事。一個學生不曉得怎麼處理一件事情，這無關是否誠實，或者他懂不懂怎麼做，他只是順從自己的本性去處置，按照其道德習性，獨立於學校的生活已經漸漸地在他身上發展。我知道誠實的學生與其他人的相對數目，反之亦然。不過，即使我們推測大學訓練人們發展公正的情感，但結論是，未受教育的人寧可給予沒受教育的人高評價，而學者卻遜於他們。假使真是如此，那麼，為何所謂有教養的人與資產家、紳士階級、文學家、教授，除了在政府機關任職外，身為學者卻一無是處呢？部分政府單位看待薪水為報酬或知識的標準是不對的，因此我省略了這個部分。

大家都知道學者、前任官員、浪費自己財產的地主、外國人等，之所以來到首都是為了賺取生計，而且，依據他的人脈關係與影響力，在行政機關取得了一個職位，或者，他沒得到，認為自己被羞辱了。這就是我不提職務酬勞的理由；不過我想問的是，何以傳遞這種文化給學生的教授，一個月付十五盧布給守衛或是二十盧布給木匠，卻在學生來找他時表示抱歉，說自己無法給學生謀得一個工作，只能在官員之間試著為他疏通，不然就是以十盧布僱用他為謄寫員，抑或校對自己即將發行的著作？也就是說，教授提供的工作只需要應用他在公立中學習得的知識，也就是書寫的能力？沒有機會展現羅馬法、希臘文學以及積分學的知識，且毫無用武之地。

於是，在大多數的案例中，從大學返家之子不能達到父母的期望，為了不成為家人的負擔，他被迫接受只需要書寫能力的工作，他得與所有懂得基本技能的俄國人競爭。他僅有的優勢是他的社會階級，但那只有在職務上有利，對人脈關係跟身分地位較為有用；他的另一項長處是對任何事物都沒用的自由主義。在我看來，在政府部門之外擁有優厚薪酬工作的人是少之又少。有關大學畢業生未來發展的可信資料將會是文化學科的重要資訊，而且，我很確信，用數學方法可以證實我以演繹法論證和手邊的數據試圖闡明的真相：事實是，人們接受大學教育的用途甚微，它指引的主要面向為文學跟教育學；意即，重複著文化永不止息的循環，還有在現實生活中創造無用的人。

然而，我尚未預見一個反駁，或者更恰當地說，一個回擊的出處；那想當然耳會由我的大多數讀者發起：為什麼一樣是最高層的文化，在歐洲得到那樣豐碩的成果，在我國卻變得如此不合適？歐洲社會的文化素養較俄國為高，那麼，何以俄國社會無法循著歐洲社會走過的軌跡發展呢？

這個駁斥是無法致勝的，如果要證實它，首先，要證明歐洲國家走過的路是最好的；其次，所有人都在同樣的途徑上進行；第三，其文化已被移植到俄國人身上了。假若證明了一隻狼或者狗，能以肉飼養長大並且完全成長，我是否能依此做出合理的結論，為了養大一隻小馬或兔子，我也得拿肉餵牠，唯有如此才能讓牠充分成長？我又能否從反方向做出總結，想要帶大一隻小熊，該餵牠肉還是燕麥？經驗告訴我這兩者對熊而言均不可缺。儘管我認為食用肉類能構成身體的肌肉，這是很自然的，且先前的經驗證實了我的設想，我還是無法持續給小馬吃肉，因為倘若牠這個生物體無法吸收這種食物，就只會一再扔掉它。

相同的道理套用在歐洲文化上，將其裡裡外外移植到我們的土壤中。但俄國人民這個有機體並不將之類化；甚至，為了存活，提供其他精神食糧給這個生物體。這類食物似乎不是給我們的，就像牧草並非為肉食性動物所食；此時此刻正進行著歷史生理學的程序，而那個未受我們承認的食物被人們吸收，巨大的動物長得更茁壯。

綜合以上所言，得到以下的結論摘要：

一、文化與教育是兩個不同的概念。

二、文化是自由的，且合法、正當的；教育有強制性，因此是非法、不合理的；無法用理性將之正當化，所以不能做為教育學的主題要素。

三、教育的起源包含：家庭、宗教、政府、社會。

四、教育的家庭、宗教以及政府基礎是自然形成的，且具有必要的正當性；然而社會的教育除了人的理性之外無其他根源，因此產生了最有害的結果，例如大學跟大學文化。

文化與教育不干涉學校

解釋了部分我們對教育和文化的見解，並且定義了兩者的局限後，我們可以回覆葛來耶博夫（Glyebov）先生在《教育期刊》（一八六二年第五期）所提出的問題。起初的幾個提問，必然會在文化的議題上引起嚴肅的反思。

一、學校若非教育事業的一部分，又是什麼？

二、何謂教育事務中對學校的不干涉？

三、當教育的元素集中於青年人心靈的時候，有可能區別教育與教學，尤其是在初級教學上，甚至是在更高階的學校嗎？

我們已經指出較高階的學校形式，存乎其中的教育要素決不能做為我們的楷模。如同較低層的學校，我們一概否認高階學校的作法，因為我們知曉那打從一開始就是邪惡的。

為了答覆這些疑問，我們只好主客易位：一、何謂教育中的不干涉學校事務？二、這種不干涉做得到嗎？三、假使不干涉教育，學校必須如何行事？

為免誤解，我首先得解釋所謂的「學校」之意，我在第一篇文章裡採用過同樣的觀念。我所理解的「學校」，並不是一間教學用的房子，不是教師、學生，也不是某種教學的傾向，用一般的概念來講，是「一個傳授文化予他人的有意識活動」。也就是說，文化的一部分，無論這個活動以何種方式展現都可以一目了然：教授新生規則、公開講授、使用伊斯蘭教學的學習課程、免費提供博物館的收藏，讓那些想見識的人得以接近，這種種都可說是學校的作為。

我來回答第一個問題。文化事務中的不干涉學校意指，在信仰的文化（形構）、信念，以及接收文化的特性上，對學校不予介入。這種不干涉是在充分自由的文化之下獲得的，以裨益於能夠解決其需求的教學，那是學生想要的，而且有利於自己所需與希冀的範圍，並避免教授不必要亦不想要的知識。

公開講授、博物館是在教育上不介入學校的最佳例證；大學則是干涉教育事務的最佳佐證。這些學校依據明確的科目、課程計畫、選修的規則，以及檢測的迫切需要和正當性的認可，限定學生的修習。那主要是基於考試而訂的，或者更正確地說，以防萬一他們不順從，便用某個規範的條件剝奪其正當性（最高年級的畢業考便以一個最可怕的懲罰做要脅：十年或十二年在文理中學和大學所付出的辛勞，還有從學生無聊、匱乏的觀點來看，這十二年間所犧牲的一切利益，皆毀於一旦）。

這些學校將每件事物都安排得妥妥當當，受處罰脅迫的學生被迫接受學校創辦者所期待的，採納其教育要素、同化其信仰及其特性。義務教育的元素存在於學科範圍的單一選擇和懲戒的威脅裡，對於認真的觀察者來說是既強烈又明顯，一如淺薄的觀察者會反抗採用體罰的大學。

在歐洲及美洲，公開講課的例子持續攀升，這麼做並非只是為了開放探討各種知識範疇，而且也不利於用處罰來吸引學生的注意，而是期望學生自發做出某種犧牲，與前者對照，他們在過程中有完全的自由選擇與決定立場。這就是所謂在教育上介入與不干涉學校的範例。

常常有人告訴我，這樣的不干涉在較高層的學校和大人身上能夠成功，但在較低層的學校是不可能的。因為我們沒有為孩子公開授課的具體案例，而我會回答，倘若我們不用最狹隘的觀念去理解「學校」，而用前述的定義來看待，我們將會發現這麼做能讓較低層的知識及較年幼的人受到自由文化的影響甚篤，與較高層的大學和公開講課的效果類似。比方說，從朋友或兄弟可以習得閱讀技巧、兒童熱中於遊戲、想要撰寫一篇特別文章的文化價值；又譬如說，公開的精采表演、全景畫以及圖畫和書本、童話故事跟歌曲，還有工作，最後，在雅斯納雅．波里耶那學校所進行的實驗也可包含在內。

第一個問題的答案已包括第二個提問的解答：這樣的不干涉是否可能？理論上，我們無法證明其可行性。要證實這件事的可能性，就要去觀察以資證明未受教育的人，我是指，唯有受到自由文化影響的人，較有朝氣、精力更充沛、更有活力、獨立自主、正直、有人性，以及最重要的，比那些受過各樣教育的人更加有用。然而，或許這段陳述必須向眾人證明。

後續我會再談更多相關的事證。我在這裡要先引證一個事實，為什麼受過教育的人不在動物學上改良自己？純種的動物會持續進化；受教育的人卻是愈來愈糟，日益衰退。在幾個受教育的世代中隨機挑選一百個兒童，同樣也在未受教育的一方中找出一百個孩子，隨你高興用何種方法比較：在體力、機敏、心靈、獲得知識的能力，甚至是在倫理道德上，你將在各方面為未受教育孩童的卓越絕倫感到震驚，而這種優異將會與日俱增，年紀愈輕愈明顯，反之亦然。為了導出我們的結論，說出來很嚇人，但那是真的。最後一個證明在較低層學校也能不干預的可能性，因為個人經驗、內在感受而較難贊同此一觀點的人，只能藉由所有在自由的影響下，嚴謹的學習，透過大眾得到他們的文化，經由四處討論問題，以及一長串在這方面的實驗與報告。

學校究竟該如何自處？

那麼，假如不干涉教育的話，學校該當如何自處呢？如上所述，學校就是一個有意識地將某種文化傳遞予他人的場域。為了不違反文化的限制，人該如何行事？也就是說，其自由何在？

我的答案是：學校必須有一個目標，也就是學校在傳遞資訊、知識時，不應企圖略過道德的堅定信念、特性的範圍；其目的除了學科以外，再沒有其他，而不是去影響人類的性格。學校無須試圖去預知透過教授學科所產生的結果，而要去傳播學科的知識，還得保有充分的自由讓人運用。學校不能只專注一門科目，也不需規範所有的科目，如有必要，只需傳達該科本身的知識，讓學生選擇想獲知更多與否。

學校的結構與課程必須以教師的知識為考量，而不是靠理論空談，也不是建立在某某學科所需要的堅定信念，換言之，其選擇憑的是經驗。

我要引用一個例子來說明。

我想要創辦一所學習機構。不基於自己的理論觀點以及看似適合老師所設計的課程計畫，而是提出讓所有人都認同該學科所能夠提供最好的授課。當然，我先前的經驗會指引我該選擇這些課程，也就是說，我們不會試著挑戰沒人想聽的科目，例如在俄國農村不會教西班牙語、占星術，或是地理，就像商人不會在這個村子裡開外科手術器材行或是賣裙撐的店一樣。

我們可以預見自己所提出的科目需要些什麼；但是最後的判斷將只會依據經驗，我們不認為自己有開一間焦油店的條件，與其購買十磅的焦油，買家一定會選購一磅的薑或髮油。我們不會在購買者如何運用我們的工藝品方面自找麻煩，而要**相信兒童自己會知道想學什麼**，或是能夠發現他們想要什麼，我們再提供予他們。

非常有可能會出現教動物學、教中世紀歷史、宗教、以及印刷術的老師。各項專長的教師若能使課程變得有趣又實用，各學科之間彼此不相容倒也無妨。我不相信建立理論上的可能性、協調好學科規則，反倒認為學科教學要自由，並調和每個科目，統合為適合每個人的知識規則。

未來會有人告訴我，在這樣偶然成形的課程計畫之下，可能會摻入沒用的，甚至是有害的學科，學生無法充分預習這些課程，將導致他們無法學習許多科目。

關於這一點，我的回答是，首先，對所有人而言沒有所謂有害跟沒用的知識，而我們教的，可以擔保是常識及學生所需要的知識，教學既是自由解放的，就不會衍生無用又有害的學問；第二，只有差勁的老師想要充分準備的學生，一個優秀的老師教代數或解析幾何時，教導一個不懂算術的學生比學得很差的人要容易得多。同樣的，教導沒學過古代史的學生中世紀歷史也簡單多了。我不相信一個在大學教微積分或是俄國民法史的教授，在小學裡不會教算術或俄國史，這樣的話，我也不相信他會是個出色的教授。我不知道專精教授某學科的某領域的用處和好處，甚至一個老師不可能只教授那些而已。尤其是，我堅信供給永遠要反映需求，而且學問的每個階段皆有足夠的師生在此琢磨。

不過，有人會問，一個教授文化的人會希望藉由自己的教學產生某種教育作用嗎？這個傾向是再自然不過了；在遞嬗知識予他人的同時，也傳達了文化，這個迫切的需要是自然產生的。這個傾向單單強化教導者專心致力於他的論題，給了他必要的熱忱。想要否認這種趨勢是不可能的，我也從未否認自己具有這種傾向；其存在更加中肯地向我證實，自由在教學這件事上的必要性。

我們無法禁止一個喜愛且在教歷史的人試圖傳達自己的歷史觀給學生，那是他視為有用且對一個人的發展絕對必要的知識；我們也無法阻止一個老師傳授他認為最好的學習數學或自然科學的方法；反之，這個教育的想像鼓舞了教師。學科的教育要素不會因為受到強迫而顯露。我也無法不露痕跡地集中讀者的注意力於此一境況。

就數學或歷史科來談，教育的要素是老師非常鍾愛授課的學科，對之知之甚詳且傳予學生；若是如此，他的愛就能傳達給學生，且在他們身上產生教育的影響力。相反地，如果業已決定某處的某某科目有教育價值，一個人受訓去教，其他人則負責傾聽，他的授課則達成了相當對立的結果，這樣不僅不合乎科學的教育，還使得學科令人生厭。

據說學科本身就具有教育的元素；那是真的，也是假的，而這個說法套用在教育上，得到的是似是而非的錯誤觀點。學科就是學科，箇中沒有蘊含什麼。教育的要素存乎學科教育裡、在教師對自己授課的學科裡、在傳達給學生的愛裡，即存在師生關係之中。**假如你想教學生某個學科，愛那個科目並搞懂它，那麼學生就會愛你與該科目，那麼你也就教育了他們；但是倘若你並不愛自己授課的學科，不論你怎樣強迫學生去學，也不會產生教育作用。**這裡再次出現一個基準，一個變通的辦法，對學生來說，他們有自由選擇聽或不聽老師的、要不要吸收其教育作用，他們自己會決定是否要了解及愛所學的科目。

好了，那麼，學校在教育不被干涉的情況下，該如何自處呢？

一個人為了傳達知識，指示另一個人，做出多方面且多樣化的意識活動，而且不以逼迫或用文憑威脅學生，以裨益於我們希望他們有助於自己。或許，學校不是我們所理解的那種學校，有長椅、黑板、一個教師或教授的講台，它可以是一幅旋轉畫、一間戲院、圖書館、博物館、一場對談；學科的規範、課程計畫可能會處處不同（我只知道自己的經驗，在雅斯納雅．波里耶那學校，我已經描述過的科目在半年內會全部改變，一部分是為了學生跟家長，另一部分是由於教師無法擁有充分的資訊，使用其他的形式）。

我曾聽人說：「他們接著要做什麼？說真的，那裡該不會沒有公立學校、文理中學，也沒有教羅馬法歷史的講座吧？人文科學的課程會變成什麼呢？」

確實什麼都不會有，如果學生不需要，你也沒辦法使那些事物變得令人滿意。

我也聽過：「但是孩子無法永遠都曉得自己想要什麼；孩子會犯錯。」諸如此類的言論。

我不會加入討論。這種討論會導致一個問題：在法庭之前，人的本質是善的嗎？我不曉得答案，也不會預設立場；我所說的是，假若我們能知悉要教些什麼，你就不必阻止我去教俄國兒童法語、中世紀系譜學，以及偷竊的技巧。我能像你那樣證明一切。

我又聽到：「所以那裡不會有文理中學，不會教拉丁文？」

別擔心！那裡會教拉丁文和修辭學，而這些學問將繼續存在世上一百年，單純是因為（如病人所言）藥都買來了，就得吃了它。我懷疑自己曾表達過的那些一知半解、笨拙、缺乏說服力的說法，將會成為往後一百年間眾人共享的觀念；它可不像在一百年內會逝去的陳舊機構、學校、文理中學、大學，還有在這段期間內將自由發展的教育機構，我所表達的是學習得以發生的自由基礎。

教育的進步與定義

——回應馬科夫先生在一八六二年第五期的《俄羅斯通訊》

所有馬科夫先生（Markov）不同意我對教育的觀點，可整理為以下主要幾點：

一、我們認同一個世代在教育上有權利去干涉另一個世代的人。

二、我們認同較高階層有權利去干涉公眾的教育。

三、我們不同意《雅斯納雅．波里耶那期刊》中對教育的定義。

四、我們認為學校無法自歷史情境中抽離，也不應如此。

五、我們認為現代的學校比中世紀的學校更貼近現在的需求。

六、我們認為現行的教育並非有害，而是有用的。

七、我們認為托爾斯泰伯爵所理解的完全自由的教育是有害且不可行的。

八、最後，我們認為雅斯納雅．波里耶那學校的作法與《雅斯納雅．波里耶那期刊》的編者所堅信的相互矛盾。

（《俄羅斯通訊》〔*Russian Messenger*〕，一八六二年，第五期，一八六頁）

在回答每一點之前，我們應該竭力找出與馬科夫先生意見相左的根本原因，而不久後那將會喚起教育界跟一般大眾普遍的共鳴。

其原因出在雙方的見解表達得不完整（因此現在我們應該試著讓它更加完備），而且，馬科夫先生和一般大眾對於我們的建言了解有誤且片面，因此，我們在此必須試著做更進一步的釐清。顯然，之所以會造成誤解是由於兩造對教育的定義各異使然。馬科夫先生說：「我們不同意《雅斯納雅．波里耶那期刊》中對教育的定義。」但是馬科夫先生並未推翻它，而是下了他自己的定義。

主要的問題在於誰對教育的定義是對的，是我們，還是馬科夫先生。我們提出的是：「最廣義的教育包括了養育，從我們的觀點，人類的活動有基於一致性的需求，以及教育發展的不變法則。」坦白說，馬科夫先生要求讀者特別注意的那些言論，我們有必要向多數人和馬科夫先生加以說明。不過，在解釋之前，我們得稍微離題一下，以呈現何以馬科夫先生和一般大眾怎麼也不想去理解，也不願探究這個定義。

從歷史的觀點看教育真的正確嗎？

自從黑格爾[52]的時代，那句名言「歷史上發生過的就是合理的」（What is historical is

reasonable）即支配了文學和口語的爭論，尤其是在俄國，這個非常奇妙的心靈咒語，稱為歷史的觀點。例如，你會說人有自由的權利，唯有基於自己認定正當的法律，才有自由與批判的權力，可是，從歷史的觀點來看，當歷史進展到某個時刻，即制約了某種歷史上的合法性，以及人們與歷史的關聯性。你說自己相信神，而就歷史的觀點是，歷史發展出某些宗教概念及其跟人類的關係。你說《伊利亞德》是最佳的史詩作品，但站在歷史的觀點，《伊利亞德》僅僅是在某個歷史瞬間所表達的民族歷史意識。

在這個基礎上的史觀，並非要與你爭論自由對人是否必要、究竟有沒有神、《伊利亞德》是好是壞；它無關乎你是否能得到自由，在你努力抗爭後，再對你勸說或忠告神的存在或是《伊利亞德》之美，只是對你顯示人內在的需求、對真或美的愛、在歷史中占有的位置；要認同這個觀點僅能透過歷史的推論，而不是直覺。

又或者，你喜愛並且相信某件事，用歷史的觀點來說就是：「喜愛並相信，你的愛和信將為它們在我們的史觀裡找到相稱的位置。」時光流逝，我們會在歷史中找到自己的定位；不過你得預先知悉自己喜愛的是有條件的美好，而你相信的也是有條件的真實；**但是，孩**

---

52 黑格爾（Georg Wilhelm Friedrich Hegel，1770～1831）：德國觀念論哲學家。對存在主義和馬克思的歷史唯物主義都有深遠影響。

子，開心點，你所熱愛與信仰的東西終將為自己覓得一個能充分發揮之處。

再者，任意加上歷史性的概念，那個概念也將失去活力、真實的意義，並且接受某種人為形塑出的歷史世界觀，存有的是假造、乏味的意涵。

馬科夫先生說：「普遍的目標乃生活全部的結果，那是來自各種不同力量運作之後得出的推論。只有在終了才看得到，現在沒必要知道。結論是，教育學沒有終點；它在階段性的結束之後還會繼續努力，這是正確無誤的，也是生活中最有意義的。」（《俄羅斯通訊》，一八六二年，第五期，一五三頁）

在他的見解中尋找教育準繩並不重要，知曉我們處於何種歷史條件，而且一切都很好，這樣就足夠了。

馬科夫先生已經完美地將自己與歷史的觀點同化了；他就像當今大部分有思想的俄國人，具有把歷史性概念轉化為每個日常生活現象的技巧；他懂得如何以歷史的觀念說出許多習得與富創意的事情，而且一有機會便充分運用歷史的雙關語。

我們在第一篇文章裡談過，教育是基於平等的需求，還有教育進步的不變法則。儘管沒有任何進一步證據顯示，但這個陳述正好說明了那個現象的原因。個人有可能不同意並且要求拿出證明來；但那只是歷史的觀點，人們不曾覺得有發現教育這種現象的理由。

馬科夫先生說：「如果讀者格外專注於這些文字就好了。對我而言，它們不過是一些無用的詭辯，只是讓眾所周知的事情變得意義不明而已。我們為何想要平等的需求、直覺？特別是任由命運主宰，我們想要更多的是什麼，那是禁止你做一件事，卻命令你去做其他事的未知動機。誰認得它或證實其存在了？假如我們像托爾斯泰伯爵一樣否認，成人對年輕一代的教育具有影響力，我們要在極佳的法則裡尋找什麼呢？母親愛她的孩子，想要滿足其需求，什麼特別的能力都不必具備，她自己有意識能感受到幼兒的需求，對他對用最單純的語言說話。她完全不必大費心力地同理她的孩子，那是最違反自然的法則，但是，相反地，她會試圖向他傳遞母親所有的知識。一個世代對下個世代做的，自然而然，這個精神傳達開啟了教育的過程，並不需要其他特別的法則。每個年齡都會依照一般情況發展，而我們活得愈久，發展就愈快，且高於我們所預知的。這是為人熟知的陳腔濫調，在這樣一個合於邏輯、合乎歷史性、再明白不過的事實中，我看不到有任何撼動它的正當性。」

這裡有個最好的歷史觀點範例。你正在找尋最有意義的生命現象的解答；你推測自己已經找到了一個普遍法則，能做為該現象的根據；你想像自己已經發現一個理想，那是人心所趨以及行為的標準，有人告訴你這個理想在每一個年紀都成長快速，而且那些陳腐的話為人所周知。這個理想的成長是正確的嗎？它為何要成長？我們得不到這些問題的答案；相反地，其他人還會對你為何要對此傷腦筋而感到好奇。

缺乏目標的進步，只剩下歷史觀點

另一方面，馬科夫先生改編了我們的說法，他寫到：「每個世代都阻撓了新事物的發展：我們前進得愈快，就愈困難重重、每況愈下。這種進步真是奇怪。倘若不用歷史來回應，我們被迫相信《雅斯納雅．波里耶那期刊》述及的理論，可能會相信全人類千年來已死命地抗拒，而現在最終的結果並非越過山脈，而是落於山肩之後。」（同上，一五二頁）

「一個好的進步！」不，是一個非常壞的，那確實是我曾經說過的話。我並不信仰進步：除了信念之外，什麼都不能證明進步的必要性。「人活在這世上有可能時時都在苦惱嗎？」這正是我試圖證明的，不同的是，不是所有人都覺得困擾，而是馬科夫先生擁護的、負責教育的那些人。

然而馬科夫先生在這裡透露的歷史觀點只有光彩的部分。

「《雅斯納雅．波里耶那期刊》被周遭環境干擾，人們在不同時期都以不同的事物、用不同的方法教學。在繁瑣哲學[53]方面教一件事，馬丁．路德的學說則教另一件；教授盧梭時運用他的方式，教導裴斯塔洛齊則採行另一個人的教法。如此看來要建立標準的教學法是不可能的，而這根本就否定了教學法。在我看來，引用上述的例子，《雅斯納雅．波里耶那期刊》已指出了準則的重要性。其原則就是教師必須以符合時代的方式來進行教學。這既簡單，又絕對能與歷史和邏輯和諧共存。馬丁．路德可以成為一個世紀的老師，因為他自己正是該時代的產物，依循當時的思想並行為妥當。若非如此，就不可能產生巨大影響力，或被當成超自然現象；假使他殊異於同時代的人，將毫無成果地消失無蹤，像是個無法理解、沒有用處的現象；如同人群中的一個陌生人，甚至不懂他人的語言。

「這道理套在盧梭和其他人身上亦為真切。盧梭用他的理論明確敘述了那個時代對抗形式主義和人為造作，對之表明了極度的恨意，渴望簡單、用心去感受的關係。這是相對於凡爾賽生活模式的必然反應；假使只有盧梭感受到這點，歷史上就不會出現浪漫主義時期了，社會上也不會擁有革新、演說的權利、卡爾摩爾斯[54]以及這類的事物。為了不將路德和盧梭的學說充分授予人們，而去斥責他們，同時武裝自己以對抗歷史的約束，這等於是為了非法的狀態而非難整個時代。你無法承擔整個時代的學說。

「但是一個人很難不受吸收到的理論影響。我無法理解托爾斯泰伯爵會有什麼教學法。他始終困擾於終極的目標、沉著的原則。他說，什麼都沒有，所以不需要任何目的與標準。

53 中世紀歐洲學院講授的哲學，以解釋天主教教義為主，實際上是一種神學體系。

54 卡爾摩爾斯（Karl Moors）：德國戲劇《強盜》（*Die Räuber*）的主角，是一個充滿自信的理想主義者。後成為對抗公權力的俠盜。

為何不考量個體的生活情況，例如他自己的？他不曉得自己存在的最終目的，也不知道自己終其一生的哲學準繩。還有，他的生活與行為；他的生活以及行為僅僅是因為在童年就設定了目標和準則，別人是在青年時期，還有人是現在等等。不容置疑的，他是個活生生的男孩，我們曉得對男生要有怎樣的標準，而且是一個有信仰的青年，具有詩人般的自由傾向，是務實世界的人；每一個與生俱來的特質都使得他在人類社會中與眾不同，那一定是具有若干差異、被其他事情所引導而造成的。這個變動不居的觀念存在於豐富的人類進化過程裡，包含哲學與日常生活的經驗。托爾斯泰伯爵領悟到要譴責人性、教學法以及自我矛盾的事物，我卻認為那是必要、自然形成的，甚至是有利的。」（同上，一五九～一六〇頁）

說了這麼多，你或許思索過吧！多麼聰穎、具有教育性，還有，真是一個對萬物冷靜以對的歷史觀啊！你站在某個想像的高度，接著演繹出盧梭、席勒[55]、路德，以及法國大革命。依據自己的歷史高度表示同意或者不同意他們的歷史行動，並且按照歷史的模式做出分類。每個人的個性徐徐潛行至某處，服從於眾人皆知、一成不變的歷史觀點；但是卻沒有最後的鵠的，而且也不可能會有，只剩下歷史觀點！

不過我們所要求的是不同的東西。我們竭力找尋的是指示人類教育活動的內在法則，因此，可能是為了修正人類教育活動的標準，然則歷史觀點對於一切問題，僅以盧梭和路德是其時代的產物來反駁我們。我們正在自為表述的事物中尋覓永恆的原則；有人告訴我們在形式中就能發現其不證自明，它們尚且會自我分類以及決定自己的秩序。

有人告訴我們那種準則就是必須與時代的要求一致的教學，我們也被告知那非常容易。我了解依照基督教或伊斯蘭教教義施教，可是我不理解什麼是根據時代的需要？這些需求是什麼？誰決定的？從哪裡顯露出來？全面探討歷史形勢是十分有趣的，這些狀況迫使盧梭用特殊的形式展現自己，但盧梭卻不可能用同樣的條件在未來展露自我。我能理解為何盧梭會用怨恨的筆調對抗生命的虛假；不過我實在看不出為何盧梭會出現，還有他為什麼發現了諸多重要的真相。我跟盧梭及他周遭的情況沒有關係；令我感興趣的只有他表達的思想，我僅能靠著思維，而非依賴他在歷史的地位，去證實與理解他的思想。

這是我的問題，我無法表示與定義教學法的標準，然而用歷史的觀點，不同於我的那個方式，可以回答我盧梭和路德有其適當的歷史地位（即使他們在別人看來有不同的地位），況且還有各門各派（就算是我們所未知的），每個派別皆會帶來穀粒，累積成為不可思議的歷史。若是無事可做，歷史的觀點可以引發許多歡樂的對談，說明每個人都知道的事；然而卻無法用文字來建立實體。如果它表達出某些事，那也是老生常談，例如，教學得依據時代

55 席勒（Johann Christoph Friedrich von Schiller，1759～1805）：十八世紀著名詩人、哲學家、歷史學家和劇作家，德國啟蒙文學的代表人物之一。公認是德國僅次於歌德的偉大作家。

需求。

告訴我們，在日內瓦的西仔蘭（Syzran）和西爾達亞（Syr-Darya）需要的是什麼？我們能到哪裡覓得這些需求及其時代的表述，何時？每當談到所謂歷史的一刻，我都會說歷史的一刻就在當下。某個人認為當今所需即一八二五年的訴求；另一個人知道在一八九二年將會有什麼要求；又一個人覺得中世紀需要的即為今日所需。我再複述一次，依據時代需求來教學，倘若引用的片段不是對我們有意義的話，而是基於反省而寫下的，我們要求你指出那些需要為何；坦言之，我們十足誠心地說，我們想要知道是哪些需求，因為我們對此一無所知。

我們還能用卡西奧多羅斯[56]的三藝和四藝[57]、阿奎那[58]、莎士比亞、哈姆雷特的範例，還有其他有趣又令人愉快的討論，但這些都無益於解決我們的問題，因此我們應該避免自己的歷史觀介入成為解答問題的因素。

原因在於：人們帶著歷史觀念，胡亂地稱之為形上學，而得出的抽象結論是毫無成效的，且悖離了歷史的條件，簡言之就是，違背了存在的信念；這個思維甚至是無用的，由於人們藉著人性的進步，不因時下流行的思潮隨波逐流，發現了一個普遍的法則。這個假定的人性法則稱為進步。我們與馬科夫先生的爭議還包括他完全輕視、不願回應我們提出的證據，其整體的理由在於他相信進步的存在，而我不相信。

進步是必要的嗎？

這個進步的概念是什麼？而它又是基於何種信仰呢？

進步的基礎及其表現就是：「從過去與回憶中，人類持續改變形式；直到今日一直不曾間斷。」用隱喻的說法，我們稱這種人類關係的變化為「動向」，過去的改變則稱為「後退」，而未來的稱為「展望」。一般而言，我們會說人類展望未來。儘管表達得曖昧不清，這個隱喻的陳言是相當正確的。不過在這段敘述的背後，那些相信進步以及歷史演進的人有另一個未經證實的主張，即人類在過去的日子享有較少的福祉，愈古早愈形遞減，而愈向未來則幸福愈增。從這個結論可以勾勒出，只有順應歷史條件、照著進步的原則，方能得到一個有成果的活動，每一個歷史性的活動皆將增添大眾的福利，也就是說，一切都會變好，同時所有企圖制止，甚或反對歷史運動的，終將一事無成。

---

56 卡西奧多羅（Cassiodorus，490～585）：中世紀初期羅馬的政治家與作家。著作甚豐，影響了中世紀初期的基督教發展。

57 中世紀大學裡的三藝（Trivium）為文法、修辭學以及邏輯學三科。四藝（Quadrivium）為算術、幾何學、天文學以及音樂四科。

58 阿奎那（Thomas Aquinas，約 1225～1274）：歐洲中世紀經院派哲學家和神學家，也是自然神學最早的提倡者之一。

信奉進步的歷史學者說，進步的過程從遠古時期就發生在人類身上了，他們還提議比較一六八五年的英格蘭與現在的差異，來證明這段陳言。縱使有辦法證實，將當代的俄國、法國和義大利與古羅馬、希臘以及迦太基等古國相較，現代國家比古典時期繁榮得多，我們仍舊震驚於一個不可思議的現象：他們用現在跟過去的一小部分歐洲人對照，推論出一條適用全人類的普遍原則。他們說，除了亞洲、非洲、美洲以及澳洲那十億的人口之外，進步是人類共同的定律。

我們已經從有著三千居民的霍亨索倫—西格馬林根（Hohenzollern-Sigmaringen）侯國裡，注意到進步的法則了。我們知道有兩億人口的中國推翻了整個進步的理論，我們仍不懷疑進步是全人類的共同定律，自認信奉進步的我們是對的，那些不相信的人是錯的，於是我們帶著大砲與槍枝強行灌輸進步的觀念於中國人。然而，常識告訴我們，有較多人口數、統稱為東方的國家，並不信奉進步的定理，反而會瓦解它，那法則並不存在所有人類之中，僅僅是一部分人信仰的規約罷了。

就像所有不迷信進步的人，我只注意人類的生活，過去的記憶增加跟逝去的一樣多；以前所做的努力經常是今日行事的基礎；幸福的人如今在某個地方、某個階層以及某個觀念裡增長又減少；也就是說，我無法找到人類生活的共通原則，無論多麼令人嚮往。讓歷史隸屬於進步的觀念，正如讓歷史從屬於別的觀念或偏好任何幻想的歷史一樣容易。

我要再進一步談談，我不覺得有必要為歷史找出通則，也不可能找得到。共同的不變定律就寫在每個人的靈魂裡，進步的法則或完美極致也刻劃在其中，只是錯誤地移轉到歷史中。只要保有獨立性，這個原則就是有效且能為所有人理解的；當其轉進歷史，就成為一個無用、空洞的兒語，肇致每個無趣的辯明與宿命論。全體人類的普遍進步是個未獲證明的事實，並不存在於所有東方國家；因此還不曾有過「進步是人類之定論」的說法，這就好比說除了黑人以外，全人類都是金髮一樣。

然而，我們尚無法為進步下一個大部分人都能懂的定義。或許進步僅是歐洲國家發現的法則，但是全人類非得被一個這麼好的事情支配。就這個意義來看，進步好比人生旅程的道路，而這些人認定它是通往幸福之道。如此看來，巴克爾了解到歐洲國家的文明進步，包括適用這個普遍進步概念的社會和經濟發達、科學發展、工業與藝術的提升，尤其是火藥、印刷術以及溝通交流的管道。

這樣的進步定義是既清楚又可理解的；不過，自然會有一些問題產生，第一，誰決定這種發展會帶來福利安康？為了相信的確如此，我需要的不是特殊階級，如歷史學家、思想家和記者認為如此，而是全體大眾，即進步行動中的主體，認同進步會帶來幸福安康。但相反地，我們時常觀察到矛盾的現象。

第二個問題在於：如何定義所謂的福利安康？是通訊方式改進、印刷事業普及、以煤氣照明街道、為窮人增建家園，諸如此類嗎？抑或是未受污染的自然財富，如樹木、遊戲、魚類、強壯的身體發展、道德的純潔，是這些嗎？人類與這麼多樣化的萬物共存，不可能為任何既定的人、既定的時期決定幸福的程度。

一個人只看到藝術的進步；另一個人則看到美德的發展；第三個人看到物質更加舒適；第四個，身體力量增進；第五個，社會更有秩序；第六個，科學發達；第七個，愛、平等與自由的進展；第八個，用煤氣照明和縫紉機的發明。一個不帶偏見去觀察人類生活所有面向的人，總是能夠看到某方面的進步是由於人類生活另一部分的退步而付出的代價。

進步真的能帶來幸福嗎？

是否有最本著良心的政治演員，他們堅信平等與自由的發展，認定自己若在古希臘和古羅馬，每天都比在今日與中國、印度開戰的英國更加自由；相對於有兩個波拿巴[59]的現代法國，還有最近為了蓄奴的正當性而進行流血戰爭的美國，古時候較為解放嗎？是否有最誠懇的人篤信藝術的發達，認為我們這個時代不會有菲迪亞斯[60]、拉斐爾、荷馬這類人物出現？是否有最不理性的經濟進步論者堅信，為了要餵飽現存的人，必須要阻止勞工生育？

因此，對於我提出的這兩個問題，我的回答是，首先，確實可能有一種能引導至幸福的進步，當舉國被進步的行動所支配，就會肯定這個作用是良好又有益的，然而我們始終看到十分之九的人，也就是所謂的大眾、勞工卻正好相反；其次，一旦要證明進步改善了人類生活的所有層面，又或者說，造成的結果，那些既良好且有用的特質，也同時是糟糕又有害的。

人們，也就是國家裡的大眾、十分之九的人民，總是對進步懷有敵意，常常不只是不認同進步的好處，還明確、有意識地認定進步對他們有害。

我們無法相信歷史學家的推論，例如麥考萊（馬科夫先生引用他來證明英國教育的力量），他假設他們已衡量過人類生活的全部面向，基於此一考量而決定進步的影響是優多於劣，但是這些推論結果並非以每件事為基準，導出的結論顯然證實了每個慎重且公正的評判，縱使與我的目的相反，亦即進步對人民的作用惡多於善，也就是說，那是對大多數人而言，而非政府。

59　兩個波拿巴（Bonaparte）：一個是指拿破崙，另一個則是指拿破崙的姪子（拿破崙三世，建立法蘭西第二帝國）。

60　菲迪亞斯（Phidias，約480～430 BC）：古希臘的雕刻家、畫家和建築師，公認是最偉大的古典雕刻家。

我曾要求認真的讀者閱讀麥考萊的歷史著作的第一部第三章。他厚顏地基於進步做出推斷，但是對於一個有健全心靈、尚未被進步這個信仰變笨的人來說，書中的結論完全無法讓人理解。其中重要的事情只有這些：

一、人口增加了，某種程度上已經達到馬爾薩斯[61]理論的必要了。
二、過去沒有軍隊，而現在已變得十分龐大；這情形在艦隊也一樣。
三、小規模的農場已經減少了。
四、城市吸引大部分的人口。
五、砍伐森林以獲得土地。
六、工資減半，但是物價提高，生活較不舒適了。
七、窮人的稅增加了十倍；有更多的報紙；街道的照明更亮了；婦孺較少被打，且英國仕女的書寫能力提升了。

我要求讀者慎重專注地閱讀第三章，並且記住最簡單的一些事實，就是：**一旦軍隊增編了就絕對不可能縮減；只要摧毀了百年老樹就無法復原；腐敗的安逸生活過慣了，就再也無法回歸原始的簡單與節制**。我曾請求不篤信進步或是已放棄此信仰的讀者，閱讀其中關於進步優勢的佐證，然後完全不顧信仰地自問，進步對人而言是否利大於弊。一個無偏見的人也證明不了；但是一個有成見的人可能會產生矛盾，甚至對進步的看法似是而非，而遮蔽了歷史的事實。

多麼奇怪又難以理解的現象！人類的發展沒有共同的法則，正如堅定不移的東方國家所證明的。不可能去查驗歐洲各國是否不斷朝促進人類福祉的方向變動，也從未有人證實過；最後，最明顯的是，十分之九的歐洲人，亦即進步的主體，有意識地仇視它，並且用盡各種辦法抵制它，同時我們卻認為文明發展無庸置疑是有益的。然而，出現這種費解的現象，也讓我們清楚明白自己是否給予進步公正的評斷。

社會上只有一小部分人篤信進步，倡導它並試圖證明它的好處。其他大多數人則抵抗它，也不信任進步帶來的利益。由此，我總結出，進步唯有對社會少數人有利；而對多數人有害。我的結論來自於有意識或無意識地努力求好且欲逃離禍害的人的反省。接下來，我將依照事實舉證。

---

61 馬爾薩斯（Thomas Robert Malthus，1766～1834）：英國人口學家及政治經濟學家。著有《人口學原理》（*An Essay on the Principle of Population*），雖有爭論，但影響深遠。

進步對少數人有利，卻無益於大眾

誰是相信進步的那一小部分人？他們是所謂的文化社群，用巴克爾的說法就是「有閒階級」。誰是大多數不信奉進步的人？他們是所謂的民眾，即「忙人階級」。社會與公眾的利益總是彼此對壘，對一方面愈有利，對另一方就愈不利。

我的假設更堅定了我對進步的看法，結論是，進步對社會有利，卻對大眾無益。再者，這個結論完整解釋了一個怪異現象，既然進步並非人類通用的定律、未使全歐洲人享有美好生活、且十分之九的大眾反對進步，為什麼總是有人讚揚進步，並廣為流傳呢？

那些篤信進步的人是誠心誠意的，因為那個信仰有益於己，因此他們熱情且積極地宣傳它。我不由自主地想起中國的戰爭，有三個強大的勢力利用火藥和砲彈，真誠地想將進步的信念引入中國。

但我沒誤解吧？我們來了解一下進步可能有利於社會及不利於大眾的部分。既然提到了事實，我覺得需要平靜地撇下歐洲不談，而述及我所熟悉的俄國。在我們之中，誰是信奉進步的人，誰又不是呢？相信的人是：有教養的中上階級、商人及官員階級，用巴克爾的說法，就是有閒階級。不相信且對進步懷有敵意的人是：技工師傅、工廠工人、鄉下人、農民，以及零售商人，這些人從事肉體勞動，即忙人階級。這個推論反映出，工作量愈多愈趨保守，反之則更近於進步論者。沒有比工程承辦人、作家、紳士階級、學者、沒有立場的官員，以及製造業者更像進步論者的，也沒有比農民更可稱為反對進步的了。

「人類取代了自然的力量；思考著用思想的速度從宇宙的一端飛至另一端，征服了時間。」一切都很美好又感人，但是我們看看其中是誰獲利。我們有發達的電信裝置，但很明顯地，獲得好處的僅限於較高層，所謂文化階級。大眾、十分之九的人們只會聽到電報的噪音，還會被嚴格的法律纏擾，不准他們破壞那些電信設備。

透過電信裝置傳遞思緒，是應某個新增的貿易條款要求而生，因此，價格必定上漲，又或者會應用在下述情況：「我，一個住在佛羅倫斯的俄國女地主，謝天謝地，現在更有活力，擁抱著摯愛的丈夫並請他盡可能在最短的時間內送來四萬法郎。」無須進行任何精確的統計，人們都會堅信所有發送的電報都是如此。

一個住在雅斯納雅．波里耶那、歸於圖拉（Tula）管轄的鄉下人，或是其他俄國農民（大家一定忘了這些鄉下人正是我們所考量增進福利的主角），從未傳送或接收過電報，長久以來一通也沒有。這些在他頭上飛越的電報，為他增加不了一丁點的福址，因為他所需的一切皆來自於田地與森林，而且他對於糖或棉花是廉價還是昂貴、奧圖國王[62]被廢黜、帕默

62 奧圖一世（Otho，1815~1867）：一八三二年被選為近代希臘王國的首任國王。

斯頓[63]和拿破崙三世[64]的演說，以及那位佛羅倫斯女士書寫的感性話語，一概不感興趣。這些閃電般快速飛越世界的思緒並不會增加他田地裡的收穫，不能削弱森林所有人和國王的警戒，無法讓他或家人在工作上添加任何力量。這些只會縮減他的幸福，而不能鞏固或促進他的福利，也只會引起他負面的意識。

一直以來，電報線的發展已帶來龐大的利益。我想討論的不是那些優勢；只是試著去證明**我們不必企圖勸告別人，對自己有益的事對全世界也是最佳的**。這件事需要經過證實，或者，至少得等到所有人皆承認了有利於自己的東西就是好的。我們完全不了解何謂時空的限制。反之，我們知曉倡導進步的人士，如同老地主，他們很確定對於農民、政府以及全體人類而言，蓄奴制和莊園勞動是最有利的了；唯一的差異在於，老地主的信仰陳舊又不偽裝，而進步論者的信念依然新鮮且具強制性。

印刷事業是另一個進步論者最喜愛且老生常談的主題。印刷普及與隨之產生的基本讀寫能力往往被國家不疑有他地視為好事。為何如此？印刷事業、閱讀以及所有被稱為文化的產業，都深陷於進步這個宗教的盲目崇拜裡，於是我要坦誠地請求讀者捨棄一切這樣的信仰，並且自問：為何如此？還有，何以那是少數人能收益的文化？往後我們想拋棄的印刷事業跟閱讀技巧也是如此，這樣的話，為什麼印刷事業跟閱讀還有文化會有利於多數人，也就是大眾呢？

前幾篇文章已經提過，為何我們持有的文化元素不可能有利於民眾，現在要專門來談談印刷事業。

蘇格拉底無須靠出版業也能流傳千古

在我看來，期刊和書籍的流通，還有持續不斷且有極大發展的印刷事業，對於作家、編輯、出版商、校對者以及排字工人均有極大的利益。因為藉此獲取的龐大利益，已經間接轉入這些人手裡了。印刷事業對這些人而言這麼有利可圖，導致他們想出各種手段來增加大量讀者：詩歌、故事、醜聞、毀謗、漫談、評論、禮讚、獎賞、鼓勵閱讀的社群、廣布書籍，還有為了添加閱讀人口的學校。再沒有像從事文學創作獲利如此豐盛的了；也沒有像文學資本收益這樣優厚的了。文字工作者的數量與日俱增，而文學裡微小又無關輕重的部分則隨著之而成長。

63 帕默斯頓子爵（Palmerston; Henry John Temple，1784～1865）：英國政治家，多次擔任外交官，兩度擔任首相。

64 拿破崙三世（Napoleon III，1808～1873）：拿破崙一世的姪子，建立了法蘭西第二帝國。

天真的人會說：「但是如果書籍跟期刊的數量增加了，文學事業的收入會豐碩也是必然的。」我會回答：「倘若他們支付了這麼多，承包此事業成為獨占也是必然的了。」

只有引發全體國民共鳴，文學出版的成功才能滿足人民所需；然而那樣的條件並不存在，正如沒有商品獨賣這件事一樣。文學事業就像專賣的商品，僅是一種詭詐的產品行銷，讓那些參與其中的人得利，並使民眾受損。

現在市面上有《當代》（*Contemporary*）、以及《當代語彙》（*Contemporary Word*）、《當代歷史》（*Contemporary Chronicle*）、《俄羅斯語彙》（*Russian Word*）、《俄羅斯通訊》、《時代》（*Time*）、《我們的時代》（*Our Time*）、《老鷹》（*Eagle*）、《小星星》（*Little Star*）、《詩文集》（*Garland*）、《讀者》（*Reader*）、《熱門讀物》（*Popular Reading*）、《人民讀物》（*Reading for the People*）；還有其他不同排列組合而成的期刊和報紙的名稱，而全部這些刊物都堅信自己代表了某種思想及風潮。其中有普希金、果戈里、屠格涅夫及傑爾查文（**Derzhavin**）的作品。儘管這些期刊和作品問世已久，卻仍不為民眾所知、所需，人們也無法從中獲利。

我曾經提過自己在灌輸民眾社會文學所做的努力。就像其他人，我變得十分確信，為了使一個俄國人喜愛普希金的《鮑里斯戈杜諾夫》（*Boris Godunov*）或斯拉夫民族的歷史，這個人必須停止做自己，也就是獨立自主、對一切人類的欲望都感到滿足的人。我們的文學已擄獲不了人民的心了，我希望那些懂得民眾和文學的人不要懷疑這點。

大眾從文學作品得到了什麼好處？人民迄今尚未有廉價的《聖經》和《聖徒年鑑》。從他們的角度來看自己手上的書籍，只不過洩露了作者的愚蠢跟不可取；白白浪費了金錢和力氣，印製出來卻沒有帶給大眾任何利益，看看花了多少時間。人民沒有從書上學會如何耕地、製造俄國的啤酒、編織韌皮鞋、蓋茅屋、歌唱，甚至也沒學會祈禱。每一個未迷信進步、神志清醒的判斷者，都會承認印刷品對大眾而言無利可圖，但是弊害倒是不少。

戴爾[65]先生，一位本著良心的觀察者，已出版了民眾運用基本知能之影響的觀察。他公開表示基本知能敗壞了大眾。信奉進步的人士難以控制地對他大肆非難和詛咒；只要書中的知識是種異議，就會被當作有害。而當這個定義成為通則，危險便會消失。我親身體驗後確認了這個事實仍然存在，所有與人們，例如商人、公民、鄉下的警察隊長、神職人員以及農民直接往來的人，也將認同此事。

不過那些接受我剛才推論的人曾告訴過我，沒有直接為民眾帶來任何利益的印刷事業的發展，仍然具有緩和社會的作用，為人民的福址做出貢獻。比方說，解決農奴問題是印刷事業進步的成果。

65 戴爾（Vladimir Ivanovich Dal，1801～1872）：俄國詞典編纂者。

針對這件事我的答覆是，必須證實它真的具有緩和社會的作用，我個人並不了解，也不認為有必要把它視為信仰。例如說，我沒發現製造業者對待工人有比地主對待農奴更加人道。但那是我個人的觀點，無法當作佐證。我提出這個反對論點的主要目的在於，即使以解放奴隸為例，我也從未看到印刷術創新地解決了什麼問題。如果政府不曾在這件事上堅定地表達意見，出版社當然會有相當不同的決定。我們觀察到大部分的報刊雜誌，已不再要求解放土地，而是在文章中引用了看起來合理、有創意以及諷刺的證據。

正如電報的發展，發達的印刷事業也被某個社會階級獨占，獲利的唯有因為「進步」才懂得如何處理私人利益的階級，所以他們才總是反對大眾的利益。

我在閒暇的時候，閱讀期刊是件愉快的事，我甚至對希臘國王奧圖感興趣。撰寫或編輯文章，然後取得稿費及名聲令我開心。我樂於收到有關妹妹健康的電報，還有知道我所期待的小麥價格是多少。我所經歷的種種事情無一不讓我心情愉悅，而擁有便利設施的欲望也許會提升這些快樂心情；可是，**我的歡喜等於大多數人類的福址增加了嗎？**這個假定並不正確。如此推測是錯的，這就如同不付出勞力，只是擁有許多定期收入的獨占業者或地主，這種人藉由鼓吹藝術以及給很多人工作來讓所有人高興，以支應他的奢侈享受。請看看荷馬、蘇格拉底、亞里士多德、德國童話與歌謠，還有俄國史詩，它們都無須靠出版事業便流傳千古。

鐵路發展放大城鄉差距

蒸汽、鐵路，以及受到極大讚揚的汽船、自動車和普及的發動機，我們不會提到未來如何，也不會述及源自於這些按照矛盾的政治經濟學理論而產生的結果，我們只會檢驗蒸汽能帶給民眾哪些好處。

我認識一個圖拉的農民，他是我的好朋友，他不需要快速從圖拉到莫斯科、萊茵、巴黎，然後再沿原路回來；這樣的遷移不可能增加他一丁點的福利。他由勞動中獲得滿足感，從食物到衣服，每件東西都是他獨自產出的：錢對他而言不是財富。這是千真萬確的，因此當他有了錢，會將之埋在地底且發現不需要使用錢財。所以，假如建造鐵路的目的是要讓他更容易受到製造業者及商業的影響，他依舊不為所動。他不需要編織品、天鵝絨製品、手錶、法國酒，以及沙丁魚，他所需要的一切和想要創造的財富跟增加的幸福，都可以從他的土地上獲得。

麥考萊說，衡量勞工幸福最佳的尺度就是他們收到的工資。俄國人有可能這麼不熟悉自己人民的狀況，並且不想知道對我們而言如此無意義又錯誤的命題嗎？就每一個俄國人而言，所得是種莫名其妙的偶發事件、奢侈品，這不是很明顯嗎？

無一例外，這個國家裡的每個俄國人毫無疑問會認為一個在打穀場裡擁有乾草堆的草原貧農是富裕的，他終其一生不曾見過薪資這種東西，好比他必定會認為一直領取高薪、住在郊區的莫斯科農民都很窮。在我國依照工資多寡來決定財富不只不可能，一個人還大膽地主張，在俄國，薪資是財富與幸福衰退的表徵。這件事支配著俄國人，我們曉得人民能夠自己在國內查證，因此，無須探討各國及全歐的財產，我們可以、也必須對絕大多數的俄國人說，薪資的多少不僅不能做為幸福的尺度，甚至顯示出國家財富的衰敗。

很明顯的，我們必須尋找不同於歐洲殘存的那些信條；同時歐洲的政治經濟學家想指示我們這些法則。對於大多數俄國人而言，金錢不是財富的要素，而製作論文的成本降低也不能添加其福利。基於這個理由，鐵路沒有為大眾帶來利益（請讀者注意，我所述及的利益，是從公眾的觀點出發，而不是文明進步後企圖強制施行在他們身上的那些好處）。

按照俄國人民的想法，幸福的增加是繫於土地生產力擴大、家畜數量和穀物產量變多，因而導致物價降低（請各位觀察一下，從未有農人抱怨過作物的價格低廉；只有歐洲的政治經濟學者藉由穀物提高價錢，安慰農人因此得以購買粗製濫造的論文，但他根本對那不感興趣），農人的幸福有賴於工作力提升（農人從未埋怨村子裡有太多人）、林地與牧場擴張，以及城市裡的誘惑消失。

鐵路提供了哪些利益給農民？它們帶來的是誘惑、毀掉森林、帶走勞工、抬高麵包的價格。或許我在談論其原因時有錯，那些因素使得人民在精神上一直對引入鐵道帶有敵意；我可能省略掉某些因素，但毫無疑問的事實是，人民對引進鐵路永遠存在抗拒是因為它充滿強制性。大眾漸漸習慣鐵路是由於權衡之後，屈服於鐵道的引誘，而且他們也參與了開發。真實的人，意即那些工作且藉由勞動成果過活的人，像是卓越的農業人口、國家十分之九、少了他們就無從想像進步的人，則總是仇視鐵路。於是，那些信奉進步、社會上的少數人，說鐵路的出現增進了人民的福址，社會上的多數人卻說那減少了幸福。

進步脫離民眾則無法存在

我們能夠輕易地站在人民那一方，從每一個面向證實與解釋對進步的抗拒，然而我們會限定自己在上述的例子裡，並且試著回答自然衍生的這個問題：「你說說，有必要明白這種人民的反動嗎？」有人會說：「那些不滿鐵道的是鄉下人，他們在吊床上過活、住在茅屋裡或在耕地後面；那些人自己修補韌皮鞋並編織自己的上衣、從未讀過書、每兩週換一次有害蟲的上衣、日昇而起日落而息、除了奴隸活、睡覺、吃東西，以及喝醉之外，沒別的需求。他們不是人，而是野獸。」進步論者會如此說、這麼想：「因此我們認為不必理會他們的意見，並且替他們做那些我們認為有益的事就對了。」

這樣的觀點，縱使沒有表達出來，卻一直是進步論者思考的基礎；可是我認為這些被稱為野蠻人的世代就如同你們的帕默斯頓、奧圖和波拿巴。我假設在這個時代的工人之中，有著相同的人類特性，尤其是找尋一個更好的位置，就像魚類會尋覓更深的地方，跟你們這一代的主人、大財主、教授、銀行家等一樣。

我很確定這個主張不足取，但我**堅信這一代的工人比大財主、銀行家和教授具有更大的力量及更多真實與良善的自覺**；最重要的是，我透過簡單的觀察確信，農人譏諷、明智地批評主人，並開他玩笑，因為他不知道何謂耕地或是鏟田、蕎麥，還有砂礫，也不曉得何時該種燕麥和蕎麥、如何分辨足印；更不懂得怎麼判斷一條母牛是否懷孕；因為主人終其一生閒散度日，就好像主人譴責農人的發音錯誤、假日時像條魚似地飲酒，或是不知如何指路。

我見過兩個吵架的人認真地互稱對方傻子和惡棍而感到震驚。更讓我衝擊的是東方國家與歐洲各國的衝突。印度人視英國人為野蠻人和流氓，而英國人覺得印度人才是；日本人也這麼看待歐洲人，而歐洲人對於日本人的看法亦若是；甚至是最進步的國家，法國人也認為德國人是蠢漢，反之，德國人覺得法國人是無腦的笨蛋。

我從這些觀察得到一個結論，如果進步論者認為人民沒有權利考量自己的福利，而民眾視進步論者都是為了私利，就不可能從這些矛盾的觀點歸結出對雙方都公正的結果。基於此，**我不得不站在民眾這一方**，理由是，第一，人民遠大於社會，因為必須假定民眾的真實性較強，其次，也是主要的原因，人民無需參與進步論者的社群，也能過得好好的，亦可滿足一切需求，例如工作、享受自我、愛好，以及創作藝術作品（例如《伊利亞德》、《俄國民謠》），反之，進步論者若無民眾則無法生存。

我們近來閱讀了巴克爾撰寫的《英國史》。這本書在歐洲十分成功（這是很自然的），也在俄國的文學界跟學術界得到很大的聲望，但我對此無法理解。巴克爾用很歡樂的態度分析文明的法則；但這讓我和所有俄國人興趣缺缺。不論是推測俄國人必須跟歐洲國家一樣，做為文明進步法則的主體，還是文明的進步是好事皆然。他首先得向俄國人證明這兩點才行。

比方說，我們私底下認為文明的進步是最極端的邪惡，人性是其中一部分原因，也不覺得這種進步是不可避免的。作者強烈且毫無憑據的命題爭論，他不向我們證明何以全部對他有利的歷史存在於文明的進展。對我們來說，這個權益存在於增進共同的福址。依據我們的信念，幸福的提升不僅不是來自於文明的進步，大部分還與之衝突。倘若有人不這麼想，這段陳述可資佐證。我們已找到的例子並非直接觀察自生活的現象，也不是來自歷史學者、哲學家以及政論作家的著作篇章中。相反地，我們參閱這些人和馬科夫先生反對我們的議論，不帶任何成見，一致認同證明了幸福與文明的問題。

致馬科夫先生的八個回應

我們已經離題太遠了，可能會出現不相關的事，我們只想說，我們不相信進步等同於增加幸福；我們沒有理由信服；我們在第一篇文章裡已尋找了準則以度量孰優孰劣，而不是認同進步即為好的，不進步則為壞的。在闡明了我們隱然不同意馬科夫先生在《俄羅斯通訊》裡的文章的主要論點後，再來回答我們與農業社會的多數人所推定的，就顯得簡易又單純。

一、在《俄羅斯通訊》裡的文章認同每個世代都會以教育去干預另一代人的正當性。我不認可這是正當的，並不是因為覺得進步沒有好的條件，而是由於我們找到了教育權利的其他基礎。即使我們的假定被證明是錯的，我們依然無法承認進步會比伊斯蘭教或達賴喇嘛更值得信奉。

二、在《俄羅斯通訊》裡的文章認定較高層的人有權干涉公眾教育。在本文前面，我們已充分表達為什麼那些相信進步的人介入大眾教育，可是利益卻被上層階級的人獨占，這是不公義的。還有，何以他們的不公不義在他們看來是種權利，就好像奴隸制度看似正當一樣。

三、馬科夫先生認為學校無法、也不必脫離歷史情境。我們認為這些話毫無意義，因為，第一，不論從事實或從思想上來看，任何事情都不可能脫離歷史的束縛。第二，如果就馬科夫先生的觀點，法則的發現是基於學校早已或應該從歷史條件的制約中解放，我們的思想是在某種法則之下形成，行動也是在時代情勢之下落實。為了進一步釐清，就有必要提出理由去譴責或推崇其想法，而不是說我們生存的歷史條件就是如此。

四、《俄羅斯通訊》裡的文章表示，現代學校比中古時期的學校更符合時代的要求。我們很遺憾給了馬科夫先生一個機會向我們證實，而我們也樂於承認自己在做反證時，犯了依歷史事實做出預設立場的通病。馬科夫先生亦若是，或許還做得比我更成功、又善辯。在這個領域很容易談得很多，卻不必說服任何人。

五、《俄羅斯通訊》裡的文章認為，我們的教育並非有害，而是有用的，因為教育訓練人們進步，如他們的信仰。可是我們不相信進步，所以繼續認定現在這種教育是有害的。

六、《俄羅斯通訊》裡的文章主張，完全的教育自由有害，也不可能辦到。確實是有害，也辦不到，因為我們要的不只是人，而是進步的人。也由於我們為進步的人準備了教育的課程計畫，然而僅僅做為人的教育沒有備好課程表。

七、馬科夫先生覺得雅斯納雅．波里耶那學校的架構和編者的信念有衝突。就個人而言，我們也承認，再者，既然馬科夫先生自己也曉得歷史的制約影響有多強大，就應該知道雅斯納雅．波里耶那學校臣服於兩項壓力，亦即他所說的，對於歷史條件極度信服，也就是教育中的教師、教學方法等。此外，雅斯納雅．波里耶那學校只得到非常些微的自由，結果，好處都跑到別的學校了。假如這些信念不如他所想的那麼極端會如何？他說學校能否成功端賴於愛，可是**愛不是偶然發生的，唯有自由才會有愛**。所有以此為根基的學校都發生了跟雅斯納雅．波里耶那學校相同的現象：教師熱愛他的學校。而我很確定，在完全理想化之下，同一個教師不可能愛上學生都坐在長椅上、按照鐘聲行動，以及週六被鞭打的學校。

八、最後，馬科夫先生不贊同雅斯納雅．波里耶那對教育的定義。我們必須在此釐清我們的用意。這樣對他那一方比較恰當，如果他不深入探討，就會以陳腐之論為由，推翻我們的定義，並下自己的定義：進步，是依時代需求施教。我們所寫的一切關於進步的事，都是為了引人反駁。然而，他們不駁斥我們，只說天性、平等的必要性等堆砌出的詞藻，雖然累積了一大堆，但是有什麼用處呢？

我們不相信進步，也不滿意那一大堆詞藻。即使我們相信也會說：很好，這個目的在於教學依時代的要求，加上那一堆話；如馬科夫先生所言，我們應該承認，母親在教導孩子時，會試圖傳遞她的知識給孩子。但是，我要問，為什麼？而且我應該有權利得到答案。我要問，為何一個人會呼吸？我獲得的答覆不是因為他要呼吸，而是為了吸收氧並吐出無用的氣體。我再問：為何需要的是氧氣？一個生理學者知道問題的含意，並答道：為了得到熱能。我問：何以要熱能？於此，他回答，或者試著回答，而他搜尋並曉得愈一般的答案，其推論就愈少。

教育是基於追求人類平等的需求

現在我們要問：為什麼一個人要教另一個人？在我看來似乎沒有比這個問題更像教師會問的了。我們回答了，也許不合常規、沒有例證，但是問題與答案是明確的。馬科夫先生（我並不是在攻擊馬科夫先生，每一個想進步的人都會做出一樣的回應）對這個提問不僅不作答，甚至不去理解。對他而言根本沒有這問題：那不過是老生常談，可以戲謔看待這件事，他引起了讀者的注意。另外，這個問題與答案都存在於我提過、寫過和想過的教育學要素裡。

馬科夫先生及贊同他的人皆為聰明、有教養的人，慣於理性思考；卻如此理解遲鈍是因何所致？進步。「進步」意謂著鬼扯的話變得清晰，而明白的事成了胡思亂想。只要沒對我證明進步帶來了利益，我就不認同，因此，在我觀察教育現象時，我需要一個教育定義，我再次重申：教育這個人類活動，是基於平等的需求，以及教育進步的不變法則。

如我過去所言，在研究教育的定理方面，我們提供的不是形而上學的方法，而是來自觀察的推論方式。我們用最普遍的意識觀測教育現象，包括養育的部分。

我們在每一個教育現象看到了兩個要素，教育者跟被教育者。就我們所理解，為了研究教育的諸多現象以及找出其定義與準則，我們有必要探討教育活動並發掘將教育者和被教育者結合成一種教育現象的原因何在。

首先，讓我們檢驗教育活動及其因素。在接受教育方面，學生會學到什麼、在哪裡學習，以及用什麼方式（即使他是自己閱讀書籍），用類似的作風、形式學習，或是認定對方比自己懂得更多的人的觀念。在他達到教育者水準的那一刻，他不再覺得對方的知識比他高深，站在受教者的立場，這個教育行為不由自主地停了下來，而且再也沒有任何條件能繼續下去了。如果一個人會的與教他的人一樣多，那麼這個人也不能從對方身上學到什麼。一個不懂代數的算數老師自動終止授課，就代表學生已完全獲得算術的知識了。

查驗則似乎是多此一舉，只要老師跟學生的知識相等，師生之間的教學活動、廣義的教育便無可避免地即刻止息了，教師為學生開啟的新知識領域是老師所熟知、但學生尚未知的學科，而這個教育活動持續到學生獲得和老師相同的學識為止；或者是學生到達了老師在算術方面的程度後，放棄師從他的老師並著手由書中學習代數。如此一來，書本，或者說書的作者，就成了新的老師，只要學生尚未達到書，或是書的作者的程度，學習就會持續。同樣地，在達成吸收知識的效益時，學習活動即刻終止。

查證這個事實似乎沒什麼用，所有可想像的教育活動均可資佐證。我們從這些觀察及思考總結出，僅從受教者那一方考量，教育活動的基本跟傾向是讓學生和老師的知識一致。這個事實是由簡單的觀察所獲得，一旦達成這個目標，學習活動馬上無可避免地終了，從更單純的角度審視，每一種教育或多或少都趨近於此結果。對全部的人種皆然，無論何時何地，教育只會由複製老師知識的速度來決定好壞：學習慢的，是較差的教育；學習快的，則是較好的。

這個事實是如此簡單又不證自明，以至於無需費心於此。不過它理應為我們證實為何這個單純的事實從未發生在任何人身上，也不曾有人施行，即使有，也會激起反抗。

其原因如下：除了教育的主要基本原則之外，那些從教育活動的元素中湧現的、複製知識的趨向，在公民社會裡引發了其他因素，並驅策著往教育前進。這些理由看似一再重複，導致教導者只專注於這些論點，錯失了主要基本原則。現在只要想想學習的活動，除了我們已經表達的那個要素以外，還能發現許多表面上在教育上奠定的基礎。我們可以輕易地證明這些絕非教育的基礎。

這些雖是錯誤、但仍存在的教育根據如下：第一個也是最有效的是，孩子學習以免受罰；第二，孩子為獲得獎賞而學習；第三，孩子學習是為了比其他人好；第四，兒童或年輕人之所以學習，是由於可以在生活中得到有利可圖的地位。

這些為眾人所承認的基礎可分為三項：一、因為服從而學習；二、由於自我中心而學習；三、為了物質利益和野心而學習。的確，以這三類學習因素為根基，已經成立了各式各樣的學校：清教徒的學校，是為服從的教育而建立；耶穌會的天主教學校，是因競爭和自我中心的需求而創辦；我們俄國人的學校，是基於物質利益、公民特權以及野心欲望而設置的。

這些毫無根據的誘因出現了，首先，在真實生活中，普遍不滿基於這些理由而成立的教育機構；第二，我已表達了十次，而且還會繼續下去，直到我得到答案為止，因為（服從、自我中心和物質利益）這些條件沒有共同的教育準繩，神學家和自然科學家視他們的學校為完美無瑕，而別的學校絕對有害；最後，也就是第三點，以服從、自我中心和物質利益為學習活動的根基，導致無法為教育下定義。

若以完整複製知識為學習者的目標，我能了解教育活動在成功之際即刻停止；但是若以服從、自我中心和物質利益做為標的，則相反地，學習者可能會變得順從，也許在價值觀上超過他人，但無論他獲取什麼物質跟公民權益，只要未達標準，教育活動就沒有停止的一天。我曉得，出於這種錯誤基礎的教育目標實際上是絕對不可能達成的，也就是說，根本無法複製知識，只有教育的自主、服從的習性、不真實的自我中心，還有物質的利益，是可以達成的。對於教育方面的解釋，採用的是錯誤的基礎。在我看來，這一切的教育學謬誤及造成的不一致已深植人心，這正是上述錯誤基礎造成的。

教育進度的不變法則

我們現在來解析教育學的活動。如同第一種情況，經由觀察這個公民社會的現象，我們將發現許多教育活動的因素。這些緣由可列為以下四種：第一、也是首要的，渴望讓他人有利於自己（地主要莊園奴僕教自己音樂；政府為自己培訓公務員、官僚和工程師）。第二，使人順從，還有獲得物質利益，這些會導致一個大學生為了報酬，而根據既定的課程計畫教導孩子。第三，自我中心，促使一個人為展現其學識而進行教學；第四，為了自己的利益，傳播信念、向別人灌輸他所知之事。

依我所見，從教導孩子說話的母親，為了酬勞替教授和作者上法語課的私人教師，皆可歸類在這四項之中。

藉由提供和學習者活動的根基相同的基準，我們將發現：

首先，為了培養有用的人，譬如前面提過地主和政府的訓練，目的達到後學習活動也不能終止，因此，那不是最後的結果。政府和地主依然能延長他們的教育訓練，其目的往往無教育的共通性，以至於我不能視效益為教育活動的基準。

其次，我們假設一個文理中學的老師，或是私人教師，順從委託他教學的那個人，以及透過教育活動可為他增加的物質利益，我再次理解到，得到再多的物質利益，教育依然不會停止。相反地，我發現到獲取更豐厚的物質報酬後，單純為了教育的目的常常會隨之消失。

第三，倘若我們認同自我中心和展現自己知識為教育的目的，那麼即使一個人的教學或是一本書得到了最高的讚美，教育活動也不會終止。因為給予教育者的賞識可能無關乎學生習得的多寡；反之，我發覺對未曾自教導者身上學到知識的人們來說，獲得誇獎並無作用。

第四，最後，經由檢驗這個教育的最後一個目標，我發現假使教學者直接複製學問給受教者，在這個教學行為終止的那一刻，目的也就達到了。

的確，經由提出這個實際的定義，我發覺所有其他因素皆只是外在、遮掩住根本目的的現象，使得每個教育者的主要目標混亂不清。算術老師的直接目的只有讓學生吸收他擁有的數學思考法則。法語老師、化學老師和哲學老師的目的均相同；在達到目標之時，教學活動便到達了尾聲。

唯有教學，在任何地方、任何年紀進行，人們都會認為是好事，讓學生變得跟老師一樣，而且愈像愈好，反之，愈糟。在文學這個連結教育的媒介裡，可以精準觀察到相同的現象。我們只會認為書籍善於將作者，或稱教育者，所有的知識傳授給讀者或學習者。

於是，透過將教育活動視為教育者跟學習者相互共有的現象，我們得知教育活動在任何情況下都有一件基本且相同的特性：人類趨向一致性的知識。

我們在之前設下的定義裡精確地表達了這點，除了我們沒弄清楚一致性指的是知識的相等。不過，我們加上了：「對於一致的趨勢以及教育進步的不變定律。」馬科夫先生既不了解前者，也不知道後者，因此非常驚訝於教育進步存在不變的定律。

教育進步的法則意指教育是人類趨向知識均等的結果，而這種知識均等僅能存在於較高層次的知識中。舉個簡單的例子，孩童可以發現我已經知悉的事，但我不會忘卻已知之事；同樣的道理，我已熟知過去世代的思考模式，但他們卻不會了解我的。這就是我所謂不變的教育進步法則。

所以我對馬科夫先生所提出的每一點之回應如下：

首先，證明每個事物都變好是不對的，證明是否變好或變壞才是必要的；其次，教育僅僅是人們基於平等的需求及教育進步的不變法則所進行的活動。

我只不過是試著引領馬科夫先生免於無用的歷史思考，並且向他說明他所不理解的部分。

農民兒童向我們學習書寫？還是，我們向他們學習？

在《雅斯納雅．波里耶那期刊》第四期裡，關於兒童作文的部分，有一個故事編者誤印為〈一個男孩如何在圖拉被嚇到的故事〉。這個故事不是由一個男孩所撰寫，而是一個老師將男孩對他敘述的夢境寫成文章。有些習慣閱讀《雅斯納雅．波里耶那期刊》的讀者對我們表達誰是此故事作者的疑惑。我連忙拜託讀者寬待這個失察，並且注意到不可能發生這類誤傳。這個故事之所以被認出來，不是由於寫得比較好，而是因為比較差，和其他孩子的文章相比，它糟得不得了。其餘所有的文章都是孩童的作品。接下來的兩個故事〈他用湯匙吃東西又拿柄戳傷了眼睛〉跟〈一個士兵的生活〉均是用以下方式寫作的。

在學習語言時，有鑑於引導兒童的寫作目標，老師的主要技巧和練習包含了給他們主題，但是不提供過多選擇、指出文章的範圍及最初的步驟。許多聰明又有才華的學生寫出無聊的話，像是：「開始燃燒了，他們動手拖出東西，而我走進街道裡。」儘管主題豐富，內容卻空無一物，那樣的描述深深影響了孩子。最重要的是，他們不懂自己為何要寫作、作文有什麼好處。學生不理解以文字展現生活的藝術，也不曉得這項藝術的迷人之處。

正如我在期刊第二期曾提及的，我試過很多不同的方法提供孩子寫作的題目。根據他們的性情，賦予嚴謹的、具藝術性的、感動人的、有趣的、敘事詩的題目，但沒有任何目的。這些都是我現在意料不到、無意中發現的方法。

長久以來，閱讀斯奈吉瑞夫[66]的《諺語選集》已經成為我最喜愛的工作，甚至是享受。從每一句格言，我感受到每一個人及其格言的衝突。在許許多多無法領會的幻想中，我總是想像一系列切合諺語的圖像或是傳奇故事。去年冬天，我在用過晚餐後，一度忘了已讀過斯奈吉瑞夫的書，甚至帶著書返回學校。以下是俄語課的上課情形。

我說：「好了，寫些和格言有關的事。」

最優秀的學生費德卡、善卡以及其他人側耳傾聽著。

出現了一些疑問。「『和格言有關』是什麼意思？那是什麼？跟我們說！」

「現在想像一下，」我答：「一個農人帶著一個乞丐回家，然後開始數落他對自己做的事，你就會引用『他用湯匙吃東西又拿柄戳傷了眼睛』這一句。」

66 斯奈吉瑞夫（Ivan Snegiryov，1793～1868）：俄國最早的人種研究學家之一。著有《諺語選集》（*Russian folk proverbs and parables*）。

費德卡和其他豎起耳朵注意聽的人說：「不過你要怎麼將它完整寫出來？」他們退卻了，堅信這件事已超出自己的能力，開始做自己的事情。

其中一個對我說：「要寫你自己寫。」

每個人都忙於自己的事；我拿了一枝筆和墨水瓶，開始書寫。

「好了，」我說：「誰寫得最好？我跟你一起寫。」

真是一堆蠢話！成年人的矯作與虛假

我寫了，這個故事就印在《雅斯納雅．波里耶那期刊》第四期，從第一頁開始，每個具有藝術感知、不帶偏見的人，都會將我所寫的第一頁，以及接下來由孩子們自己書寫的內容，區隔開來，就像把一隻蒼蠅從牛奶裡趕走一樣：前一頁太假了、過於人工，而且行文用一種糟糕的語言。我必須以原來的形式陳述，雖然已經修改了很多地方，原本甚至更加畸形，這還要感謝學生們的指正。

費德卡一直從他的習字簿抬頭仰視著我，與我四目相交、微笑、眨眼，不斷說著：「寫啊，寫啊，否則我就給你這一個！」顯然，他覺得看一個成年人寫作文很有趣。

我比平時寫得更差、更快地完成了作文主題，他爬上我的椅背並在我肩上朗讀。我無法繼續下去了；其他人走近我們，然後我向他們讀出已經寫好的文章。

他們不喜歡這個題目，沒有人讚美它。我感到十分羞愧，接著，為了緩和自己的文學野心，我告訴他們接下來的打算。在我要展開故事時，我變得熱情無比、改正自己，而他們則不斷將我抽離。一個說那老人應該是個魔術師；另一個則評論：「不，不是那樣，他或許只是個士兵；最好是寫他從農人那裡偷了東西；不行，那樣就無法應用那句諺語了。」

這一切都非常有趣。參與創作的過程，對他們而言顯然是種嶄新又興奮的感受。大體說來，他們的評判就是全部，同樣的，學生在故事架構及人物細節與特性描述方面皆是合理的。他們幾乎全都參與了創作；然而，這都得利於積極的善卡，他清楚地表明敘述的藝術特質，還有費德卡他妥切的詩意構思，尤其是他燦爛又迅速的想像力，才成就了這一切。

他們的要求有些許隨意但明確，以至於我不只一次與之爭論，並總是對他們讓步。我的寫作嚴重受制於遵守正規結構的要求，故事也會確實地呼應提過的點子；他們呢，完全相反，只在乎是否合乎藝術創作的真實性。比方說，我想寫那個帶老人去他屋子的農人懊悔自己的好心腸，學生則認為這是不可能的，又創造了一個脾氣暴躁的老婦人。

我說：「那農人先是對那老人感到同情，隨後又不願讓出麵包。」

費德卡回答，那未必會發生：「他從一開始就不聽從老婦人的話，之後也不會屈服。」

我問：「照你說，他是哪一種人？」

費德卡笑著說：「他就像提摩菲叔叔那樣。他有少許麵包、上教堂，他還養蜜蜂。」

我問：「他是否人很好，但很頑固？」

「沒錯！」費德卡說：「他不會順從老婦人的。」

自從那個老人被帶進小屋，編寫工作變得生動有趣多了。顯然這是他們第一次感受到以文字為藝術的細節妝點的迷人之處。善卡比其他人更擅長這點：最正確的細部妝點能促使新的描述不斷產生。唯一的缺點是他只用幾分鐘簡述這些細節，沒連接上故事的整體感。我寫的速度幾乎趕不上他們告訴我的事件，只能請他們稍待一下，並記住他們的陳述。

善卡似乎能看見般描述出自己眼前的景象：那雙堅硬、結凍的韌皮鞋滲出了髒東西，當鞋子溶解的時候，故事情節從鞋子換成了士司，老婦人將之丟進烤爐裡。

相反地，費德卡認為這樣的細節喚起了自己看待某個人物的特殊情感。費德卡看見積雪深到農人腿上的補釘後，農人起了同情心說：「主啊，怎麼下雪了！」（費德卡甚至呈現出農人說這話時的臉部表情，他揮動著手並搖頭）。他看見了有一堆破布和補釘的外套和破損的上衣，身形憔悴的老人背後，被融化的雪沾溼了。他創造了老婦人的角色，她咆哮似地命令丈夫，脫下他的韌皮鞋，而那老人可憐地喃喃呻吟：「輕一點，孩子的媽，我這裡受了傷。」

善卡需要物體的圖像，像是韌皮鞋、一件外套、一個老人、一個老婦人，彼此間幾乎不必有任何連結；然而費德卡卻能以親身體驗來喚起讀者的憐憫心。他超前故事進度，敘述著農人如何餵食老人、怎麼在夜裡跌落，還有後來怎樣在田裡教一個男孩閱讀，於是我不得不請他別進展得如此匆促，還得記住他說過的情節。他的眼睛閃著淚光；他黝黑、瘦小的雙手痙攣般夾緊；他對我發怒又不斷地催促我：「你寫了嗎，寫下來了沒？」

至於其餘的部分，他也是武斷地比照辦理；他想要不斷地說，不像在說故事，而是像在書寫，也就是巧妙地將文字裝飾成有感覺的圖像。例如說，他不允許文字位置調換；一旦他說了：「我的雙腳會痛。」就不許我改成：「會痛的是我的雙腳。」他的靈魂現在平靜了下來，又因為憐憫的心情，也就是愛，而感到煩躁，用一種藝術的形態來綴飾每個意象，否定每件與永恆之美、和諧的概念不一致的事物。

在善卡著迷於門板凳那裡的小羊不相稱的細節措詞時，費德卡發起怒來，說：「真是一堆蠢話！」我只需建議那個農人該做什麼，他的妻子同時在聊是非，在費德卡的幻想中就會即刻產生一幅羔羊在門板凳那裡鳴叫的圖像，伴隨著老人的嘆息與塞倫卡這個男孩的極度狂熱。只要我提議一個矯作、虛假的形象，他就會馬上生氣地說那根本不必要。

比方說，他同意我提出有關那個農民面貌的描述；卻對於在他妻子聊閒話時，農民在想些什麼，立刻顯示出他過去思考的形式：「假如你擋到了薩弗斯卡的屍體，他會拔掉你所有的鎖！」他用疲憊、冷靜嚴肅，還有一貫的態度說著，同時又是親切的聲音，頭倚靠在手上，男孩們的笑聲滾滾而來。

每個藝術的主要特質、感受的範圍在他身上不尋常地發展著，他對某些男孩提議的額外情節苦惱不已。

費德卡如此專制地指導故事結構，導致其他男孩一下子就回家了，只剩下他跟善卡，雖然用另一種方式寫作，但他不願屈服。我們從七點寫到十一點；他們既不覺得飢餓，也不感到疲乏，在我停止撰寫時，甚至還對我生氣；他們不要我幫忙寫了，可是當事情無法順利進行時，又很快就放棄了。

接著費德卡第一次叫了我的名字。我們笑了，因為他不曉得該怎麼稱呼我。

「我知道怎麼叫你；」他說：「但是他們在莊園裡怎麼稱呼你的呢？我們有符卡尼卻夫、佳布列夫、厄米林這些名字。」

我告訴了他。

他問：「我們會將它印出來嗎？」

「會的。」

「而且我們必須注明：由馬卡羅夫、莫羅佐夫與托爾斯泰合著。」

為什麼是女用毛皮外套？童稚靈魂的原始力量

他興奮了好久，無法入眠，而我無法表達那個傍晚所經歷的興奮、喜悅、恐懼，甚至是懊悔的心情。我在那天感受到他們開啟了一個享受與苦難的新世界，即藝術的世界；我認為自己獲得了一個無人得見的洞察，即神祕的詩趣之華的誕生。

我同時感受到恐怖跟愉悅，像個尋寶人突然間看到蕨類的花朵，我感到喜悅，因為這件事出其不意和出乎意料地為我心中卸下哲學家的石頭，這是我尋覓兩年卻徒勞無功的，即教導展現思想的藝術；我也覺得害怕，因為這項藝術喚來了新的企求，渴望一個全新的世界，我思考的第一個念頭與學生的周遭環境無關。不會有錯，這不是偶然，而是一種有意識的創作。

我請求讀者閱讀故事的第一章，並注意人物的豐富特性，表現出真實的創作才能；譬如，那婦女氣憤地抱怨丈夫的瑣事以及啜泣的面貌，即使作者很明顯不喜歡她，閒聊中提醒了她房子毀壞了。對憑藉理性和記憶撰寫的作者來說，那個暴躁的婦人代表了那個農人的反面，除了惹惱丈夫，她還得沒來由地聊是非；但是費德卡的藝術感情延伸至那婦人，她會哭泣、害怕，也遭逢苦難，就他的想法，她並沒有罪。而且還加上了一個特色，她聊天的話題是一件女用毛皮外套。我還記得自己對這件事感到相當意外，並問道：「為什麼是女用毛皮外套？」我們全都不想讓費德卡將故事引導到一件女用毛皮外套。

他說：「這樣比較好！」

當我問他是否要說他穿的是一件男用毛皮外套，他說：

「不，一件女用毛皮外套比較好。」

的確，這個情節太不尋常。首先，沒有人會想到為什麼應該是女用毛皮外套，而且還有一個人覺得這樣很好，亦無可修改之處。

不論是歌德或費德卡的藝術性語言，皆不同於缺乏藝術性的人，每一句都喚醒許許多多人的思緒、意象，以及詮釋。

那個女用毛皮外套的閒聊，無意中向讀者顯示出農民常見的病態、狹小心胸的那一面。那個女用外套被隨意地丟在長椅上，此外，初次落到他手裡的雪，讓我們見識到農人在冬季的生活。毛皮外套引導讀者對深夜的想像，同時，也能讓人想像得到沒穿外套的農人坐在火炬旁，而那個婦人，拿著水走進走出，處理著牲口的事，呈現出農家生活表面上的混亂。沒人穿著普遍認為的乾淨衣服，沒有任何一處是一般認定的住家一隅。還有這一句：「他穿上一件女用毛皮外套」，這角色的背景、舉止都歷歷在目。這一段不是信筆由他，而是精心安排的。

我還清楚記得在他的想像裡，當農民無法閱讀找到的報紙時的用字遣詞。

「如果現在我的賽倫卡知道怎麼讀，他會跑來我這兒，一把從我手中抓走報紙，將它全部念出來，告訴我那個老人是誰。」

任何人都能看出那農民與他晒黑的手中那本書的關係；在你面前的這個人，他整段成長經歷是族長制且虔誠敬神。你能感覺到作者十分喜愛這個角色，因而充分地理解他，於是在讀者發覺之前，就讓他消失了。

有關夢的主意是我建議的，不過是費德卡提議讓山羊弄傷了腳，而這個構想令他覺得快樂。那個農人的反思，當時他的背正在發癢，還有夜裡寧靜的圖像，這一切都不是偶然想到的，而是令人感受強烈的特質及繫於藝術家意識的力量。

我還記得寫到農人睡著的時候，我提議讓他考慮兒子的未來，以及將來和這個老人的關係，還有讓這個老人來教塞倫卡讀書等。

費德卡皺著眉頭，說：「好的、好的，那樣很好。」然而顯然他並不喜歡這個建議，而且忘記了兩次。

他的感受力比我認識的任何作者都強烈，只有少數藝術家在耗費了極大的勞力與學習後才能獲得，僅存在未腐化的童稚靈魂的原始力量裡。

我放棄了這一課，因為我強烈地動搖了。

我的同伴問我：「你怎麼了？臉色這麼蒼白，你病了嗎？」的確，在我的生命中只有兩、三次經歷到如同那個晚上的強烈情感，而且我有好長一段時間無法面對自己所經驗到的。我隱約感覺到自己充滿罪惡地透過玻璃，隱藏起一個凡人的目光，看著蜜蜂構築的蜂巢；在我看來，我敗壞了那個農家男孩純潔、原始的心靈。我稍微為自己這個冒瀆的行為感到後悔。我認為兒童可能曲解了遊手好閒和行為不檢的老人，覺得他們代表了淫蕩的意象，以激起他們疲勞又耗盡的想像力，然而同時，我也很高興，因為那個過去從未有人瞧見的部分被看到了。

很長一段時間，我都無法對自己提起那個對我產生的影響，雖然我認為這個影響是年齡的增長教育了一個人，並引領他到達一個嶄新的生命階段，讓他拋棄舊的且完全奉獻至新的人生。即便是在接下來的日子裡，我依然無法相信先前的經歷。這真奇怪，對我而言，一個**幾乎沒有閱讀知識的農家男孩，竟倏然顯露出有意識的藝術力**，就像歌德，一般人無法與他那不可計量的發展高度相較。在我這個《童年》（*Childhood*）的作者看來，這樣既奇怪又令人討厭，我獲致了某種成功，且從有教養的俄國民眾那裡贏得了藝術才華的肯定，但我在藝術方面，不僅無法教導或協助十一歲的善卡或費德卡，反而在興奮快樂的時刻難以跟上，並了解他們。這一切對我而言是那麼的怪異，以至於我無法相信發生的事。

我們隔天繼續撰寫故事。我問費德卡是否想出接下來的事情，他只是揮揮手，說：「我知道，我知道！誰要寫？」

我們接著工作，孩子們再次展現出同樣藝術性的真實、程度以及熱情的意識。上課途中，我不得不離開他們。

沒有我，他們持續撰寫並且完成了兩頁，做得倒也不錯，感覺、正確度都與先前一樣。只有細節較為相形失色的這幾頁處理得不夠巧妙，還有二至三個重複之處。很顯然，這都要歸咎於機械式寫作的訓練。

第二天發生一樣的事。在上課時，其他男孩時不時加入我們，而且，若他們曉得故事主旨和內容，往往還能幫我們加入恰當的面貌。善卡一下子與我們一起寫，一下子又離開；費德卡則自始至終都獨自一人支撐著故事的進行，並且不斷地更動。

無須再懷疑或覺得這個成功不過是偶然，我們已經明確地擊敗了所有以前嘗試過、更自然也有較大誘因的方法。可是這一切是如此地不尋常，導致我不敢相信眼前發生的事。它看起來好像是個為了消滅我們全部的疑惑，而必須存在的特殊事件。

與紙飛機一起消失的手稿

我不得不離開幾天，而故事尚未完成。三張大大的紙、仔細地覆蓋在手稿上，留在教室裡，我曾展示給其它老師們看過。

直到我離開之前，還在忙著撰文，一個新進的學生曾對我的男學生展現製作紙飛機的技術，一如往常，全校掀起了一陣紙飛機熱潮，取代了之前流行的雪球，更早之前則是削木棍。紙飛機這個潮流在我離開的期間仍然持續著。

合唱團的成員善卡和費德卡曾到教師室練習歌唱，而且整晚待在那裡，他們甚至練到夜間。在唱歌時，還有中場休息的時候，射擲紙飛機的活動仍在進行，而他們所有能拿到手的紙張，都摺成紙飛機了。

某位老師去取他的晚餐時，忘了說明桌上的紙十分重要，於是由馬卡羅夫、莫羅佐夫以及托爾斯泰所寫的作品就被拿去做成紙飛機了。隔天上課前，紙飛機發出的噪音過大，惹惱了其他學生，於是學生自己制定了一個反制的辦法：在大叫與哭喊聲中沒收了那些東西，並慎重地丟入烤爐裡。

紙飛機的流行到了尾聲，但我們的手稿也隨之毀壞。過去不曾有過損失三頁手稿這麼嚴重的事。我很沮喪，想要全部放棄再重寫一個新故事，但是我忘不了這次的損失，不由自主地一直叨念那個老師和做紙飛機的人。

我必須藉著這個機會說明一下，馬科夫先生興致高昂地在《俄羅斯通訊》，還有葛萊耶夫先生在《教育期刊》第四期裡談到，這次學生看似無秩序和充分的自由解放，我絲毫不覺得此事麻煩、造成任何威脅，或是狡詐，我學到了所有將手寫稿摺成紙飛機，以及被扔到火焰裡這個複雜故事的細節。

善卡和費德卡見到我痛苦，不懂所為何來，他們非常同情我。費德卡最終向我提議另外寫一個這樣的故事。

「你們自己寫嗎？」我問：「我現在不會再幫你們了。」

費德卡說：「善卡和我會整晚待在這裡。」

他們真的這麼做了。九點的時候，課程結束，他們進入屋子將自己鎖在我的小房間裡，這令我感到欣喜，他們笑了一會兒，後來安靜下來。一直到夜半，每次我接近門都能聽到他們低聲交談以及刮筆的聲音。他們只有一次爭執某個事件發生孰先孰後，才來找我解決這個爭論：那個農人看著皮包是在婦人去聊天之前，還是之後。我告訴他們那並無差別。

到了子夜，我敲敲門並要求進入。費德卡穿著新的白色皮衣，上面有黑色的裝飾，兩腿交叉深陷在扶手椅內，毛髮濃密的頭倚靠在一隻手上，另一隻手玩弄著剪刀。他又大又黑的眼睛不自然卻又認真地閃爍著，像個大人看著遠方；他不規則的雙脣，擠壓在一起好似要吹口哨，看起來似乎要隱藏他已經創造出、正要表達的創作。

善卡則把一件大白斑點羊皮披在背上（村裡最近才有裁縫來），站在那張大書桌邊，未繫皮帶、頭髮零亂，正寫著彎曲的詞句，不斷將筆插進墨水瓶裡。

我撥動善卡的頭髮，抬起他顴骨凸出的胖臉和無光澤的頭髮，他睡眼惺忪、驚訝地看著我，那很有趣，我噗嗤地笑了起來，不過孩子沒有跟著笑。

他臉上的表情沒變，費德卡碰了碰善卡的衣袖，叫他繼續工作。「汝得等待，」他說：「我們很快就要結束了。」（費德卡對我說「汝」〔thou〕，每當他著迷於某事和興奮時就會這樣）。他持續口述著故事。

我取走他們的習字簿，五分鐘後，他們坐在一個小櫥櫃旁邊，拿走馬鈴與啤酒，並看著銀製湯匙，他們想著想著覺得很有趣，發出響亮、童稚的笑聲，不需要任何原因，僅僅是想到那老婦人而已。而我，聽到他們在樓上的聲音，不知何故也笑了出來。

「別歪著身體坐，」善卡說：「坐正，不然你會只吃到一邊。」

他們脫下外套，攤在書桌下，躺在上面睡覺，不斷傳出他們健康、快樂、孩子氣的農民笑聲。

我讀完他們書寫的手稿，那是個新的、不同的版本。有些許部分遺漏了，也加入了若干新穎、有藝術性的優點，具有一樣的妙處、真實與韻律感。不久之後，不見的手稿中找到了一頁。我結合記憶中的版本和重寫的地方，付印了這個故事。

這個故事是在早春、學年結束前撰寫的。我有許多理由無法進行新的實驗。兩個平庸、被寵壞的孩子依據格言只寫了一個故事，他們是平凡的僕役之子，作品〈他喜歡在假日的黎明之前喝個爛醉〉就印在第三期裡。善卡和費德卡書寫故事時發生的現象，也出現在這些男孩身上，唯一的差別是才華與熱情，以及我參與的程度多寡而已。

邏輯與藝術不一定共存

學校在夏天沒有上課，也絕對不會有課程。我們將致力於一篇「為什麼我們學校不可能在夏天授課」的單篇文章。

費德卡跟一些男孩在夏天某段時間會與我同住。在游過泳、玩累了之後，他們就投入工作。我建議他們寫一篇作文並提供幾個題目。我告訴他們一個十分有趣的故事，關於被盜的錢、一樁謀殺事件、和一個擠奶人變成東正教教徒的不可思議故事，我也建議他們寫一篇自傳式的文章，關於一個男孩貧窮又自甘墮落的父親被遣送入伍，回來後改變為一個好人的故事。

我說：「我應該寫這類的故事。我記得小時候有父親、母親和其他親人，也還記得他們的樣子。接著寫父親總是狂飲，而母親總是哭泣，然後他打了她；再來，他怎麼被送去從軍；我們的生活如何變得辛苦；父親怎樣返家，他不認得我了，反而問我瑪翠娜，也就是他的妻子，是否還活著；後來大家非常高興，而我們的生活開始好轉起來。」

這些是我一開始說的，費德卡非常喜愛這個故事。他立刻拿起筆和紙動手書寫。他撰寫的時候，我只暗示他有關姊妹和母親的死亡，其餘都是他自己構思的，除了第一章，在完成之前，他甚至沒有拿給我看過。

他拿第一章給我看，而我在閱讀時，感覺他非常興奮，屏息地一下子注視著原稿、看著我閱讀，一下子看著我的臉，期待能察覺我認可與否的表情。

當我告訴他寫得很好時，他滿臉通紅，什麼都沒對我說，緩慢卻興奮地帶著習寫簿一步步走回桌子，將作品放下，再徐徐地出去，走進院子。這一整天他在外面像發狂似地與男孩們雀躍嬉戲，只要我們眼神交會，他都會投以感謝與親切的眼光。隔天，他就完全忘了自己所寫的故事。

我僅僅謄寫標題，將故事分成幾章，修改其中因粗心而犯的錯誤，即以原本的樣貌付印成一本名為《一個士兵的生活》的書。

我不討論第一章，即便其中有某些無法模仿的巧妙之處，縱使故事中輕率的哥迪耶呈現出生動鮮明的人生。哥迪耶似乎也羞於表白他的悔悟，將為了兒子去乞求公社的人視為理所當然；不過，比起後面的部分，這一章遜色許多。這都是我的錯，因為在寫這一章時，我無可避免地建議費德卡，換成我會怎麼寫。在介紹時，敘述的如果是人物和住所，但描寫得很平凡，我就會特別地指正這點。假如我讓他自己發揮，我很確定他在闡述同樣的舉動時，能夠寫得更細膩且富有藝術性，無須接受根本不可能辦到在邏輯上周延的陳述方式，包含首次登場的劇中人物，甚至是他們的傳記，其中只述及了場所、周遭環境以及行動本身而已。

說也奇怪，費德卡的描寫常常有好幾十頁，除了一個粗心遺漏的藝術性特質，都不告知讀者其中角色如何，讀者完全不熟悉那些人物。即使如此，在第一章裡，哥迪耶捨棄了一切，順從命運成為一個士兵，只求公社不會離棄他兒子時所說的一句話：「那就是我要的一切。」這句話比描寫他的裝扮、外表以及習慣投宿的旅舍，更能令讀者了解人物，而這些都是我多次力勸他如此撰寫的。在敘述老婦人的段落也產生了相同的效果，她總是邊哀嘆邊斥責兒子，嫉妒地批評媳婦：「停止，瑪翠娜！事情會怎麼樣？顯然上帝早已決定了！妳還這麼年輕，或許上帝會允許妳再見他一面。但是看看我這麼老了，又生病，很快就會死了！」

在第二章裡也許還留有我陳腐和干預的痕跡，然而，在描述情景跟男孩之死的部分，再次深刻地展露出那個男孩有雙細瘦的腿，我還建議有關挖掘小墓場的尼費迪亞叔叔的感性細節；但是，以一個句子表達母親的悲傷：「哦！主啊，這苦役何時是個盡頭！」為讀者呈現出整個情景的元素；結果那個晚上，哥哥被母親的眼淚喚起，祖母詢問她發生何事，她回答得很簡單：「我兒子死了。」而祖母趕緊起來生火，並清洗那小小的身軀。費德卡的話語是多麼地嚴密、精簡、單純又有力，沒有一個字可以省略、更動或添加。總共五行字，而其中為讀者生動地描繪出那個悲傷夜晚的景象，就反映在一個六、七歲男孩的想像中。

「到了夜半時分，母親因為某個理由開始哭泣。祖母起床了，問她：『怎麼了？基督與妳同在！』母親說：『我兒子死了。』祖母生起火、清洗那個男孩，替他穿上一件上衣、束緊了他，並放他在聖像之下。那時天破曉了。」

你可以看到那個男孩被熟悉的母親的眼淚喚醒，在半睡半醒之間，穿著土耳其長衫，睡在吊床上，用驚嚇和閃爍的眼睛，在小屋裡看著一切進行；你見到那個憔悴士兵的寡婦，在這天之前方才說過：「這苦役何時是個盡頭？」悔恨並被這苦役盡頭的想法所壓垮，相對於此，她只說：「我兒子死了。」且不知道該做些什麼，並呼喚祖母來幫她；然後你看到那個老婦人，被生命遭遇擊垮、扭曲、衰敗，四肢骨瘦如柴，她冷靜地用手進行慣常的勞動；她點亮火炬、拿了水，並清洗那個男孩的身體；她把所有東西放在對的地方，將那個洗淨了、綁好了的男孩放置在雕像之下。你將整晚不睡直到天明，看著那些雕像，儘管你自己經過，如同那個男孩，從土耳其長衫底下注視著這件事；那個夜晚勾起了你存在於腦海中的一切細節。

在第三章，留有較少我的影響。護士的人格特點都是費德卡賦予的。即使在第一章，他也用一句話形構了那個護士和家人的關係：「她為了自己的嫁妝而工作，好準備結婚。」這個特質勾勒了這個女孩：她不能參與，無法融入家人的歡樂和憂傷。她有其合法的利益，依據上帝的法則，她唯一的目標在於未來的婚姻、將來的家庭。

像我們這樣的作者，尤其是想要藉由呈現值得模仿的道德模範引導人們，就會確實地提及那個護士參與家庭的共同期望和悲哀的好處。作者會將她不可取的冷漠，或是做為愛與自我犧牲楷模的事例，都變成一個概念，而不是一個活生生的人，也就是那個護士的行為。只有深刻地學習與理解生命的人才能懂得，對那個護士而言，喪失家人、父親入伍，皆是次要問題，她的婚姻才是首要的。

就是這件事，**在他單純的心裡，就算只是個孩子，也看得出他是個藝術家**。倘若我們將那個護士描寫成一個最具同情心、肯自我犧牲的女孩，就不能全然表達我們的想像，我們無法喜歡她，如同我們現在這般喜愛她。現在我面前站著一個可愛、有著豐滿臉頰、紅潤臉龐的女孩，她在傍晚時跑去跳圓舞曲，穿著鞋子、帶著紅色棉質手帕，那是她用自己賺的錢買來的，即使苦於貧窮與悲悽，她仍愛自己的家人，那構成了她這種矛盾衝突的心情。

我覺得她是個好女孩，原因只有一個，她母親不曾抱怨過她，她也從未覺得不滿。相反地，從她的裝扮、優美旋律的歌曲片斷、村莊的閒聊是非，可以看出在那個士兵妻子從夏季農事或寒冷的街上帶回的孤單傷心時刻裡，她只代表了快樂、年輕以及希望。費德卡說了一個好理由解釋那裡僅有的喜樂，就是那個護士結婚的時刻。這是作者帶著愛，用那麼大篇幅去敘述婚宴的原因；他有好理由讓那個母親在婚禮後說出：「現在我們澈底毀滅了。」很明顯的，失去了那個護士，他們也喪失了她帶進屋子裡的喜悅和歡樂。

經驗與年齡無關，來自對細節的觀察

關於婚禮的一切描述都超乎尋常地好，有些細節能輕易地使你動搖，而且，想到這是一個小男孩寫的，你自問：「這會不會只是偶發事件？」再回到這個十一歲大男孩精簡又有力的敘述，**他不比桌子高，沒有人會注意他明亮又有智慧的眼睛，但他卻記得且關注著每件事。**

譬如說，他想要一些麵包的時候，他不會說他向母親要麵包，而是向母親屈身請求。這不是偶然，是因為他記得自己在成長期間和母親的關係，他也憶及這關係呈現在他人面前時有多羞怯，還有他人不在場時母子有多親近。在一大堆可觀察的事物中，結婚典禮的過程似乎影響了他，於是在文章裡提及，因為對他、對我們，故事生動地展現了這些儀式的特性。當他們說這令人難受時，那個護士抓住孔德拉須卡的耳朵，彼此親吻。接下來是祖母逝世，在死前仍想著兒子，母親悲痛的情節，這一切都描述得如此堅決又簡潔，這全是作者嚴謹的作為。

在我提供他故事情節時，告訴他大部分關於父親返鄉的事。我喜歡這一幕，而且用淡淡的感傷告訴他。他也喜歡這一幕，要求我：「什麼都別告訴我！我自己知道，我會寫！」然後坐下寫作，一下子就完成了。

對我而言，知道他人的評判、見解很有趣，但我認為自己的責任是坦白地表達意見。我在俄國文學裡不曾偶然碰見像這些篇章的作品。在剛接觸故事時尚無法明白一切，而事情如何發生的已經交待了，會透露出來的是讀者必須知道的故事角色的情況。

那士兵只在房子裡說了三句話。首先，他振作起來，說：「早安！」在他開始忘了自己扮演的角色時，說：「我的家人都在這裡嗎？」而最重要的環節只用了幾個字：「我母親呢？」

多麼簡單又自然的話，但每個人都忘不了！故事中的男孩很高興，甚至哭了；但他是個孩子，即便他父親流著眼淚，他仍繼續翻攪他的皮包和口袋。你再也忘不了那個護士，幾乎可以看到那個臉色紅潤的女孩，穿著鞋子和良好的裝扮，羞怯地進入房間，然後，不必說任何話，親吻她的父親。你知道那個害羞且快樂的父親連續親吻了所有人；不必曉得被吻和親吻的人是誰，在獲悉那個年輕女孩是自己女兒的那一刻，他再一次地喚她，現在親吻她是由於她是他的女兒，而不是年輕女孩，他一度拋下她，而且未曾想過她。

這個父親改過自新了。若是我們，不知會藉此機會運用多少虛假又不適切的語句！但是費德卡單純地陳述那個護士怎麼帶回一些酒，而他沒有喝。你彷彿看到那個婦女，拿出她裝著最後二十三戈比的小錢袋，深深地嘆息，在玄關低聲地吩咐那個年輕女孩拿來一些酒，並將銅錢放在她張開的手裡。

然後見到那個年輕女孩，用手掀開圍裙，將瓶子藏在下面，鞋子重重地踩踏並揮動手肘，下樓跑到酒館裡。你知道她紅著臉，從圍裙下拿出瓶子，你能想到她母親表現出自我滿足和喜悅，將酒瓶放在桌上，而她同時感受到苦惱與愉快，因為她丈夫已不再飲酒，你將了解到，在這個狀況下，如果他戒了酒，那他確實重新做人了。你會感覺這個家庭的成員已經改頭換面。

「我的父親坐在桌邊讀祈禱文，我坐在他身邊；那個護士坐在門板凳上，而母親站在桌邊並看著他，說：『看看你年輕了多少！你現在沒鬍子了！』大家都笑了。」

只有在其他人離去之後，真正的家人對話才開始。接著揭露了那個士兵變得富有的事實真相。他用最單純和最自然的方法變得富裕，如同所有人在世俗間變得富裕，也就是不屬於自己的金錢，國王的錢財出自偶然的幸運到了他手中。某些讀者評論這個細節違反道德，並將國王的概念視為應該根除的搖錢樹，無法強化大眾的利益。不過，撇下其藝術性的真實不說，這個特色格外地討人喜歡。國王的錢財到處都有，為什麼？如此一來，不就也留在無家可歸的士兵哥迪耶的手裡了嗎？

誠實是一種習慣，不是信念

關於誠實，我們經常碰到與大眾及上層階級完全相反的觀念。公眾對於最親近關係的坦率尤其認真與嚴肅，例如與家人、村莊、公社的關係。和局外人的關係，例如大眾、政府，特別是外國人、國庫，誠實的共同原則乃自體適用，只不過是隱晦的。一個絕不向兄弟說謊的農民，能忍受家人的各種隱私，他不會從村裡的夥伴或鄰居那裡索取過多或不該賺得的戈比，但這個農民卻會像剝菩提樹細枝那樣，掠奪外國人或城市人，且每一句告知士紳或官員的話都是謊言；如果他是個士兵，他在刺傷法國俘虜時，不會有些許良心的責備，倘若國王的錢落到他手裡，在家人得到利益之前，也不會認為這是一種罪過。

上層階級的人則與之相反。像我們這樣的人很容易欺騙妻子、兄弟、商人，甚至做了好幾十年，還有僕役、農民、鄰人，但這個人在外頭總是不敢花錢，惟恐他騙了某人，並且不斷請求別人提醒他是否有欠任何人錢。我們這個階級裡的人對他的同伴和群體很吝嗇，為了買香檳與手套而賺錢，也會在一個法國俘虜面前禮貌地飲用香檳。但這個人身無分文時，卻會認為使用國王的金錢是最大的罪惡。不過只有他才會這麼覺得，一般說來，機會不請自來時，他沒有站在自己的立場，而犯了自認是惡棍才會犯的罪。

我不是說孰優孰劣，只是表達在我看來就是如此。然而，我要提醒的是，誠實不是個信念，「誠實的信念」根本是胡說八道。坦誠是種道德習慣；若要獲得它，必須從最親近的關係開始，無法透過其他方法獲致。在我看來，「誠實的信念」這個說法根本毫無意義，只有坦誠的習慣，沒有誠實的信念。

「誠實的信念」是個空話，因為那些被稱為誠實的信念的東西，是與生命條件最無關的東西，像是國王的錢財、政府、歐洲、全人類，而且那些都不是基於坦誠的習慣，也不能教育與你最親近、極其重要的人，因此，那些誠實的信念，或者，更正確地說，那些空談的誠實的說詞，無法與生命適當地連結。

我再回到這個故事。其中提到從國王那邊拿了錢，就我們的觀點，聽到的當下可能會覺得不道德，不過相反的，那是個令人愉快、打動人心的情節。我們這個階級的文學家多麼希望能以他這單純的靈魂，以他的男主角做為誠實的完美典範，讓我們看看他想像中所有骯髒且腐化的本質！然而在這裡，作者必須使男主角快樂，為了幸福，必須讓他返家，但他得終止長年來重壓其家人的貧窮；他的財富從何而來？來自於不帶個人色彩的國王。為了獲取錢財，首先得這麼做，而那無法用較合法、更聰明的方式取得。

關於錢這特別的一幕，有一個微小的細節，一個字，每次我讀到都會受到吸引。它點亮了整個故事情景，生動地描繪了所有的角色及其關係，而且只用一個字，雖然它在造句法上是不正確的，這個字是「趕緊」。造句法的老師會說這個字的使用不合規定。「趕緊」需要某種修飾語，老師會問：趕緊去做什麼事？而這裡只是單純地說：「母親取了錢，趕緊拿去埋起來。」這句話真迷人。我希望自己也會使用這樣的字，我也希望教語言的老師可以說或寫這種句子。

「我們用過餐後，那個護士再次親吻父親然後就回家了。父親開始翻遍皮包，母親跟我只是在一旁看著。母親往裡面瞧了瞧，見到一點點書的樣子，因而說：『哦，你已經學會讀書了？』父親說：『我學了。』

「然後父親拿出一條打了大結的手帕，交給母親。

「母親說：『這是什麼？』

「父親說：『錢。』

「母親取了錢，趕緊拿去埋起來。後來她回來了，說：

「『那錢是打哪兒來的？』

「父親說：『我是一個低階軍官，手裡有國王的錢。我把錢拿給士兵們，並留下那些在我手裡的。』

「母親十分開心，像個瘋子似地到處跑來跑去。白天過去，夜晚降臨了。他們點了火。父親拿起書開始閱讀。我坐在他身邊聆聽，母親架了火炬。父親讀了很長一段時間。接著我們躺下睡覺。我與父親躺在有靠背的長椅上，而母親則躺在我們腳邊，他們聊了好久，幾乎快到半夜。最後我們都睡著了。」

在這裡又有個幾乎無法感受到的細節描述，為我們帶來不小的驚喜，而且是很大的影響。關於他們上床睡覺的詳細描述：父親與兒子躺下，母親躺在他們腳邊，而夫妻倆不覺得累，談了許多話。我想，那個兒子抱父親的胸膛抱得有多緊，還會感覺到怎樣的喜悅和幸福，睡著了、醒來了，聽見兩種聲音，其中一種是他好久以前就聽過的。

斧頭與牛肉，勾勒幸福快樂的結局

有人會認為故事到此結束了，父親回來了，而且不再貧窮。可是費德卡不滿足於此（顯然，他的想像力影響了他幻想中的人物）；他得去架構一個他們生活變化的情境，栩栩如生地呈現出那個婦女如今不再孤單，不再是一個帶著小孩子的悲傷士兵妻子，而是屋子裡有個強壯的男性，他想要卸除妻子疲倦雙肩上所擔負的毀滅性哀愁和希望，並且獨立自主地、堅定地、快樂地開啟新生活。

為了這個目標，他為我們勾勒出一幕：那個強壯的士兵帶著一把有裂口的斧頭，去砍一些木柴並帶回屋子裡。你可以看到那個眼光銳利的男孩，他時常面對嘆息自己衰弱的母親與祖母，此時懷著訝異、尊敬和驕傲的心情，崇拜父親露出肌肉發達的手臂，有力地揮舞著斧頭，與發自內心嘆氣的男性勞工完全一樣，還有那像一片小木柴的木塊，在斧頭砍下時裂開。你注視著這畫面，心靈為那士兵妻子將來的日子感到安心。我想，她現在不會失去那親愛的人了。

「早上母親起床了，越過父親，說：『哥迪耶，起來了！我需要一些木材好生爐子的火。』

「父親起來了，自己穿好衣服，戴上便帽，說：『你有斧頭嗎？』

「母親說：『我有，但它有裂口，可能砍不了了。』

「父親堅定地拿著斧頭，跨過木塊，將它立起來，用盡力氣揮動斧頭劈開它；他砍了一些木頭帶進屋子裡。母親在爐子裡生起火，火在燃燒，很快地天亮了。」

可是藝術家仍不滿足於此。他想要讓我們看見這一家子另一面的生活，快樂家庭生活的詩趣，所以他為我們描繪了接下來的情景：

「在天全亮的時候，父親說：『瑪翠娜！』

「母親出現了，說：『來了，什麼事？』

「父親說：『我想要買一頭乳牛、五隻綿羊、兩匹小馬，還有一間小屋，這個地方都支離破碎了。這樣要花費大約一百五十盧布。』

「母親想了一會兒，然後說：『好吧，這些錢我們該花。』

「父親說：『我們開始動手吧！』

「母親說：『好的，我們要買這些東西，不過木材要去哪裡拿？』

「父親說：『奇魯哈那裡有沒有？』

「母親說：『麻煩就在這裡，福卡尼卻夫斯拿走了。』

「父親想了一下，說：『好吧，我們去布蘭特謝夫那裡拿。』

「母親說：『我懷疑他有沒有木材。』

「父親說：『他為什麼會沒有？他有座森林。』

「母親說：『我擔心他問太多，他是隻野獸。』

「父親說：『我會拿一些白蘭地給他，也許我們可以彼此了解；你在灰裡烤個蛋當作晚餐吧。』

「母親準備好晚餐，那些是她從朋友那裡借來的。接著父親帶著白蘭地前往布蘭特謝夫家，我們則在家裡待著，等了好久。父親不在我覺得好孤單。我開始要求母親讓我去父親那裡。

「母親說：『你會迷路的。』」

「我哭了起來而且想要走，但是母親打了我巴掌，我坐在火爐邊哭得更大聲了。後來我看到父親走進房間裡。他說：『你為什麼哭？』

「母親說：『費德卡想要跑去找你，我打了他一頓。』

「父親漠視我，然後說：『你在哭什麼？』

「我開始埋怨母親。父親走向母親並開始打她，開玩笑地說：『不要打費德卡！不要打費德卡！』

「母親假裝在哭。我坐在父親膝蓋上，感到很開心。然後父親坐在桌邊，將我放在身旁，大喊：『孩子的媽，給我和費德卡一些東西吃，我們餓了！』

「母親給我們一些牛肉，我們吃了起來。在用餐時，母親說：『木材的事談得如何了？』

「父親說：『五十枚銀盧布。』

「母親說：『還不壞。』

「父親說：『我得說，那些是好木材。』

看起來如此容易，說得這麼少，你卻能透視他們完整的家庭生活。你會知道那男生還是個孩童，他哭了一分鐘就開心了；你會知道那孩子不感激母親的愛，而移轉注意力到砍木頭的雄壯父親身上；而那母親知道事情必會如此，她也不嫉妒；你了解那個光彩的哥迪耶，他的心裡充滿愉悅。

你會注意到他們吃牛肉，所以這是個令人愉快的喜劇，劇中角色都在表演，而且都知道這是部喜劇，他們演出過度的幸福。父親說：「不要打費德卡！不要打費德卡！」舉起手對著母親。而時常流淚的母親假裝哭泣，帶著幸福的笑容面對父親與兒子，那個爬上父親膝蓋的男孩，驕傲又快樂，不知為何，但毫無疑問的，驕傲又快樂，因為他們現在全都很開心。

「然後父親坐在桌邊，將我放在身旁，大喊：『孩子的媽，給我和費德卡一些東西吃，我們餓了！』

「我們都餓了。」接著將他放在身旁。這些文字裡吐露出多少家人間自豪的愛！整個故事再也沒有比最後這章更迷人和真誠的了。

所有教育理論的終極錯誤

我們所談的這一切意謂著什麼？這由一個卓越男孩所撰寫的故事，在教育學上有何重要性？有人會告訴我們：「你，身為老師，可能沒意識到自己對這些作品給予協助，而要區分其中屬於你的或學生的部分太難了，根本辦不到。」

有人會告訴我們：「我們承認這故事很好，但那只是文學中的一種。」

有人會跟我們說：「你已經出版了費德卡和其他男孩的作文，他們都很快樂，但他們是例外。」

有人會對我們說：「你自己是個作家，不知不覺中在學習的道路上幫助了學生，但其他非作家的老師無法依規則去指導。」

有人會告訴我們：「從各方面來說，不可能去推論一個共有的法則或理論。這不過是一個有趣的現象，僅僅如此。」

我將試著以這樣的方式提出我的推論，以對所有的反駁做出答覆。

真實、美麗與良善的感覺各自發展。美麗、真實與良善這些觀念都只是表達自身裡的和諧關係。謊言僅是不符合真實這個觀念，並沒有絕對的真實。當我說桌子在我手指下旋轉，假如我確實相信如此，縱使那並非真實，我也不算說謊；然而，當我說自己沒錢，但我心裡曉得自己有錢，那我就是在說謊。大鼻子並不怪異，但擺在一張小臉上就像個怪物。醜惡只是對美的觀念不協調。把我的晚餐給托缽僧，或是我自己吃掉它，都不是壞事；可是當母親挨餓時，我卻把食物拿走或自己吃光，就是不符合善的觀念。

用養育、教育、成長，或是其他你喜歡的概念影響孩子，我們應該有個目標，並且是無意識地有個目標，盡可能在真實、美麗、良善方面達成最佳的和諧。倘若時間不運轉、假使孩子不接受自己的每個面向，我們應該能夠靜靜地藉由增補似乎缺少的東西，以及減少好像過剩的部分，來達到這個協調。可是兒童是活生生的人；他每個存在的面向皆奮力成長，試圖彼此超越，而多數情況下，我們把發展這些面向誤認為目的，只一味配合，而不著眼於和諧地發展。這個謊言即是所有教育理論的終極錯誤。

我們的理想典型，瞻之在前，忽焉在後。人類必要的發展絕非一種達到我們所承擔的理想和諧的媒介，反之，它是一個障礙，被造物主置入我們生長的過程，放在獲得理想和諧至高點的歷程中。在這個往前進的必要法則裡，存在著意謂善與惡的知識果實，也就是我們祖先嚐過的。

一個健康的孩童誕生到世上，與我們所追尋的真善美完全、無條件地協調一致；他近似於無生命的存有，這是相對於植物、動物以及自然而言。代表了我們尋找與企求的真善美。對所有的人來說，不管幾歲，孩子都是天真的楷模，象徵無罪、良善、真實以及美好。盧梭明確地說出「人生而完美」這句偉大的話語，而這句話就如岩石一般堅定且真切。新生的人象徵著和諧、真、美、善的原型，但是在生命過程中，時時刻刻增加的長度、品質和與人長久維持的關係，在出生時一切盡是調和均衡，後來的每個階段、每段期間都威脅著要破壞和諧，而每個連續的階段和時期均預警了一個新的損傷，並且沒有復原的希望。

由於**大部分教育者都忘了童年乃和諧的原型，他們臆測孩子的發展，以作為目標，依據不變的法則獨立進行。為了這個目標，他們錯誤地引導兒童的發展目的，教育者成了一個差勁的雕刻家。**

不試著去制止一個局部誇大的成長或是廣泛的發展，不等待一個新事件來毀壞已經發生的違規行為，就像是一個差勁的雕刻家，不除掉多餘的地方，反而黏貼更多上去，即使教育者似乎認為不該干涉兒童成長的過程，也曾經考慮到和諧，他們試圖透過探尋一個未知的模範，藉由脫離現在與過去的典型，以達致協調一致。

不論兒童的發展可能多麼不符常規，在他身上總是會留下協調的最初特性。**適度地教導，至少在兒童成長時不要強迫，我們就有望得到某種趨近規律和調和的方法**。不過我們很確定，自己不切實際地獻身於虛假的完美理想人格，對於靠近自己的不當例外感到不耐，並且堅決相信自己有改正它們的能力，我們幾乎無法理解與評價兒童最原始的美好，反而盡可能地快速誇大和緊密打擊我們幻想中的逾矩行為，我們修正它，並以此來教育孩子。現在雙方必須相互取得平衡。孩童持續不斷地成長，且愈來愈遠離過去遭到粉碎的原始典範，於是想像中的完美人性模範變得益發無法達到。我們的理想典範落後我們，而非領先我們。教育寵壞了人，沒有指正其錯處。一個孩童愈被慣壞，就愈不該接受教育，他需要的是更多的自由。

想要去教導和教育兒童是不可能的、荒謬的，原因很單純，孩子比任何像我這樣的成人更接近和諧、真、美、善的理想典範，那是我出於自尊的緣故，希望提升孩子到達的境界。在兒童身上，這理想的模範比在我身上的更具威力。兒童唯一需要我的地方是提供材料，用以和諧地填滿所有面向。在我賦予全然的自由並停止教導孩子的那一刻，他寫了一篇具有詩意的作品，在俄國文學中遍尋不著像這樣的作品。因此，**我堅信我們無法教導學生書寫和作文，尤其是對農民兒童。我所能做的一切就是教他們如何著手寫作。**

假若我為了獲得這個結果所做的可以稱為教學方法，以下即為此方法：

一、給兒童各種不同的主題練習。別特別為孩子設計而提出那些對老師而言似乎最嚴肅且有趣的主題。

二、為孩子朗讀別的孩子寫的文章，並只以那些作文做為範例，兒童的作品總是更適當、較具藝術性，而且比大人的作品更具道德感。

三、（這點最重要）在瀏覽學生的文章時，切勿強調學生得維持習寫本的清潔，亦無需要求書寫工整和拼字正確，更不用提醒他們句子的結構與邏輯。

四、既然寫作的困難不在於篇幅，也不在內容、主題的藝術性，一系列的主題不是基於篇幅、內容、語言，而是該作品的撰寫手法，包括了，第一，從許多想法與意象中擇取其一。第二，為此想法或意象選出幾個語詞來表現。第三，記住它並找出該置於何處；第四，切勿重複或遺漏寫下的東西，上下文的脈絡務必清楚，要始終記住已經寫下的部分。第五，也是最後一點，邊想邊寫，做到彼此互不抵觸。為了達到這個目的，我一開始會自己先處理那些要點的一部分，再視情況移交給學生繼續進行。最初，我從他們自己展現出的想法和意象選出我認為最佳的主題，接著指出保持原狀的部分、商量已經寫好的部分，避免重複，然後我自己書寫，留下的只有穿戴意象和想像的文字；再來我允許他們自己抉擇，之後再研討已經撰寫的地方，直到他們寫完像是《一個士兵的生活》這樣的作品。

Part 2

托爾斯泰的教學實踐

概述雅斯納雅・波里耶那

完全自由的學校

這裡沒有初學者。最初階的包含閱讀、書寫、算數加減乘法的解題和閱讀聖史，所以在教學方案中，學科被分為以下十二項：

一、機械式閱讀與分級閱讀
二、寫作
三、習字
四、文法
五、聖史
六、俄國史
七、繪畫

八、製圖
九、歌唱
十、數學
十一、有關自然科的講演
十二、宗教

在談論學校的教學之前，我必須簡短地概述何謂雅斯納雅・波里耶那學校及其發展的背景。

如同所有的生物，學校不僅得日日年年、時時刻刻地做出修正，還容易受到短暫的危機、艱困時刻、失常以及令人不快的氣氛影響。雅斯納雅・波里耶那學校在一八六二年的夏末度過了一場危機，有諸多原因導致這場危機：第一，一如尋常，最好的學生離開學校了，後來只能偶爾在田裡或牧場上見到他們。第二，新老師來了，也帶來新的影響，得再調整。第三，夏季的每一天都有參訪教師到此度過暑假。沒有什麼比訪客更有害於學校的正常運作了。從各方面來看，教師得自己適應訪客。

我們有四位教師。兩位資深的已在學校任教兩年，對學生和自己的工作，還有學校的自由與表面上的無秩序已經適應了。另兩個新任教師剛出校門，對形諸於外的精確度、課程計畫、鐘聲等十分著迷，他們還不像前者一樣適應學校。在前者看來適當、有必要、不可或缺的，像是在大人寵愛下長大但是不突出的孩子的行為舉止，對新老師則是該糾正的過錯。

學校是棟兩層樓的石造建物。有兩個房間是教室，一間是體育室，另一間給教師使用。屋頂下的走廊掛著一個鐘，鐘舌上繫著繩子；在樓下門廊豎著平行的柱子，同時在樓上門廊有木頭連接的長凳。樓梯間和長廊的地板有雪和泥巴覆蓋；這裡也掛著課程進度表。

我們的教學順序如下：每天早上八點由住在學校的教師，他是個熱愛表面秩序和行政的人，由他指派一名學生去敲鐘，那是幾乎每晚與他一同在學校過夜的學生之一。

在村裡，人們會早起點火。從學校窗戶即可老遠地看見火炬，半個小時後鐘聲響起，無論是在霧裡、在雨中，或是秋天斜射的日光裡，都會在土墩上出現三三兩兩或是單獨的黑色身影（村子跟學校被一個峽谷分開）。學生群聚在一塊的感覺早已消失。一個學生不願再等待，大叫：「嘿，大夥們，我們上學去！學校上課了。」他知道這時候「學校」是中性的，也懂得一些其他的事。而且，說也奇怪，不知為何大家不會擠成一團。時候一到就進去。在我看來，**他們的人格愈來愈獨立，個性一天比一天更鮮明**。我未曾見過學生在路上玩耍，除非是很小的孩子，或是剛入學的新生。**學童不必帶任何東西，書和習字簿都不用，也沒有家庭作業**。

他們不只手裡沒攜帶東西，腦袋裡也沒有。他們沒有義務記住任何課程，就連前一天所學的都不必。**孩子無須為即將上的課傷神，只要具有高度感受性，以及確信今天在學校會比昨天好玩就行了。**課程開始之前，他們什麼都不必去想。

沒有人會因為遲到受到譴責，而他們也不曾晚到過，除非有大孩子的父親偶爾留下他們，差遣他們做別的事。碰到這種情形，他們會盡全力、上氣不接下氣地跑來學校。只要老師還沒到達，他們便聚集在門廊附近，簇擁在階梯旁，或是在有碎冰的平滑路面上溜冰，同時也有人到教室去。天氣冷的時候，他們就讀書、寫字，或是玩耍，等待老師到來。

女生不和男生混合上課。要是男孩子有事找女孩子，也絕對不會特別指名一個人，而是用集合名詞的方式說：「嘿，女生們，妳們為何不去溜冰？」或「我猜女生們都凍僵了。」或「現在，各位女生，妳們都反對我！」只有一個年約十歲，來自領地的多才多藝女孩，她在女生中特別顯眼，她讓男生一視同仁，待她稍稍地優雅、謙遜及節制。

對閱讀和玩樂一樣熱愛

依照課程方案，我們認為可分三類，比方說，最初級是機械式閱讀、第二是進階閱讀，以及第三是數學。

老師進入房間時，地板上躺著幾個正在尖叫的兒童，叫著：「這堆還不夠大！」或是「男生們，你們讓我快窒息了！」或者「夠了！別拉我的頭髮！」等。

從那堆人的底下傳出一個聲音，在老師進來時呼喊著：「彼得米開洛維奇！跟他們說快停下來！」

其他的人大喊：「早安，彼得米開洛維奇！」繼續他們的遊戲。

老師取書給那些跟他一起向前走到書架的人，其他還躺在地上不起來的人也想要書。等大多數人都拿到書了，其餘的跑到書架邊叫著：「我也要，我也要。給我昨天那本書；還有《科利佐夫信徒》（*Koltsovian*）。」倘若地上還有兩個仍興奮地打滾，其他拿著書的人會對他們大喊：「別吵了！我們一個字也聽不到！馬上停止！」

那兩個興奮的男孩服從了，氣喘吁吁地去拿他們的書，但是只有一開始如此，他們雖坐在書邊，雙腿卻不停地搖著，無法平靜下來。那熾熱的精神燃燒著，但屋內閱讀的精神占了上風。

同樣狂熱的情形發生在他拉扯米特卡的頭髮時，現在他正在閱讀那本名叫《科利佐夫信徒》的書（他們稱之為科利佐夫[67]與我們的作品），**他緊咬著牙、眼睛發亮，除了他的書什麼都看不到了**。想將他與書分開，就跟之前將打鬧的他們拉開一樣費功夫。

他們可隨意就坐，不論長凳上、椅子上、窗台上、地板上，還是扶手椅上。女生總是坐得很靠近。來自同村的朋友，特別是年紀小的總是坐在一起（他們有深厚的情誼）。一旦有一個人決定坐在角落，他所有的朋友就會一個拉一個，悄悄地從長凳下潛行到同樣的地方，坐到他附近，看看他們，臉上掛著無比的幸福跟滿足，彷彿占著那些地方能使他們未來的人生多麼快樂似的。大扶手椅不知怎地出現在房間裡，被塑造為比較獨立的人所羨慕的目標，像是那位來自領地的女孩和其他人。只要有人下定決心坐上那張椅子，其他人會從他表現出的樣子推測其意圖，接著就起爭執了。一個男孩拉開另一個，而贏的人從頭到尾都攤在扶手椅上，然後像其他人一樣全神貫注地繼續讀書。

我從未見過任何人低聲細語，或是干擾周遭的同學，也沒有咯咯笑、發出鼻息聲，甚或抱怨其他人。假如有一個曾和教堂司事學習過，或是從縣裡的學校轉進來的學生，抱怨某事[68]，我們就會跟他說：「那你不會把他擰回去哦？」

兩個較初階的班在同一個房間上課，高階班則在隔壁上課。老師到了最初級的班，孩子們在黑板或長凳邊圍著他，在老師或在讀書的男孩身邊，有的坐著、有的躺在桌上。若是寫

---

67 科利佐夫（Aleksey Koltsov，1809~1842）：俄羅斯詩人，被稱為俄羅斯的火焰（Russian Burns）。作品深受俄羅斯民謠影響，崇尚農村生活，喜從女性立場闡述。詩作曾被多位俄羅斯作曲家譜成樂曲。

68 從後語研判，「某事」應是指「被擰」。

作課，他們會較有秩序地就座，要是他們是想去看其他人的習寫薄，也將自己的給老師看，這時就會一直站著。

按照課程，中午之前要上四節課，但有時只上三或兩節，而有時又會上完全不同的科目。教師可能先上算術，然後改成幾何，或者始於聖史終於文法。有好幾次老師和學生上得欲罷不能，從一小時延長至三小時。有時學生自己喊著：「再上，再上！」並且責罵想下課的人。他們會輕蔑地叫道：「要是你們累了，就去當小寶寶吧。」

所有學生一起上的是宗教課，這堂課是我們唯一的定期課程，因為授課教師住在離這裡兩俄里遠的地方，而且一週只來兩次；繪畫課也是一起上的。上這些課時總是充滿活力、打鬥、叫喊，大多數人覺得看起來毫無秩序可言。有人從一個房間拖拉長凳到另一個房間；有人在打架；有些莊園僕人的孩子跑回家去拿爐裡烤著的麵包；有個男孩拿走了另一個男孩的東西；還有一個在做體操。要是這樣的混亂發生在早上，讓他們自行平靜下來並恢復原本的秩序，比強迫他們就定位要簡單得多。用現今的教育精神動手去制止他們是不可能的。老師喊得愈大聲，他們就愈放聲叫（這確實發生過）；老師的大嗓門只會使他們興奮。要是你制止他們，或者說，假如你做得到，將他們帶離這個情境並給予新的指示，這個小小的海便開始波動益緩，直至平靜無波。在大多數事件中老師都無需多言。每個人都最喜愛的繪畫課上到中午，上了三個小時的課，孩子覺得餓了，將椅子和桌子從一個房間搬到另一間去，並且引起一陣不小的騷動；儘管如此，老師和學生都有備而來，如果有人在前面擋住了他們，就會被孩子們自訂的規矩處罰。

我必須說明一下。在概述雅斯納雅．波里耶那學校時，並非想樹立一個學校需要什麼以及怎麼做才算好學校的典範，我只是單純地提出一個學校實際的情況。我也假設這個紀錄有其用處。若我能成功地呈現學校進步的幾個面向，就能讓讀者明白該如何塑造現今的學校特色，為何我認為這樣的秩序是好的，另外，在我看來，就算我想改變也絕無可能。

依從孩子本性更能學會自律

學校已經自由演變出由師生共同引進規則。即便教師較具影響力，學生總有權利不來學校，或是來了卻不聽老師的。教師有權利不准學生進來，並且肩負著施加影響於多數學生的可能性，以及由學童所組成的社會。

學生進步得愈多，教學法愈多樣化，也愈需要秩序。因此，**在正常而非強迫性發展的學校裡，接受愈多的教育，學生愈會趨於遵守秩序，益加渴求秩序**。而老師在這方面的影響力也愈大。這個規則從雅斯納雅．波里耶那學校創辦那天起，就一直遵守著。首先，無法再細分級別或是科目，課間休息，或是課程；每件事自然地結合在一起，想要將這一切區隔開是徒勞的。現在在初級班，有學生要求持續上該班的課程，他們不滿意上課時被打擾，不斷地驅趕跑進來加入他們的小小孩。

在我看來，表面上的無秩序有其用途，且無可取代，不管對教師而言那有多奇怪和不便。之後還有很多機會談到這個制度的優點，而現在我只想稍稍述及被認為不便的部分：首先，這種混亂，或稱無秩序，是因為我們已習慣於自己過去受教的方式，才會感到可怕。其次，既然這樣，如同其他類似情形，暴力僅僅是出於性急和對人性不夠尊重所致。我們覺得紊亂愈變愈大，大到一發不可收拾，若不施加威力是制止不了的。反之，我們只需等一會兒，騷動（或者是精力過盛）自然會平靜下來，甚至比人為介入所造成的秩序更良好、還要持久。

孩子，是成人的縮小版，也跟我們一樣有需求，並且用相同的方式在思考；他們都想學習，去學校只為求學，而他們將自發的歸結出為了獲得知識必須屈就一些條件。

學生不僅僅是人，還是群體的一分子，由一個理念聚集而成。正如我的名字裡有三個字[69]，我無法與之分離！學生僅僅服從自然的法則，依其本性而生的，並不會激怒他們，他們也不會犯嘀咕，但是，若要他們屈從於你決定要去干擾他們的事，學生就不會再相信學校鐘聲、課程計畫以及規章的合法性。

我常常看見孩子們打架，老師會衝過去將他們分開，但那只會讓被拉開的雙方怒目俾倪，即使在場的是嚴厲的老師，也無法避免待會兒哪一方會重重一踢，再次引發衝突！我經常瞧見一個叫奇諾希卡的孩子，每天咬緊牙關地撲向塔拉斯卡，扯他的頭髮、踢倒他，而且，不顧自己性命，也要試著重創他的敵人。而塔拉斯卡在奇諾希卡底下大笑之後，不到一分鐘，私下和解就簡單多了；五分鐘之內兩人變成了朋友，並且坐得很近。

又有一天，不同班級的兩個男孩在角落進行肉搏戰；其中一個是出色的數學家，年約九歲，在第二級學習；另一個則是短髮的莊園僕役之子，很聰明但報復心強、個頭小、黑眼睛，綽號小貓。小貓曾抓著那個數學家的頭髮，把他的頭猛壓在牆壁上；數學家徒勞地試著抓住小貓的粗短髮。小貓黑黑小小的眼睛露出得意洋洋的神情。數學家難以抑制眼淚，不斷地說：「好吧，好吧！怎麼這樣？怎麼這樣？」雖然他試圖自我振奮，但處境明顯地糟透了。

接下來有好一陣子，我對於該做什麼感到困惑。男孩們聚在角落大喊：「他們在打架，他們在打架！」小的孩子在笑，大孩子也無意將他們拉開，彼此使出嚴肅的眼色，悄悄地不讓小貓逃走。他知道自己做了壞事，帶著陪罪的微笑，慢慢地放開數學家的頭髮。

數學家一離開小貓的掌控就推了他一把，導致小貓跌倒撞到後腦杓，然後心滿意足地走

69 托爾斯泰的全名是Lev Nikolaevitch Tolstoy。

掉。小貓被他的敵人弄哭了，使盡全力攻擊他，雖然是打在他的毛皮外套上並不會痛。數學家想要回擊，接著幾個不滿的聲音出現了。

旁觀者說：「我說，他在打一個小傢伙！」、「快跑，小貓！」

這就是事件的結局，好像什麼都沒發生似的，但我猜兩個當事人會依稀意識到打架不是好事，因為兩人都覺得痛。

我在這裡觀察到正義引導著群眾。天曉得這類事件有多常是依照正義為基準來處理，而且還讓雙方都滿意。像這樣的例子，如此處理比使用武斷又不公正的教育手段要好多了！

老師說：「你們都有罪，給我跪下！」但他錯了，因為只有一個有罪過，他跪著並沉思著那未發洩的憤怒，這個人現在贏了，而無罪的人遭到雙重處罰。

或者，老師會說：「你們做了這些事，都犯了錯，所以要被處罰。」而受罰的男孩比以前更痛恨他的敵人，因為專制獨裁的力量，他所不承認的合法性站在對手那一邊。

又或者，老師說：「原諒他吧，這是上帝的旨意，做個比他更好的人吧。」你告訴他做個比敵人更好的人，但他只想變得更強，不想也無法理解其他的。

抑或說：「你們兩個都錯了。孩子們！彼此原諒並且親吻對方。」這是最糟的，因為這是個謊言也是個效力薄弱的吻，只會重新燃起已平息的感受。

離他們遠一點，假如你不是父親或母親，單純地同情你的孩子，而拉扯正在毆打你兒子的人的頭髮（這麼做總是對的），就**離他們遠一點，並且看看他們如何簡單、自然地將整件事搞定，同時看看他們的態度有多麼複雜與不同，及無意間流露出充沛的感情。**

也許是由於教師沒有這種無秩序或自由秩序的經驗，他們認為老師不介入這種混亂的話，會發生肉體的傷害等。從上個春天以來，在雅斯納雅．波里耶那學校只發生兩次受傷事件。一個男孩被推下長廊而擦破腿上的皮，深可見骨（這個傷口在兩週後痊癒），還有一次是孩子們拿燃燒的橡膠，燒傷了另一個男生的臉頰，他臉上的疤大約兩週才消掉。有人大哭的紀錄一週不到一次，且不是出自疼痛而是憤怒或羞愧。除了這兩起事件以外，整個夏天，在三十到四十個學生中，我們完全想不起還有什麼受傷或碰撞的事件。

合理的處罰應免於遭受報復

我認為學校不應介入教育的這個部分，學校沒有權利也不該去獎懲孩子，那是家庭應發揮的作用；學校裡最佳的公安和管理在於給予學生充分的自由，盡其所能地學習與解決紛爭。我很確信這件事，儘管我們身上還有學校教育的積習，但我們屢屢將之從雅斯納雅．波里耶那學校中除去。上個學期，也就是十一月，發生了兩起處罰事件。

在上繪畫課的時候，一個靠近老師的小男孩不斷地咆哮、不聽課，他沒來由、發狂似地撞擊旁邊的孩子。在無法用言語安撫他的情況下，老師讓他離開座位並拿走他的白板做為懲罰。在這樣處置之後，那個男孩整堂課都在哭泣。我在雅斯納雅．波里耶那學校剛開辦時沒有收那個可憐的男孩，我認為他是個沒有希望的傻瓜。他的個性駑鈍且溫順。其他同伴從不讓他一起玩，還嘲笑、作弄他，並且對他說：「佩特卡是個多有趣的男孩啊！如果你打他，甚至只是個小傢伙打他，他也只會站起來跑走。」

有個男孩對我這麼說他：「他根本沒心肝。」

這孩子終於搞到被老師處罰的地步，但錯不全在他。

還有另一起事件。今年夏天，當建築物修葺完畢，體育器材室裡的瓶子不見了；不久後，趁著木匠和刷牆工人都不在屋裡，各種鉛筆和書也不翼而飛。我們問那些男生，那些最好的學生，跟了我們最久，是老朋友了，紅著臉，看起來很膽小，任何一個法官都能從他們的羞愧中，推斷其罪行。但是我了解他們，可以像為自己一樣地為他們辯護。我知道這區區的懷疑深深地、強烈地冒犯了他們。一個我稱做費多的男孩，聰穎且個性溫和，滿面蒼白並發著抖、流淚。他們向我保證會把東西找出來，但拒絕配合搜索。

幾天後找到小偷了，是一個從遠方村莊來的農家男孩。他教壞了跟他一道來的同鄉學生，兩個人一起把偷來的東西藏到小衣櫃裡。真相揭露後，班上產生了一股奇妙的氛圍，一種好像安心，甚至是喜悅，同時也輕視又憐憫那兩個小偷的心情。

我們向他們建議對小偷施以處罰，有些人要求讓自己拿著棍棒去打他；其他人說讓他們穿著繡有「小偷」標籤的外套。這種處罰讓我們慚愧，因為自己以前也曾經被罰過，一年內都得貼著繡有「騙子」的標籤。這是最為大家堅持的方法，我們也就同意這麼辦了。當一個小女孩為小偷縫上標籤時，所有的學生都帶著惡意、歡樂地看著被懲罰的學生並作弄他們，甚至還下命令：「帶他們在村裡遊行！讓他們戴著那個東西戴到放假之前。」

被處罰的孩子都在哭。那個農民之子，受到莊園男孩的影響，是個說故事和笑話的能手，白胖胖的小子用他孩子氣的高音放聲大哭。另一個主謀，是個鼻子隆起的男孩，長得好看，且有張聰明但蒼白的臉蛋；他的嘴唇顫抖，眼睛狂暴、生氣地看著那些獲勝的男孩，他的臉偶而不自然地抽搐，好像要哭了。他被扯破帽舌的帽子往後戴，頭髮零亂，衣服還被粉筆弄髒了。

所有的事都令我和其他孩子大感震驚，我們第一次看到這個情景。他直接感受到大家的敵意，也痛苦地意識到了。他不環顧四周，而是帶著特異的，在我看來是罪犯般的步伐走回家，而在他後面跑的一群孩子用一種獨特、不自然又怪異的殘忍態度取笑他，看起來就像前面有一個惡靈違背他們意志地引領他們，我覺得這樣子不妙。但是事情擺在眼前，而小偷戴著標籤過了一整天。從那時起，我覺得他學習的熱忱減退了一些，也不再加入遊戲，在校外也不和男生們交談了。

有一次我走進教室，全部的學生用某種恐慌的樣子告訴我那個男孩又偷東西了。他從教師室拿走了二十個銅製戈比，把錢藏在階梯下面被找到了。我們又在他身上貼上那個標籤，於是過去那個殘忍的景象再次上演。就像所有老師那樣，我開始告誡他；一個大男生、極佳的談話者也去忠告他，無須懷疑他只是重覆他父親，一位旅舍主人說過的話。

「你偷了一次，就會偷第二次。」他鄭重且激昂地說：「而這會成為習慣，導向不好的結果。」

我開始覺得困惑，幾乎被這個賊激怒了。我看著他的臉，現在看起更蒼白，表情更加痛苦，也比以前還要凶狠了；基於某種原因，我聯想到監獄裡的罪犯，突然間，我感到慚愧又厭惡自己。我撕掉那愚蠢的標籤，告訴他可以走了，而**我突然間了解到，不是透過理性，而是出於人性，我沒有權利去折磨那個不幸的男孩**，我無法使他成為我和旅店老闆之子期待的模樣。我確知靈魂中隱藏著一些祕密，唯有生命能啟動它，道德規範和懲罰是辦不到的。

真是胡扯！那男孩偷了一本書。由於完整、複雜的思路、想法、錯誤的推論，致使他從別人那裡拿走一本書，為了某個原因將之鎖在箱子裡，然而在他身上黏一張寫著「小偷」的紙，讓事情完全變調了！為了什麼？我認為答案是藉著讓他丟臉來處罰他。藉著讓他丟臉來處罰他？幹麼？丟什麼臉？我們哪知道恥辱會不會摧毀偷竊的欲望？也許那只會鼓舞他去做那件事，或許表現在他臉上的根本就不是羞恥。的確，我很確定那不是羞愧，而是相當不同的，可能是沉睡在他的靈魂中不該去喚醒的東西。或許在帕默斯頓、卡宴的世界裡，那叫做實在；在那個世界裡沒有什麼是合理的，只有實在的。讓被處罰的孩子們創造出懲罰的權利與義務。在我們的世界，兒童做為單純、獨立的人，必得免於自我欺騙和犯罪的信念，在被合法處罰的那一刻，並無遭受報復之憂。

給孩子自由，引導孩子自發學習

接著繼續描述每日的教學狀況。大約兩點鐘，飢腸轆轆的孩子跑回家。即使餓著肚子，他們也要先熬個幾分鐘看成績。此時他們雖然不會得到任何成績的優惠，但仍為此十分開心。

他們大喊：我有五分多耶！歐古須卡耍詐，他少算了！我只拿到四分！

成績是用來衡量他們的努力，唯有評分不公他們才會表達不滿。要是有學生努力過了，卻由於老師的疏忽而少給他應得的分數，就會有麻煩。他不會讓老師好過，要是無法改變結果，他會流下令人難受的眼淚。假如這是他們該得到的，壞成績將不會變且不會有人抗議。然而，成績是從舊制留傳下來的，並且被濫用。

晚餐休息後的第一堂課，學生就像早上那樣聚在一塊，以同樣的方式等待老師。通常是聖史或俄國史，全部的班級一起上課。這門課一般是在白日將盡時開始，老師或站或坐在房間中央，而學生像圓形劇場般環繞著他，坐在長凳、桌上以及窗檻上的都有。

所有傍晚的課程，尤其是第一節，有別於早上的課，顯得特別的安靜、如夢似幻、富含詩意。如果你在白晝將盡時來到學校，窗戶裡看不到亮光；近乎寂靜，只有階梯上留有剛踏上的雪印，門的另一邊有微弱的喧囂和沙沙聲，有些淘氣鬼在階梯上絮絮叨叨，同時占了兩個台階並緊緊抓牢檻杆，證明了學生在學校裡。

走進房裡，結霜的窗戶外幾乎全黑；最好的學生被其他孩子簇擁到教師面前，其餘的人則在附近，探頭探腦的，直視著老師的嘴。來自獨立莊園的那個女孩總是擺出操勞過度的樣子，坐在高餐桌上，看起來好像正在吸收每一個字；比較小的學生像群小魚苗，坐得老遠：他們專心地聽著，甚至很嚴肅地聽；他們表現得像大男孩，不過，即便很專注，我們曉得就算他們記得，也說不清其中任何一件事。

有些人壓在別人肩膀上，有些人站到桌子上。不時有人推別人一把以擠進人群，手忙腳亂地，在某人的背上用指甲畫著圖案。通常不會有人回頭看你。每當老師講述新故事時，全部的人皆保持一片靜默；偶爾有些複述、愛現的聲音發出，也不會影響老師繼續講故事。不過，如果他們要求老師再講一次以前說過、他們喜歡的故事，就不允許被打斷了。學生們會對那個魯莽打岔的男生大喊：「關你什麼事？難道你就不能忍著點嗎？安靜！」

聽到角色及老師精采的講述被打斷，對他們而言很痛苦。最近講的故事是有關基督的一生。他們每次都要求把故事全部講完，要是整個情節沒說完，學生會構思自己喜歡的結尾，例如，彼德不認基督的故事以及救世主的受難。

你會以為所有的人都死了，沒有一絲騷動，他們都睡著了嗎？要是你在半陰暗下走近他們，並且窺視某個小傢伙的臉，會發現他坐著，眼睛盯著老師，對於你的就近關切皺眉。他屢次拂去同伴壓在肩膀上的手臂。你搔他的脖子，他根本不笑，只是彎著頭，好像要趕走一隻蒼蠅，神遊於神祕與詩意的故事中，像是教會的託詞如何崩解，世界如何變得暗無天日，他的恐懼跟喜悅交織在一起。

老師講完故事了，大家從座位上起來，擠過去圍著老師，彼此吶喊，試著蓋過別人的聲音，說出自己記得的部分。這一番騷亂，老師無法盯住每一位。老師不准那些知道所有故事情節的人洩露，但是他們不滿足。他們去找別的老師，要是沒有，就硬是找個同伴、陌生人，甚至是伙夫，或者是走過兩、三個轉角，央求人家聽他們說。少有人能一時說清楚，所以他們自己分組，功力相同的分在一起，然後就開始說了，互相激勵與修正故事並等著輪到自己。有個人對另一個人說：「來吧，我們將內容串起來。」若是有人被告知自己無法跟上進度，就會加入別組。只要他們說夠了且靜了下來，火炬就會被取走，男生們的心情就變得截然不同。

通常在傍晚，特別是下一堂課，喧鬧聲並不會太大，學生對於老師較為順從與信賴。學生好像不喜歡數學，喜愛歌唱、閱讀，尤其是故事。

大家說：「一直學習數學和寫作有什麼用？最好跟我們說說關於地球，甚或歷史，我們會聽的。」

約莫八點，大家的眼皮開始沉重；開始打哈欠了；蠟燭快燒盡了，通常沒人會去處理這事；較大的孩子強撐著，但是較年幼、較小的學生靠在桌上，在老師令人愉快的聲音中睡著了。

有時候，當課程無趣，且已上了好幾堂課（我們一天上課長達七小時），孩子都累了。或者在假日前，家裡的爐上備好了熱水洗澡，兩、三個男孩會在下午第二或第三堂上課時段，衝進教室，急急忙忙地找出自己的便帽。

「怎麼了？」

「要回家。」

「那上課呢？還要唱歌呢！」

其中一個戴上他的帽子，說：「男生們說他們要回家。」

「誰這麼說的？」

「男生都走了！」

那位迷惑的老師已備好課了，問道：「那是怎樣？留在這裡！」

但是另一個男孩跑進教室，臉上盡是興奮和困惑。

「你們還待在這裡做什麼？」他生氣地攻擊那個躊躇不前的人，將棉絮塞回他的便帽裡。「男生們都走遠了，我猜大概到冶煉場了。」

「他們都走了？」

「都走了。」

然後兩個都跑走了，在門後面喊：「再見，伊凡．伊凡諾維奇！」

是哪些人決定要回家的？又是怎麼決定的？天曉得。你也找不出是誰。他們不會商量，也不會密謀，只是單純的幾個男生想回家。「男生都走了！」他們慌張地走下樓梯，其中有一個腳步輕快地滾下樓，然後邊跳邊跌進雪堆裡，沿著狹窄小徑互相賽跑似地衝回家。

這種事每週會發生一、兩次。對老師而言，這是惱人且不容許的——老師不容許嗎？然而，由於發生了這種事情，讓我們想到，每個班級一天上五、六堂，甚至七堂課，若是由學生自己協調出來，並滿心歡喜地加入同學，會不會顯得更有意義？唯有藉著這類事件不斷發生，人們才會體認到，儘管不充足又片面，教學並非完全是不好、有害的。

倘若問題是：哪一個比較好？是這種事一整年都不會發生，還是這種事占了一半以上的上課時間？我們應該會選擇後者。最後，我一向樂見在雅斯納雅．波里耶那學校，一個月發生幾次這樣的事。我們對男生一再重覆，只要他們想，可以隨時離開，但這嚴重影響了老師。**我近來很擔心學校裡的種種規範、課程進度和階級的力量會在不知不覺中限制學生的自由，導致他們屈服於我們設下的狡猾秩序陷阱裡，而喪失選擇和提出異議的可能性。**我認為就算授與他們自由，讓他們自動自發上學，也不能證明雅斯納雅·波里耶那學校的特質。我相信在大多數的學校這樣的事都會一再發生，學生為了滿足自己強烈的求知欲，而屈從於許多難熬的條件，並且容許很多瑕疵。這種冒險行為，唯有在老師用來掩護最有害、最下等的錯誤與虐待的手段時，才可能有效且是必要的。

我們在傍晚唱歌、分級閱讀、談話、做物理實驗、寫作文。在這之中，他們最喜愛的科目是閱讀和實驗。在讀書時，較大的孩子會呈星字形躺在大桌子上，他們的頭靠在一起，雙腳呈放射狀伸展，然後一個人朗讀，其他人則相互說出內容。最小的孩子拿著書，兩兩坐在一起，假使是他們可以理解的書，就會跟我們一樣，將書拿到靠近燈光的地方，讓自己舒適一點，顯然因此感到很愉悅。還有一些會試著結合兩種享受，面對著正在燒的爐子，這樣既溫暖又可以閱讀。

不是所有人都准許參加實驗課程，只有最年長且最好的，而且是二級中較為聰明的那些學生才能。這個課程設定在傍晚跟我們一起上課，**他們有最奇特的性格，尤其擅長在閱讀童話故事時製造氣氛**。在這裡，童話般的元素具體成形，每件事物都被他們擬人化：被封蠟反彈的球、偏離的磁針、磁鐵引導著鐵屑在紙張上匆忙奔跑……在在都展現出它們是活生生的物體。最聰穎的男孩們了解這些現象的原理，興奮地跟針、球、鐵屑說：「過來！停！你們要去哪兒？停在那裡！站在那裡！讓她走！」等等。

一般說來，課程在八至九點結束，如果無法長時間留住男生，他們會一整群邊叫邊跑進院子，開始往村子的各個方向散開，呼朋引伴地拉開距離。有時候他們會站在大門外，綁緊車轅後，計畫搭大雪橇滑下山丘到達村子。他們匍匐前進並且尖叫著消失在雪塵中，沿著路離開時，孩子們身上到處都有跌出雪橇時沾到的黑點。在學校外面，在開放的空氣中，他們自己建立新的師生關係，儘管他們在學校賦有完全的自由，但是在這裡有更多的自由、率直與信心，對我們而言，正是這層新關係展現出學校要努力達到的理想境地。

給孩子真正需要的，而不是你想要給的

某天我們第一次讀到果戈里的《精靈王》（*The Elf-King*）。最後一幕感動了他們，並且誘發了他們的想像力，有些人試圖裝扮成女巫，整個晚上都在談論著。

外面並不冷，是一個沒有月光的冬夜，天空中有些雲。我們在岔路停了下來，較年長的、入學三年的學生靠近我，要我陪他們再走一會兒；較年幼的看了我一下，就滑下山丘

了。較小的學生剛開始跟一位新老師學習，他們和我之間的信賴今非昔比，一如較大的學生與我的關係。

其中一個說：「來吧，讓我們到那個禁獵區（那是一個離學校兩百步的小森林）。」費德卡是一個十歲的小男孩，具有敏銳、感性、詩人般朝氣蓬勃的天性，他是最堅持自己主張的人，危險似乎是他得到享受的主要條件。雖是在夏天，看到他跟其他兩個男孩游到池塘中央，總是令我心驚膽顫。那個小湖大約三百五十呎寬，在夏天太陽強烈的反射下時而消失不見，當他游到底部、翻滾身體濺起水花，並用微弱的聲音呼叫湖畔的同伴們，他們會見識到費德卡真是個活力充沛的小子。

他知道現在森林裡有狼，所以才想去禁獵區。大家都附和，於是我們四個進入樹林裡。另一個我稱為善卡的男孩，他是個身體和心靈都健全的十二歲左右小子，綽號是瓦米洛，領頭帶隊，不斷地用高亢的聲音和某人交替呼叫。普龍卡是個病懨懨、溫順、與眾不同且才華洋溢的男孩，他來自貧窮的家庭，我想他之所以病弱主要是由於食物匱乏，他走在我這一側。

費德卡走在我和善卡之間，用極度溫和的聲音沿途說個不停，說他夏天在這裡如何牧馬，或是說他自己什麼都不怕，甚至發問：「猜猜誰會跳出去！」而且堅持要我回答是他。我們並未真的進入森林，那太可怕了，但是愈接近森林，天色變得愈暗，我們幾乎看不到小徑，村裡的火光也見不著了。

善卡停下來，開始聆聽。

他突然說：「停下來，大夥兒！那是什麼？」

我們靜了下來，但聽不到任何聲響；一片寂靜加深了我們的恐懼。

費德卡問：「好吧，假如有東西跳出來，並朝我們而來，我們該怎麼辦？」

我們開始談論高加索山的強盜。他們想起很久以前我說過的高加索故事，我再次告訴他們關於勇者[70]、哥薩克人，還有哈吉・穆拉特[71]的事情。善卡神氣地走在我們前面，他的大靴子闊步向前，並且均勻地擺動壯碩的背。普龍卡試圖走在我這邊，可是費德卡將他推離小徑，而由於貧困，普龍卡顯然一直屈服於這種對待，雖然積雪深達膝蓋，但在講到最有趣的部分時，他突然衝到我身邊來。

關於農民子弟的事情，就如大家所知，他們不習慣任何撫愛的舉動，溫柔的字語、親吻、用手觸摸等，他們無法忍受這些。我曾在農民學校裡觀察到，女孩子對一個男生展現她們的喜愛，會說：「來吧，親愛的，我要親你！」她們也真的親了，可是被親的男生覺得很窘與被冒犯，而且很驚訝她們為何這樣對他。一個約五歲的孩子得到的關愛猶有過之，他是

70 勇者阿畢利克人（Abreks）：十九世紀俄羅斯擴張時期，在高加索山的高地人，擅長作戰。

71 哈吉・穆拉特（Hadji Murad）：韃靼英雄，托爾斯泰曾以此為主題，撰寫了一篇同名短篇小說。

個小男孩。這就是為什麼那時費德卡走在我旁邊，並在故事講到最恐怖的地方時，忽然先輕輕用他的袖子觸摸我，再用他整隻手緊握住我的兩根手指不放開時，我會驚訝不已。

那一刻我靜了下來，費德卡要求我繼續，他苦苦哀求並發出動搖人心的聲音，讓我無法拒絕其請求。

他再次跑在前面對普龍卡大叫：「別擋我的路！」他忘我地做出殘酷的行為，在普龍卡握住我的手指時，又混合了恐懼和喜悅的心情，不准他人打斷他的愉悅。

「再走，再走進去一點！就是這樣！」

我們經過森林，從另一頭走進村子裡。

在看到火光時，大家叫：「我們再去那裡一次。再走一次！」

我們靜靜地走，時而隱藏在疏鬆、未被踐踏過的小徑裡；蒼白的夜色似乎在我們頭上，只有我們踩踏出聲的那片雪白是無盡的；風穿過光禿禿的百楊樹頂，颯颯作響，然而我們在樹林後面受到了保護。

我的故事要終結了，勇者被包圍了，他開始唱歌，將匕首架在自己身上。大家都安靜不出聲。

善卡問：「為什麼他被包圍時要唱歌？」

費德卡難過地回答：「你沒聽到嗎？他要死了！」

普龍卡加上：「我想他唱的是祈禱文。」

大家都同意。費德卡突然停下來。

他問：「他們是如何切斷你姑媽的喉嚨的？」他還沒被嚇夠。「跟我們說！跟我們說！」

我再一次告訴他們托爾斯泰女伯爵被謀殺的可怕故事，而他們都安靜地站在我周圍，注視著我的臉。

善卡說：「那傢伙被抓了！」

費德卡說：「她的喉嚨被切開躺下的景象，嚇得他整晚都用走的。」然後他舉高握著我兩根手指的手，說：「是我的話就會跑得遠遠的。」

我們越過村子最尾端的打穀場，在小樹林裡停下來。善卡從雪裡撿起一根木棍，開始擊打那棵結凍的菩提樹樹幹。白霜從樹枝落在他的便帽上，接著他受到衝擊般發出的淒厲叫聲，穿透了森林。

費德卡說（我覺得他還想再多說一些有關女伯爵的事）：「列夫・尼可拉耶夫維奇，為什麼人們要學唱歌？我常常感到好奇，為何他們要這麼做？」

天曉得他怎麼會從可怕的謀殺跳到這個問題；但是從每件事，包括他的聲音、嚴肅的詢問方式、以及另外兩個人靜靜不出聲看來，我能夠鮮明且合宜地將這個問題和接下來的對話做出連結。不論這個串連可能存在著什麼、犯行來自無知（這我已經告訴過他們），還是他藉著轉移自己謀殺的靈魂並喚起他最喜歡從事的活動，來確認他自己為何（他有著迷人的嗓音，還有絕妙的音樂天分），又或是他直覺現在應該做出親密的對談，而且必須解決已然在他靈魂中產生的問題；那些問題不會令我們任何一個吃驚。

我說：「畫畫是為了什麼？還有，為什麼寫作是件好事？」我不知道該如何向他們解釋藝術是要做什麼用的。

他沉思著重述一次：「畫畫是為了什麼？」他問我的是藝術所為何來，而我不敢也不曉得如何向他解釋。

善卡說：「為什麼要畫畫？你畫了所有的東西，然後因而知道了如何製造東西。」

費德卡說：「不，那是機械式的繪畫，但你為何要畫圖像呢？」

善卡健全的天性並未喪失。

他邊擊打菩提樹邊說：「木棍是要做什麼用的？菩提樹是幹嘛用的？」

我問：「對，菩提樹是幹嘛用的？」

善卡答道：「拿來做椽子。」

「那它被砍下之前，在夏天有什麼用處？」

「沒有用。」

「真的？」費德卡執著於此，再問：「那為什麼菩提樹要長大？」

然後我們開始談論東西的用途和它的美，而藝術是美的，我們彼此理解了，費德卡也充分明瞭為何菩提樹要成長，還有歌唱是為了什麼。

普龍卡同意我們，他的心靈裡有強大的道德之美，亦即良善。

善卡憑他的大腦正確地理解了，但是他不識得無用之美。正如最聰明的人所懷疑的，他覺得藝術是暴力，而在他們的靈魂中並不需要暴力，並試著燃起熱情。

「我們明天一起唱〈他誰〉（He Who），我記得我的嗓音。」

他的耳力不錯，但品味不佳，唱起歌來沒有藝術的質感。

費德卡完全理解菩提樹長著葉子是好的，在夏天看著它是宜人的，不需要其他的東西。

普龍卡曉得砍下它很可惜，因為它也有生命：「我們在喝菩提樹的樹液時，其實是在喝血。」

善卡沒有說太多，不過顯然他認為菩提樹枯死時沒有多大的用處。

重覆當天晚上講過的話令我感到奇怪，但是我記得我們說了一切，關於功用、可塑性與心靈上的美。

我們進入村子。費德卡還緊握著我的手，我想這次是出自感激。那晚我們如此親近，彷彿時光飛逝。普龍卡到我身邊，走在寬廣的村莊大道上。

他說：「我敢說，馬札諾夫的房裡還有光。每次我早上要去學校時，卡呂由哈才從小酒館回來。」他又說：「喝醉了，哦，酩酊大醉！馬都滿身大汗，他不停地為牠保暖，我一直為這些事感到難過。真的！他為什麼要鞭打牠呢？」

善卡說：「有一天爸爸從圖拉帶回來馬的韁繩，馬載著他進入飛雪中，而他喝醉睡著了。」

普龍卡再次複述：「卡呂由哈因為眼睛的問題不斷鞭打牠，我一直為牠感到悲傷。」「為什麼他要鞭打牠？他掉下來正好打到牠。」

善卡突然停下來。

他檢查漆黑、彎曲的小屋窗戶，說：「他們睡著了。你要不要再走一會兒？」「不要。」

他忽然呼叫：「晚安，列夫．尼可拉耶夫維奇。」似乎勉強自己跟我們分別，衝進房子裡，關起門閂就消失了。

費德卡問：「那麼你會帶我們回家嗎？從第一個，再來下一個？」

我們往前直走。普龍卡的家裡有亮光。我們從窗戶看進去，他媽媽在裡頭，一位高大、帥氣但是消瘦的女士，有著黑眉毛和眼睛，坐在桌邊，正在清理馬鈴薯；房中央吊著蠟燭；普龍卡另一個兄弟，第二級的那個數學家，站在桌邊吃著馬鈴薯沾鹽。那是個狹小、骯髒、黑暗的房子。

普龍卡的媽媽對他大喊：「你是怎麼了？你去哪裡了？」

普龍卡露出溫順、無力的微笑，注視著窗戶。他媽媽猜測他不是單獨一個人，趕緊裝出一副客套的表情。

現在只剩費德卡。

他用安撫的語氣說：「裁縫師還在我們家，所以有燈光。」他輕輕地、柔和地加上：「再見，列夫．尼可拉耶夫維奇！」接著用門環敲著緊閉的門。

「讓我進去！」他微弱的聲音響徹冬天寧靜的村莊。

經過好一段時間，有人應聲了。我透過窗戶看到，那是個大房間；他爸爸和裁縫師們在玩牌，桌子上攤著一些銅幣。那孩子的繼母坐在火架附近，渴望地注視著那些錢。其中有一個裁縫師、一個惡名昭彰的騙子，還有一個年輕的農人，拿著他在桌上的牌，將它們彎曲得像樹皮那樣，並且以勝利之姿看著他的同夥。費德卡的爸爸，襯衫領子沒扣，因精神緊張和苦惱而皺眉，優柔寡斷地玩弄著他的牌，揮舞著他巨大沉重的農人之手。

「讓我進去！」

那個女士起身並走去開門。

費德卡再次說：「再見！我們要常常那樣走路哦！」

我看過誠懇、善良、慷慨的人，是慈善團體的成員，他們樂於付出，也的確給了百分之一所得予以窮人，也建造學校，如果他們讀了這段，應該會搖著頭說：「這可不好！」

他們會說：「為什麼強迫他們成長？為何給他們會仇視周遭一切的情緒與觀念？何以剝離他們生存的方式？」

當然，假若他們視自己為指導者，事情會變得更糟，這些人會說：「一個良好的國家應該是所有的人都想成為思想家與藝術家，沒有人會去做工！」

這些毫不掩飾的說法，代表他們不喜歡工作，然而，有些人不只是不適合其他的活動，更因為他們是必須為人做事的奴隸。

這究竟是福是禍？是否需要將他們帶離周遭的環境？**誰知道？誰能帶他們離開自己的處境？那不是單純機械式的設計就可做到的。在麵粉裡加糖，或啤酒裡加胡椒，是好是壞？**

費德卡並不煩惱他的破爛土耳其衫，但是有關道德問題與疑問困擾著他，而你會想給他三盧布、《教義問答書》、關於勞動之用途的小冊子，以及連你自己都無法忍受的溫順模樣。他不需要三盧布，若他需要就會找到並取走，而且他無須你的協助就能學會工作，如同他學會喘氣一樣；生活中有他所需要的，你自己的人生和十個世代都沒被工作擊垮的人亦然。你有閒暇去尋找、思考、遭遇挫折，所以給他你在受苦時獲得的，這才是他想要的；可是你就像埃及的祭司，在神祕的斗篷裡遮蔽自己、遠離他，一直以來，將才華埋藏在地裡。不必怕，人類無法傷害別人。你懷疑嗎？拋棄我、順從感覺，這些感受不會騙你。**相信他的**

天性，你將確信他只能取走你注定要付出的，就跟你在苦難中的收穫一樣。

在孩子想學的時候學習

我們學校是免費的，第一批入學的皆是來自雅斯納雅．波里耶那村莊裡的兒童。其中有許多學生離開了，因為他們的父母認為這樣的教學並不好；很多學了閱讀和寫作的人也不來了，因為受僱於鐵路工作，那是我們村裡的人主要從事的工作。一開始，他們從鄰近較窮的村子裡帶小孩來，可是由於路途遙遠或不利於接送到他處寄宿（在我們村裡，最便宜的供膳一個月要兩個銀製盧布），於是他們很快地將孩子從學校接走。有些遠方的村落裡，人們之間流傳著雅斯納雅．波里耶那學校教得很好，感到很滿意，便開始送他們的子弟入學。然而，這個冬天，學校在村子裡開課了，他們再次帶走學生並進入付費學校。因此留在學校的只剩在雅斯納雅．波里耶那村裡的農民小孩，他們冬天來學校，可是夏天從四月到十月中，必須去田裡工作，而旅舍主人、書記、士兵、莊園僕役、酒店主人、教堂司事以及富有的農夫等的小孩，則遠從三十甚至五十俄里外，被帶到這裡讀書。

本校一共大約四十個學生，不過很少同時有三十個人。女學生占總人數的百分之十，或至少百分之六，約三到五人。男學生從七到十三歲，跟我們就學的年齡相當。除此之外，我們每年會有三到四個大人，他們加入一個月，有時候整個冬天都待在這裡，然後離開。

那些成人自己來到學校，實在不利於學校的常規；由於他們的年齡及尊嚴，無法融入學校的活躍狀態，也無法免於被年輕人輕視，所以一直個別行動。生氣勃勃的學校對他們而言是個障礙。他們普遍是來完成以前學習過的課程，學點知識，並且確信這裡的教學會讓他們讀過去聽過的書，或者是他們曾在這裡學習過。為了來學校，他們必須克服自己的恐懼和困窘，而且得忍受家人的反對跟同伴的取笑。「看看那隻要去讀書的種馬！」此外，他們一直覺得在學校裡多待一天，就損失一天的勞動，那是他們的財源，因此，他們在校的時候都處於急促與熱切的暴躁狀態，這比任何事更有害於學習。

在我描述的同時，此處有三個這樣的大人，其中之一此刻正在讀書。成人學生的表現熱忱十足，他剛完成書寫完沒多久，手就抓起了一本書，同時另一隻手放下了筆，便站著開始閱讀；從他那裡把書拿走，他就握著石板；再將之取走，他就完全束手無策了。

今年秋天來了一個勞動者，他跟我們一起學習，並在學校裡點燃了熱情。他兩週內學會閱讀和書寫，不過那不是學習，而是一種病，有點像長時間的狂歡。他帶著一根可以一手抱住的木頭經過教室，他停下來，木頭還在他手裡，然後越過一個男孩的頭彎下身拼出*s*、*k*、*a*，*ska*，接著走去他要去的地方。如果他沒拼對，就會嫉妒、幾乎是惡意地看著那些孩子；他要是閒著，就不能對他做任何事，他會踏實地凝視他的書，重覆著*b*、*a*，*ba*，*r*、*i*， *ri*等，此時，他完全失去理解其他事情的能力。

當那些成人必須去唱歌或畫畫、聽歷史故事，或是看別人做實驗，他們會表現出不得不屈從的這種痛苦，就像拿走一個飢餓的人的食物，他們等的是能夠重新投入拼字本的那一刻。忠於規則，**孩子不想學ABC時我不會強迫他們，成人想學ABC時，我也不堅持要他們去學習力學或素描**。

一般說來，那些大人以前在別的地方受教育，在雅斯納雅．波里耶那學校還沒找到適當的位置，所以他們的教學進展得很慢，他們與學校之間存在一種不自然且不健全的關係。我曾在主日學裡見過成人也有同樣的現象，因此對我們而言，任何關於成人解放教育成功的消息，都是十足珍貴的成果。

現在大眾對我們學校的觀感與初創時大相徑庭。之前的看法會在〈雅斯納雅．波里耶那學校的歷史〉中說明；但是，現在人們說，在雅斯那亞．波里耶那學校裡「什麼都教、能學到所有的科學，那裡有一些絕頂聰明的老師。他們說自己能製造打雷和亮光！男孩們理解得很好，而且已經開始閱讀和寫作了」。

其中有一些富有的旅舍老闆，出於虛榮，送他們的小孩去上學，說是「為了盡量增進他們的科學知識，讓他們能夠懂得除法」（他們認為除法是學校教育的學問中最高級的概念）。部分父親認為學習科學很有利；然則大多數送孩子入學的家長在當時並無自覺，只是隨波逐流。

至於這些男孩，大大鼓勵了我們，他們被送來學校並變得喜愛求學，而家長現在順從孩子的渴望，不知不覺地認為自己對小孩做了對的事，也不會將孩童從學校帶走了。

有一個父親曾告訴我，有一次他兒子讀書時用盡了整根蠟燭，他因此讚美兒子和書本。這是個福音。

另一個學生跟我說：「我爸爸有時會聽我念童話故事，然後笑笑就離開了；假如念的是神聖的故事，他會替我舉蠟燭，坐著聽到夜半。」

我呼喚在學校裡某個學生的新老師，為了展示他的長處，讓學生替老師解答一個代數問題。有個媽媽在爐邊忙著，我們完全忘了她；但當她聽見兒子精神奕奕、認真地演算方程式，念著：「3除以$2ab$、c、d……」時，她一直用手蓋著頭，無法抑制地笑了出來，而且無法解釋她到底在笑些什麼。

還有另一個父親，是個軍人，曾經跟著他兒子來到這裡；他在繪畫教室找到兒子，當他看見兒子的藝術作品，開始稱呼他為「你」而不是「汝」，也沒有心思將做為禮物的水煮栗子交給他了。

我認為，一般共通的意見是：在這裡，他們什麼事都教（如同紳士的孩子所接受的課程），有許多沒用的事也教，不過他們能在短時間內教會學生閱讀和寫字，因此，送孩子到這裡沒問題。

也有一些惡意的謠言在人們之間流傳，不過現在也沒啥作用了。近來有兩個優秀的男生離開了學校，理由是我們學校不教導寫作。還有一個案例，一個軍人想送兒子進來，但是審查其中一個學生後，發現他在朗讀詩集時吞吞吐吐的，就判定我們的教學拙劣、本校徒具虛名。

少數雅斯納雅．波里耶那的農民一直擔心，惟恐過去的謠言成真；他們幻想這裡教導兒童有某個隱祕的目的，就是趁無人知道的時候，將他們兒子用一台輕便馬車拖到莫斯科去。現在對學校零體罰與無秩序不滿的人幾乎已經消失了。我經常見到困惑的父親，他來學校接兒子時看到學生們四處奔跑、製造騷動，還互相扭打。他認定調皮是有害的，但也相信我們教得很好，所以他對於這兩項並存感到迷惑不已。

有時體育課會讓他們再次確認自己的信念，也就是不知為何腹部很難受，而且「沒完沒了」。在齋戒不久之後，或是秋天蔬菜都成熟了，體育課更具傷害性，年長的女士藏起鍋碗瓢盆，她們解釋一切都是為了預防孩子們頑皮和扭打。

還有一些人，雖然只占一小部分，甚至不滿意學校裡平等的精神。在十一月進來了兩個女孩，她們是富有旅舍主人之女，穿戴斗篷和便帽，一開始她們表現得很冷淡，但不久後便習慣了作息、忘記她們的茶與用菸草清潔牙齒，開始好好念書。她們的父親，穿著克里米亞的羊毛大衣、沒扣扣子，進入學校並發現她們站在一群穿著骯髒靭鞋的男生堆裡。那些男孩正在聽老師講課；那個父親雖未表達不滿，卻生氣地將女兒帶離學校。

最後，有些孩童從學校休學，因為他們的父母送他們入學是為了討某人的歡心，當這個理由消失了就要他們離開。

如此這般，本校教授十二種學科，有三個班級，共計四十個學生、四位教師，以及一天中有五至七次背誦時間。老師保有教學日誌以供週日研討，也便於和下週的教學計畫相互參照。這些計畫不會每週如實完成，卻會依照學生的需求適時修正。

基礎閱讀

好懂又有趣是錯誤的閱讀誘因？

閱讀是構成語言教學的要素之一。從我們的觀點看來，語言教學的問題在於引導人們了解書中所寫的文學用語。**文學性的語言是必教的，因為所有的好書都是用這種文字撰寫的。**

學校剛成立的時候，並沒將閱讀科目細分為基礎閱讀和進階閱讀，因為學生只閱讀他們懂的，他們會用粉筆在黑板上寫下自己的作文、文字與句子。接著閱讀庫迪耶可夫（Khudyakov）與阿凡那謝夫[72]的童話故事。然後我想，為了使孩子想要去閱讀，他們得先喜歡閱讀。而為了讓他們喜歡，閱讀必須變得容易理解又有趣才行。這道理聽起來既合理又明白，但卻是錯誤的。

72 阿凡那謝夫（Alexander Nikolayevich Afanasyev，1826～1871）：俄國作家，斯拉夫主義者，作品以民間故事及童話故事為主。

首先，為了使學生從閱讀牆上的東西轉移到書裡，非得讓學生特別專注在機械式地閱讀一本書籍。只要學生不多、科目未分級別，我還可以不太費力地將牆上的文字轉換為書裡的話語；但隨著新生到來，就變得不可行了。年幼的學生無法閱讀與理解童話內容，要他們將字串連在一起並了解其意義，有點太勉強了。

另一個麻煩是，進階閱讀不再閱讀童話，不論他們拿了什麼書，諸如《大眾讀本》（*The Popular Reading*）、《軍人讀本》（*Soldier's Reading*）、普希金、果戈里、卡拉姆金[73]的書，年長學生閱讀普希金體驗到的困難和年幼者閱讀寓言時的狀況一樣：雖然讀給他們聽時還稍稍懂得一些，但他們無法理解自己努力讀到的內容。

我們一開始認為障礙源自於讓學生採用的閱讀技巧不完美，因而運用了基礎閱讀闡述閱讀的過程，也就是老師與學生輪流念出來，但這麼做並沒有獲得改進，在念《魯賓遜漂流記》（*Robinson Crusoe*）時，學生依舊萌生同樣的疑惑。

對老師最方便的，對學生卻不方便

到了夏天，在學校的過渡期間，我們希望盡可能以最簡單及最令人認可的方法克服這個難關。何必不承認呢？我們在客人來訪之前先放下自己的面子（學生讀得比跟教堂司事學同樣時間的人還差）。新來的老師建議大聲念原來的書本，我們同意了。大家曾經一度有個錯誤的想法，即在那一年無論如何也得念得流暢，我們放棄基礎和進階閱讀的課程計畫，要他們一天念兩小時不同的書籍，這個辦法對我們來說十分便利。

可是這樣一來就背離了讓學生自由的規則，變成一個謊言導致另一個錯誤。我們買了些小冊子，包括普希金與厄修夫的童話故事。男生坐在凳子上，其中一人大聲朗誦，其餘的則跟著念。為了確認他們是否跟著念，老師會隨時抽問學生一個問題。

最初我們認為一切順利。你來到學校，可以看到所有人有條不紊地坐在長凳上，一個人領讀，其他人跟著讀：「可鄰我吧，我的眾魚之后！」其他學生或老師糾正他：「可憐我吧，我的眾魚之后！」[74]伊發諾夫找尋錯誤之處並繼續朗讀。大家都很忙碌；你能聽到老師更正每個字的發音，學生則流利地念著書。

你可能覺得這一切挺好；然而細加考察，會發現讀的人同樣的東西已讀了三、四十遍（印好的紙張數量不足以維持一個星期，一直購買新書很昂貴，而農民孩童能理解的書又只

73 卡拉姆金（Nikolaï Mikhaïlovich Karamzin，1766～1826）：俄國作家、詩人、歷史學家和文學評論家，開創俄國感傷主義文學，著有《俄羅斯國家史》。

74 原文為「Mercy, my Queen Fish!」，但領讀者念成：「Marcy, my Queen Fish!」

有兩本，也就是庫迪耶可夫與阿凡那謝夫的童話故事。此外，一本書一旦被一個班級讀過並被一些人熟記於心，就不只是所有學生，甚至連他們的家人也會感到厭煩了）。帶讀的人變得心虛，聽著他寂寞的聲音迴盪在安靜的房間裡；他只顧著注意標點符號與腔調，養成了閱讀時不必理解文意的習慣，因為他還有其他的重擔要顧。而其他聆聽者亦然，他們希望被問到時能指出正確位置，手指順著字裡行間走，心卻早已不在。閱讀到的意義有時不情願地占據他們的腦子，又或者根本心不在焉，讀書已經變成次要的了。

其**主要的傷害在於學生與教師之間永遠不滅的交相賊和耍手段**，這都是教學次序造成的，至此之前，我們的學校並不存在這種現象；而且這樣的閱讀方法只是圖個方便，包括了糾正字的確切發音，對我們的學生並沒有任何意義。他們已經學會閱讀自己在板子上所寫的句子，也會念出來，而且大家都知道寫*kogo*要念*kavo*；不過我認為從標點符號去教斷句與變聲是徒勞無功的，因為只要曉得說的意思，五歲孩童也能正確斷句。因此，教導他理解自己從書上念出的話（他遲早會做到這一點），比教他唱歌要容易多了，標點符號就好像來自於音樂似的。這麼一來，對老師是多麼便利啊！

教師總是不自覺地選擇對自己最有利的教學法。對他最方便的，對學生卻不方便。唯有能讓學生感到滿意，才是最好的教學方法。

上述三條規則能做為雅斯納雅·波里耶那學校的基礎閱讀方法的最佳體現。

讓孩子自己想要讀得更好

感謝學校生氣勃勃的精神，但是一旦年長的學生從田裡做完工後返回學校，這樣的閱讀法就不管用了，因為學生已經累了，並且開始遊戲、懶得讀書。依上述所言，用故事做為閱讀的題材，在基礎閱讀證實了相當成功，也證明了不這麼做閱讀能力在五週內是不會有進展的，同時還有很多人跟不上。第一級裡最優秀的數學家，名字開頭為R的學生，能夠自己動腦筋解出平方根，卻忘了如何根據音節讀出以前讀過的東西。

我們再也不讀小冊子、不再折磨大腦找出基礎閱讀的方法。單純的想法是，實行好的基礎閱讀的時候未到，現在無須急著尋覓，學生自己會找出最好的方法，只要有需要，短時間內辦法就會蹦出來。在探求的過程中，他們會依據自己的步調建立一套程序：

如今在上閱讀課時，只分為進階與基礎兩組，程度最差的兩人一組，拿著一本書（有時是童話書或是福音書，有好幾次是拿著歌謠本或好多本的《大眾讀本》），在閱讀時只有兩個人共讀，假若拿到的書是清楚易懂的童話，他們在讀的時候就能理解，雖然上的是基礎課程，但在這之後學生還會請老師問他們問題。一般說來程度最差的學生不僅不用老師要求他們，就算明令禁止，他們還是會連續好幾次去取出相同的書，翻開同樣的頁面，閱讀一樣的故事，並且背起來。有時候這些程度不好的學生會跑去找老師，或是較資深的孩子，請教他們並和他們一起閱讀。第二級的學生可以讀得更好，但他們不太喜歡跟別人一起讀，也很少照頁數閱讀，假若他們記下了什麼，那一定是詩，不會是散文故事。

這裡最大的男孩一再做出某個行為，產生如此的差距在最後一個月讓我受到了打擊。在他們進階閱讀的班上，學生拿到某本書，會大家輪流閱讀並一起談論內容。今年秋天加入了一個非常有才華，名字字首為Ch的男孩，過去曾跟隨一位教堂司事學習過兩年，因而在閱讀方面比其他人還行。他讀得跟我們一樣好，所以稍微知道如何進行進階閱讀的學生，只有在Ch念的時候才會想要念。可是一換成不擅長朗讀的人，大家都表示不滿，特別是故事進行到有趣的地方，他們既嘲笑又生氣，而那可憐的朗誦者感到丟臉，接著展開沒完沒了的爭論。上個月，班上其中一個學生宣告要在一週內念得跟Ch一樣好，忽然間基礎閱讀[75]的作法成了最受歡迎的。他們會坐著讀書一小時或一個半小時，儘管讀不懂也不放下書本；他們開始帶書回家，而且出人意表地，真的連續三週這麼做了。

他們曾經直接了當地反對自己廣泛學習的那些基礎教育。一般認為，學生要學習閱讀，卻無書可以念，或是不能了解其意義；而今真相大白，學生確知自己有東西可讀並可讀懂，卻讀得還不夠好，於是想要努力在這方面精進。

五個帶領孩子閱讀的方法

我們現在完全捨棄機械式的閱讀，持續採用如上述進階閱讀班的作法；每個學生都可以運用對他最便利的方法，奇怪的是，他們使用的是我所熟悉的方法：

一、跟教師一起讀。
二、為了誦讀而誦讀。
三、邊記邊讀。
四、共同誦讀。
五、理解後循序漸進地誦讀。

第一項，是全世界的母親都在使用的方法，不是學校式而是家庭式的。學生過來，請求與教師一同閱讀，於是老師讀，帶念每一個音節以及結合音節，這是學生最初採用合理又不變的方式，如此在不知不覺中也稱了老師的意。即使一切教學法都被認為是機械化的，讓教

75 意指其他學生模仿Ch的念法，如同倒退回基礎閱讀班一樣。

師更方便教導一大堆學生，但這種教學方式總能發揮最佳效能，只要一個人就能教其他人閱讀，而且還能讀得流利。

第二項教授閱讀的方法，也是最受歡迎的一種，讓學生各自閱讀已經學過的地方，給他一本書，完全不管拼字，只要就他能讀懂的部分去讀。那個曾經學過如何依照音節念的學生，由於念得很流利，不會覺得有必要去請教教堂司事，總是靠自己從閱讀中獲得的熱情，而這在閱讀果戈里的 Petrúshka[76] 時是可笑的，因為箇中的狂熱更激烈。天曉得這樣的閱讀方式在他心裡做何感想，但他因此慣於組合字母、進行音節合併、字的發音，甚至是理解他自己讀到的內容。我偶然有過實際的經驗，確信了我們堅持的信念[77]，要求學生閱讀時必須讀懂，只會降低其效果。就算這個方式的缺點顯而易見，許多自學者採用此方法仍然學得很好。

第三項教學方法是在心中默讀，像是祈禱文、詩、以及任何印出來的文字，並且一直看著書，說出已了然於胸的內容。

第四項是已在雅斯納雅．波里耶那學校得到證實的糟糕方法，就是僅僅閱讀少少的書。這件事在我們學校是意外發生的。草創時期我們還沒有足夠的書籍，於是兩個學生共讀一本；後來，他們自己也喜歡這麼做，當閱讀的命令一下，學生們精確地配對，有時候一組三人圍著一本書，一個人讀，其他人看著並糾正他。除非重新編組，否則根本無法拆散他們，因為他們十分忠誠於自己的老搭檔，像塔拉斯卡一定會去邀請鄧卡。

「你過來這邊讀，你去找你的搭檔！」

其中有一些人不喜歡這種共同閱讀法，因為他們並不需要。這麼做的好處在於可以使發音更加精準，讓沒有讀、只是看的人在理解時較為自由；然而整體而言，採用這個方法在當下所造成的負面影響很大，或者說，在這之後用任何一種方式教學，後遺症都將蔓延整個學校。

另一個我們最喜歡的方法，就是第五項進階閱讀，意即在閱讀書本時，能夠愈來愈有興趣、理解力也不斷增長。

上述所有的方法，相當自然地在我們學校裡使用，而我們在一個月內進行了相當可觀的課程。

老師的工作在於提供一切已知與未知的、能夠讓學生更易於學習的方法。這是真的，用某種教學法，例如閱讀一本書，對老師來說，簡單又方便，而且兼顧了嚴格與規律；但那對於我們這種「秩序」而言似乎不太可行。他們說，**教師要如何臆測每一個學生需要什麼，還**

76 有可能是指果戈里《死魂靈》（*Dead Souls*）中的一個角色。

77 亦即不強求學生必須讀懂書中一切。

有，怎麼決定每個人的要求是否正當呢？又如何能在沒有規則可循的情況下，不迷失在特質殊異的群眾裡呢？

關於這點，我的回答是，我們無法去除「學校好比紀律嚴明的軍旅」這種舊觀念，中尉今天下達軍令，明天另一位也下令。老師自己適應了學校的自由，學生就會展現出自己的性格，要是老師提出了各種不同的要求，唯有能夠自由選擇才能令學生滿意。

為了造就自由的風氣，或稱為表面上的無秩序（對某些人來講那麼做似乎怪怪的，而且認為絕無可能做到），我們不但施行這五種閱讀法，也依學生的高低程度因材施教，因此才能得到最近在閱讀上的非凡成果。

我們經常觀察到參訪者對我們學校感到困惑，他們想在兩小時內學習教學的方法，但這是不可能的，就像同樣在兩個小時的課程裡要他們告訴我們方法！我們一次又一次地聽著訪客給的建議，他們也不懂在自己母校實行的教學法，只知道不會被歸類到專制的規則！

進階閱讀

究竟要給孩子看什麼書?

正如我們所言，儘管基礎閱讀和進階閱讀實際上已經合而為一了，但這兩個科目依舊按照不同的目標有所細分。就我們看來，前者的教學目標在熟練地以某些符號組合成字，後者則是學習文學性語言的知識。

針對文學用語的學習，我們很自然地想到一個非常簡單的方法，但實際執行上卻很困難。我們認為學生學會閱讀自己寫在黑板上的字後，應該先給他們閱讀庫迪耶可夫與阿凡那謝夫的童話故事，然後循序漸進到更困難且複雜的作品，像是卡拉姆金、普希金，還有法典用語；不過我們以及大多數人都認同的這個假設，其實是無法實現的。

我已經成功地將他們寫在黑板上的文字，轉換成童話故事的語言，但為了再提升他們的層次，我們不運用「偉大名著」做為文本；我們試過《魯賓遜漂流記》，但沒有效果，有些男生因為無法理解並說出內容而難過得哭了。我用我自己的話對他們闡述故事，而他們開始相信掌控知識的可能性，並明瞭該故事的啟示，我們花一個月讀完了《魯賓遜漂流記》，但大家覺得沉悶，到最後幾乎覺得厭煩了。

這個工作對他們來說負荷太重了。他們大多運用記憶學東西，如果每晚閱讀過後，趕快將內容彼此述說一次就能記住部分，但沒人能夠完整記住。不幸的是，他們只記下某些無法理解的字，然後隨便亂用，就像半路出師的人通常會使用的方法。

我知道有地方出錯了，但不知該如何處理。為了證明自己沒有錯，我著手讓他們閱讀各種熱門的仿造本，例如《榮恩叔叔》（*Uncle Naum*）和《娜塔利亞阿姨》（*Aunt Natalya*），雖然我早就知道他們不會喜歡這些書，而且我的假設是對的。學生們最感到厭煩的就是要講這些書的內容。

讀過《魯賓遜漂流記》之後，我試過普希金的《掘墓人》（*The Gravedigger*）；可是，少了我的協助，他們還是不太能講出故事，而且似乎比講述《魯賓遜漂流記》還要魯鈍。作者對讀者使用的省略符號、他跟角色間不足道的關係、書中詼諧的人物特性描述，以及細節的不完備，這一切都不符合學生的需求。於是我放棄用普希金的故事，我曾經以為那些故事最有架構、單純，必定最能被大眾理解。

接著我試用果戈里的〈耶誕前夕〉（The Night Before Christmas）做為文本。一開始由我來讀，這讓學生高興，特別是那些大孩子，但是我一離開，他們便什麼都看不懂而感到倦怠。即使是跟我一起讀書，他們也不會要求我再講一次。故事中豐富的色彩、奇異又反覆無常的結構，完全背離他們的需求。

然後我又改試尼耶迪區[78]翻譯的《伊利亞德》（*Iliad*），念給學生聽時，他們只產生奇怪的困惑感；他們以為這個故事是用法文寫的，只要我不說明其內容，他們就有聽沒有懂了，即使是詩的情節也未在學生心中留下印象。懷疑論者善卡擅長邏輯思考，被菲巴斯[79]的畫所吸引，祂背著叮噹作響的弓箭，從奧林帕斯飛下來，但祂顯然不曉得該往何處落腳。

善卡不斷問我：「為何祂從山上飛下來時不會摔得粉碎？」

我答道：「根據希臘人的概念，祂是個神。」

「一個神？但是他們沒有很多神吧？否則祂就不是真的上帝。從這樣一座山飛下來可不是開玩笑的，祂一定會摔得支離破碎。」他邊說邊揮手，試著向我證明。

我試過用喬治桑[80]的《格麗波莉》（*Gribouille*），還有《大眾讀本》、《軍人讀本》，但一切都是白費功夫。我們極盡所能地找書給學生，不過我們已經不抱任何希望了。

78　尼耶迪區（Nikolay Ivanovich Gnedich，1784～1833）：俄國詩人及譯者。他翻譯的《伊利亞德》是公認最好的版本。

79　菲巴斯（Phoebus）：對太陽神阿波羅的稱呼。

80　喬治桑（Georges Sand，1804～1876）：法國小說家、劇作家、文學評論家、報紙撰稿人。

不要以大人的口味為孩子選書

我坐在學校並拆開包裹封條，裡面有號稱大受歡迎的書籍，剛從郵局送來。幾個孩子大叫：「伯伯，讓我讀，給我！」他們伸長了手：「這我能懂。」

我翻開書，讀了一下：

「呈現在我們面前的偉大聖艾列士[81]的一生，是激發虔誠信仰的例證，他孜孜不倦地對國家表現溫暖的愛，這就是這位神聖的人做出的重大貢獻；」或是「自從波希米亞歸屬日耳曼以來，歷經了三百年；」還是「卡拉克羅瓦（Karacharovo）村莊散布在山腳下，座落在俄羅斯所統治的、最富創意的地方；」或是「寬廣且筆直的那條路、那小徑；」還有某種大眾化的自然科學紙本宣傳單，其中一半是作者為了獲取學生信任，而以農民為題材。

假設我把這樣一本書交給其中一個男生，他的眼神會變黯淡，開始打哈欠。他會說：「不要，我看不懂，列夫．尼可拉耶夫維奇。」並且把書還給我。

這些通俗故事是寫給誰，又是誰寫的，對我們來說是個謎。除了這種書以外，我們閱讀的只有說書人佐洛托夫的《祖父》（*The Grandfather*），無論在校或是在家裡，都得到很棒的效果，其他的就毫無成效了。

其中有一些只不過是糟糕的文章，文筆極差，也找不到讀者，只好獻給大眾；其他的也很糟，不是以俄文寫作，而是用新創的語文，可能是某些人的用語，有點像克雷洛夫[82]的寓言筆法；還有模仿外國書籍的作品，試圖為公眾而撰寫，但不成功。真正能被大眾所理解，並符合他們喜好的書，並不是刻意寫給他們看的，而是書中記述了該族群的原始樣貌，即童話故事、俗諺、歌謠集、傳說、韻文、謎語，以及瓦多弗佐夫[83]所作的選集等。

若不曾經歷過，便很難相信，一直閱讀類似的書，不讀其他的，能從書中感受到新的愉悅，即使是俄國人的俗諺、敘事詩與歌謠集、斯奈吉瑞夫的格言、編年史，以及古典文學名著，無一例外。我觀察到孩童比大人更喜歡這類作品；他們讀了不下數次，記住內容，快樂地帶回家，並且在遊戲時，互相取古敘事詩或古歌謠裡的名字。長大之後，無論是因為他們不再天真，或是他們已成長到懂得展現自己文學語言的知識，又或是無意識地感到那種知識的必要性，於是極少耽溺於兒童讀物，寧可讀一知半解的文字、概念和思想的書。

---

81 可能是指聖艾列士（Saint Alexis，1645～1676）：全名 Alexei Mikhailovich，羅曼諾夫沙皇家族成員，生卒均在莫斯科的俄國沙皇。在位期間曾進行軍隊重整，亦有叛亂及對外戰爭。

82 克雷洛夫（Ivan Andreyevich Krylov，1769~1844）：俄國知名的寓言作家。

83 瓦多弗佐夫（Vasily Ivanovich Vodovozov，1825~1886）：俄國童書作家、詩人、教育家及譯者。

培養孩子用字表達的概念

另外，不管學生有多喜歡這種書，或許由於我們錯誤地給予學生目標，所以他們都沒達到，依然落入這些書跟文學語言的無底深淵中。到目前為止，儘管我們一直在做實驗與假設，企圖找出錯誤之處，但還找不到方法脫離這錯誤的循環。我們乞求所有內心有此困惑的人與我們交流意見、經驗，以及問題的解決之道。我們目前遇到的難題如下：**人們有受教育的可能，而且確定有閱讀好書的欲望，但是大眾無法了解好書行文的語言**。為了學會這種文體，必須大量閱讀；為了享受閱讀就一定要理解文意。到這裡出了什麼錯，我們又該如何跳脫這個困境？

也許有一種傳統文學，因為我們學問不足而不得知；或許目前人們所讀的書與對這些書的看法，可以藉著熟悉這些文學語言的人，為我們指點明路。

我們在期刊裡，針對這個學習問題設置了一個專區，請求所有曉得如何處理這個問題的人，寄給我們相關的文章。

或許原因出在我們對公眾的冷漠，還有上層階級的強迫教育所致，只要隨著時間過去，問題將獲得改善，到時產生的不會是一本選集，而是一整個過渡期的文學潮流，包含了現在問世的全部書籍，並且，大眾閱讀的方式會系統性地從現在的狀態轉變為進階閱讀。大眾可能不理解也不希望了解我們的文學語言，因為他們沒什麼想知道的，而且我想這種語言對他們也沒什麼用處，他們會發展自己的話語。

最後，是最終的聲明，也是我們最喜歡說的，即表面的缺點並不存在事件的本質中，而在我們先入為主的觀念，亦即，語言教學的目的在提高學生文學語言的知識層次，而且最重要的是快速獲得知識。這像極了進階閱讀，我們理想中的科目會自動現身，而且每個學生將自動具備文學語言的能力，就如同我們經常觀察到的，學生無須經過理解的過程，就毫無挑選地閱讀詩集、小說、司法文件，並且以此方式得到文學語言的知識。

假如事情真是這樣，令我們費解的是為何所有出版的書品質如此之差，而且不合人們的口味，令我們好奇的是，在等待問題改善的時刻到來之前，學校該做什麼；我們有一個不受認可的主張，即是打從內心認同文學語言是有用的，應該強迫自己解釋、記憶，並且違背大眾的意志，反覆地教導文學用語，如同教授法文。我們坦承在前兩個月也試過這樣的事，而且不只一次，當時我們一直碰到學生因為無法克服障礙而產生憎恨。證明了我們的考量是錯誤的。在歷經這些事情後，我更加確信就算是天才教師，也無法解說廣泛的文字和演說的意旨，即使是無能的老師也不會去說這種討人喜歡的解釋，像是：「集會是一種小型的會議（synedrion）[84]。」

84 Synedrion 是指古希臘的正式會議。

在解釋任何一個字時，比如「影響」（impression）這個字，不是用另一個難以理解的字去取代原來的字，就是提供一整個字串，這樣的連結比原本的字更晦澀難明。

問題幾乎都不是出於文字太艱深，而是學生缺乏用字表達的概念。只要概念呈現出來，思維就啟動了。此外，**文字和概念的關係，以及新想法的構成，是一種複雜、神祕及靈性的微妙旅程，以致外力每次介入都顯得十分魯莽，笨拙地強行阻礙了發展的過程。**

愈是刻意教導，愈是徒勞無功

說到讓學生理解，這件事說起來容易，但是**難道大家不知道人們在閱讀一本書時，可能會體會到許多不同的事物嗎？**即使在句子裡省略兩、三個字，學生依舊能捕捉到一些不錯的思想，或是與前文的關連。老師堅持站在理解這一方，可是學生完全不需要你替他們解釋。他可能有時候懂你說的，卻無法向你證明，始終模糊地猜測並吸收相當不同的東西，那些都是對他很有用且重要的。你堅持為他解釋，而他使用自己受到影響的文字向你說明。他也可能沉默不語，或是開始胡說八道，或是說謊跟欺騙；他努力去挖掘你要他說的，並調適自己以滿足你的期望，因而平白生出莫須有的困境與苦勞；書本所造成的普遍印象、帶著詩意的情愫，有助於讓書中的意義神聖化，令人畏懼卻可擊敗退縮。

我們反覆地閱讀果戈里《精靈王》中的每一句話，每一次都要用自己的話去說明。到了第三頁，一切都進行得很順利，接下來讀到：「所有有學養的人，學院裡與助長某種傳統相互仇恨的『布爾沙[85]』的人，就他們的營生來看都極度貧窮，同時他們那種貪婪、超乎尋常的吃相，想查明用掉多少麵粉和羊脂是絕對不可能的，他們每一個都帶著晚餐逃走，結果有錢善人的樂捐就短缺了。」

教師：好了，你們讀到了什麼？（近來幾乎所有的孩子都有成長）

程度最好的學生：在布爾沙，全部的人都很會吃、貧困，並且在晚餐時帶著麵糰逃走。

教師：其他還有什麼？

學生（一個小淘氣、記性好、會跟人說自己的事的孩子）：一件不可能的事，樂捐。

教師（憤怒地說）：你得想想。不是那樣。什麼叫不可能的事？

現場一片寂靜。

教師：再念一次。

85　布爾沙（bursa）：在今日的土耳其境內，是鄂圖曼帝國（Ottoman）的第一個首都。

他們讀了。另一個記性好的男生，再加了一些他記起來的內容：「學院，小康業主的供給不充足。」大家什麼都不懂。他們開始說些無聊的胡話。老師變得十分堅持。

教師：什麼是不可能的事？

他希望大家說：查明[86]是不可能的。

一個學生：布爾沙是不可能存在的地方。

另一個學生：不可能會非常窮。

他們又讀了一次。學生們搜尋老師要的那個字，像海底撈針一樣，除了「查明」，他們為每個字所苦，然後學生完全放棄了。我（就是那個老師）繼續說，不願因而屈服，並且要他們將整個故事拆解得支離破碎，然而他們現在知道的比第一個學生告訴我的還少，畢竟沒有太多要理解的。讀者從拙劣的連結與誘導出的句子看不見任何東西；這個故事的元素相當單純：貧窮又貪婪的人拿了麵糰跑掉了。作者並不想傳達更多的事。**我對作品的表現形式根本就是小題大作，那是不對的，還竭力去做，我只是毀了整個班級下午剩餘的時光，並粉碎與破壞了那些從諸多面向去解讀、正要盛開的知識花朵。**

還有一次，同樣用罪惡深重且殘酷的作法，浪費時間在解釋「工具」（instrument）這個字，也得到相同的悲慘下場。在同一天的繪畫課，名字Ch開頭的學生向老師抗議，因為老師要他在素描本上寫「羅馬許卡（Romashka）之畫」。他說圖是他們自己畫在素描本上的，羅馬許卡只是創造了形象，因此應該寫上「羅馬許卡之構圖」而不是「羅馬許卡之畫」。他的腦袋裡不知是如何區分這些概念的，而它們又是如何產生的，儘管只是偶爾、罕見的分詞與引言出現在他們的作文裡，對我而言仍舊是個神祕的現象，而我最好別識破它。

學生必須要有機會從一般的文章脈絡去獲得新的想法和文字。當他從一段可理解的句子聽見或讀到無法領會的文字，然後又在另一個句子看到那個字時，他會不解地開始攫取新的概念，最後感到偶然會有使用文字的需求；一旦使用過，文字跟概念就成為他的智慧財產了，而且還有一千種其他的方式可以運用。就我看來，**刻意給予學生新的觀念和字的組成是不可能、徒勞無功的，正如依照平衡的原則去教導兒童如何走路一般。**

這樣的企圖無法讓學生更上層樓，只會移除他們意欲朝向的目標，正如人類莽撞的手，一心希望花開，便撲滅周圍一切東西，粗暴地掰開花瓣。

86 意指上述故事中的麵粉和羊脂的數量。

書寫、文法以及習字

讓學寫字跟玩遊戲一樣有趣

書寫教學是以下列方式進行的：學生習得同時認得並寫出字母，以及理解他們讀到與寫下的文字。學生們站在牆邊，用粉筆標出自己在黑板要寫的範圍；其中一個口述任何他想到的事，其他的人寫下。如果人數太多，就會分成好幾組。然後其他人持續、專注地讀彼此的作品。

學生用印刷體書寫，首先修改錯誤的音節組成以及字的間隔，接著改正o—a，再來是ye—e[87]等錯誤。這個班級非常理所當然地如此進行。每一個已經學會字母的學生皆充滿熱忱地寫著，校舍與學生起居的小屋外牆都塗滿了字母和文字，能夠寫出完整的句子，像是「馬福卡今天跟歐古須卡打架」，令他們感到莫大的愉悅。

為了組織這個班，教師僅須讓學生持續他們在做的事即可，就像成人教導小孩各種遊戲那樣。的確，這個班級已經如此持續進行了兩年，每一次上課都像是在玩，充滿了歡樂與興趣。我們在這裡學習閱讀、發音、寫字及文法。在寫字方面，我們自然而然地習得最困難的部分，因為最初的語言學習，就是人們自己的語言（無論書寫或是口語，皆基於堅信詞語形式的穩定性）。我相信每個曾經教過語言的教師除了運用弗茲多科夫[88]的文法之外，皆碰過接下來的這個難題。

引導孩子透過口述理解文字

假如你想引導學生注意某個字，只要採用他的句子，用受格「我」即可。

他說：「米其須卡將我推下長廊。」

你會說：「誰被他推下去？」以此要他重複句子，期待捕捉到「我」。

他回答：「我們。」

你問他：「不對，你是怎麼說的？」

他答道：「米其須卡害我們跌下長廊。」或是「他推我們的時候，普拉斯古卡掉了下

87 此乃俄文拼字最困難之處。

88 弗茲多科夫（Alexander Khristoforovich Vostokov，1781～1864）：俄國最早的語言學家之一。

去，後來我也掉下去了。」

結果就是，我們試著去找出單數直接受格，可是他不懂那與他提出的差別何在。而如果你拿本書，或重覆他的話，他就會以跟日常用語截然不同的話去分析句子。他在口述時，其他學生皆理解他使用的每個字，並且寫下來。

「你說了什麼？怎麼講的？」大家不准他更動任何一個字母。然後展開一場沒完沒了的爭論，一個人寫了這樣而另一個寫成那樣，很快地，口述的學生開始回想自己說了什麼，接著理解到言談裡包括了兩個元素：形式與內容。他說了某個句子，只想著它的意義，一如文字脫口而出。同學們開始詢問他：「如何？什麼？」而他藉由一再複述，確定了形式和構成的要件，並且用文字修改句子。

於是他們寫了第三次，那是最低階的班級，有些用手寫體，其餘的用印刷體書寫。我們不會堅持學生以手寫體書寫，如果有任何我們會禁止學生做的事，那就是用手寫體了，因為那會破壞他們的筆跡並且難以辨認。他們自然而然地以印刷體草寫，年幼的跟較年長的男孩學習一個或兩個字母，其他人再從他們身上習得，並且反覆練習寫，在一週之前，學生們都是以手寫體寫字。

今年夏天習字教學與基礎閱讀同時進行。學生寫得非常糟，新老師採用複寫的方法（又是一種對老師方便又簡單的辦法）。學生失去了興趣，我們被迫放棄習字教學，亦無法找到改善書寫的方式。最資深的班級自行發現了一招。在結束書寫聖史時，學生要求帶習字簿回家。那個嚴謹的數學家R要了一些小紙片，並開始重寫他的歷史作業。全部的學生都跟他一樣。「給我紙！給我習字簿！」於是開始了書寫的風潮，至今在高級班裡這潮流依舊風行。

他們拿了自己的習字簿，放在字母模型前面，一個一個地複寫，並彼此議論。學生們在兩週內進展得很好。

我們幾乎所有人都跟兒童一樣，吃麵包時搭配別的食物，儘管不喜歡，但我們現在都是這樣吃麵包。幾乎所有人都被強制握筆時要把手指伸直，但因為手指頭短，握住時是彎的，而現在我們都將手指伸直了。問題是：**為何要拿命中注定的事折磨我們呢？欲望跟其他任何知識的必然性，不正是以相同的途徑產生的嗎？**

感受力比正確修辭更重要

在第二級的作文課，學生先將聽到的聖史故事寫在板子上，稍後再謄到紙上。最低階，也就是第三級的班，學生寫出任何想得到的東西。除此之外，最年幼的學生在傍晚寫些單句，再將它們合併起來。一個人寫，其他人注意到他的錯誤而低聲細語，等到寫完了，他們發現他把*ye*錯置成*e*，或者是將介系詞放錯位置，而有時候是他們犯了愚蠢的謬誤。正確書寫以及糾正別人的錯誤令他們感到十分欣悅，較大的學生挑出所有找得到的字母，自己興奮地修改錯處，盡其所能地將它寫好；但他們無法忍受文法和語言的分析，即使我們先前偏重分析，那也只占課程的一小部分，卻依然使學生昏睡或逃課。

我們在教授文法時使用各種類型的實驗，而且不得不承認，任何一種教學法都可以持續施行下去，只要讓它們變得有趣即可。這個夏天新老師想要在第二與第一級的班上解釋句子的關聯，有些孩子最初興致盎然地比手畫腳及猜謎語。上課幾次後，不斷有人提議大家相互出題，於是他們開心地互問謎題，像是「述語該放在何處？」還有「什麼東西放在床上，垂吊著它的腳？」沒有人要修正句子的寫法，就算有，也是改正的少、添錯的多。

當字母 *o* 出現，要念作 *a*。我們告訴學生那要發音為 *a*，但寫成 *o*，他便寫了 *robota*、*molina*（而不是 *rabota*、*malina*）；你告訴他兩個述語被一個逗號分開，他便寫下「我想，說」（*I want, say*）等。要求學生自己去變化每一個句子中的修飾語及述語是不可能的。假如他自行一試，**在檢查句子的時候，就會發現他為了正確寫出其餘單字而失去所有的感受力，這不是造句法的分析，而是教師不斷對學生使出蒙蔽的技倆，其實學生全都了然於胸。**舉例來說，我們無意中發現這個句子：「地球上沒有山。」[89]一個學生說，主詞是「地球」，另一個說是「山」，我們稱此句為非人稱主語。我們以為學生僅是沒禮貌地默默認同，但其實他們非常清楚，我們的答案遠遜於他們的，而我們內心也會同意這個說法。

學習文法之前，先了解字的法則

在體悟到造句法分析的不便之處後，我們試了語源學的分析法，題材包括敘述法的要件、字形變化的一組字以及動詞變化，而我們也提出其他有關與格[90]、不定詞與副詞的難題，然而如此一來授課就變回冗長無趣、有虐待學生之嫌，並不適用於我們的課程。高級班的學生在使用與格和介系詞時，總是能寫下正確的 *ye*，可是他們在訂正較年幼學生的錯處時，卻未能夠交代何以如此修改，為了記住「*ye* 在與格之中」這個規則，他們必須注意文法的格性。最小的學生並未聽過任何關於敘述法的要件，經常大喊 *sebye ye*，而且自己也不懂為何這樣做，但顯然很開心自己猜對了。

最近我試著在第二級的班進行自己獨創的方法；就像所有的發明家，那是最令我興奮、運用起來異常方便且兼具理性的教授法，可直到透過練習，我才確信其矛盾之處。無須言及句子的組成要件，我讓學生寫下任何東西，並提供他們主題，也就是主語，要他們透過問題擴充句子，可以加上修飾語、新的賓語、主詞以及修飾子句。

89 俄文句子的難處在於主詞置於否定的連綴動詞之後的屬格，因而此句變為非人稱主語。

90 拉丁語及德語等語言中名詞的特殊形式，表示這個名詞是某個動詞的間接賓語。

「狼群正在跑。」何時？在哪兒？怎麼跑？什麼狼正在跑？還有誰在跑？牠們邊跑邊做了什麼？我認為藉著詢問句子的各個部分，學生會得到句子的各種要素以及敘述法的要件。他們這麼做了，但也倦了，並且自問為何做這件事，我也如此自問，答案遍尋不著。大人和小孩都不喜歡，這無須猶豫即可確認，放棄生動的文字而將就機械式地支解、毀壞原有的文字。**有生命的文字裡具有某種自衛的本能。如果文字是自由發展的，就會自主發展並只與一切充滿活力的條件契合。**你想捕捉文字的當下，意欲以老虎鉗箝制、將之整平，把它修飾得好像原本就該如此生色，根據你的想法，這個字及其活躍的思想跟意義連結，變得精簡且隱晦，那這個字在你的手中將徒有空殼、什麼都不剩，如此一來，你盡可施展狡猾之能事，但對想形塑的話語不會有任何損益。

造句法跟文法分析以及延伸句子的練習，已經在第二級的班施行至今，然而他們怠惰地進行，我想，他們會很快全然失去做這件事的意願。除此之外，儘管不完全符合文法的特性，我們在語言教學中尚採用以下方式：

一、我們提出某些規定的文字，學生須造出複合句，例如尼可拉、木頭、學習，而他們寫下：「如果尼可拉沒去砍木頭，他可能去學習了。」或是「尼可拉是個好樵夫，我們得學學他。」等。

二、我們用規定的方法構成動詞，這個練習讓最年長的學生格外開心。結果動詞變成類似這樣：

窗邊坐個人
穿著破外套；
街上有一個農夫
用繩子牽著一頭羊。

三、有個練習在最低階的班進行得非常成功：給學生某個字，首先是名詞，再來是形容詞、副詞、介系詞。其中一個學生先出去，其餘的人繼續組成句子，而那個字的位置則保留空格。出去的那個人必須猜出那個字。

所有的練習，包括從特定的文字裡寫出句子、作詩以及猜字，都有個共同的目的：讓學生確知字有其本身永恆不變的法則、變化、字尾，還有各字尾之間有其關聯。這個觀念必須在學習文法之前奠定，隨後將進入學生的心智裡。這一切的活動令他們感到愉悅；而所有的文法練習則覺得厭煩。最奇怪且最有意思的是，雖然沒有比學習文法更簡單的了，卻令他們感到乏味。

從寫作中自然而然學會文法

你若不從書本教授文法，而從定義開始，六歲的兒童在半小時之內就能變化詞尾、詞形、區別詞性、數字、時態、主詞以及命題闡述，跟你會的一樣（在俄國，沒有中性的名詞，像是：槍、小屋、奶油、窗戶，全部的東西都用陰性的她，而文法亦無效用。最年長的學生接觸文法已經三年了，仍會在性別上犯大錯，唯有進行修改後才可以避免錯誤，而閱讀幫他們改善了這點）。為何我教他們的都是這些？他們的答案會跟我所知的不一樣嗎？無論我問學生「巨大」（great）的陰性複數為何，或是述語以及修飾語在哪裡，甚至某某字的起源是什麼，他也只是對該學術用語感到疑惑而已，不然他無論如何都會正確地使用形容詞，並給你所喜歡的數字。因此，學生懂得字形變化。他絕對不會運用一個沒有述語的句子，也不會把述語跟補語搞混。他會自然而然地感受到文字根源的關係，從文字的構成，他比你更能意識到其中的法則，因為沒有比兒童更常創造新字的人了。那麼，為何這個學術用語以及哲學定義的要求會超出學生的能力呢？

除了考試要求之外，文法之所以必要的唯一解釋，可在概念的規則變化說明裡尋得。就我的經驗，我從未找到適當的解釋，也不曾在不懂文法卻能正確書寫的人，或者是書寫不正確的語法學者身上找到。我尋不著任何蛛絲馬跡可以說明文法知識能運用在雅斯納雅．波里耶那學校的學生身上。對我而言，文法本身就如同沒用的心智體操運動，而語言，包括書寫、閱讀與理解的能力乃自行其是。幾何學跟數學剛出現時，也只不過是心智體操罷了，但是其中的差異在於，幾何學的命題和數學的每個定義將之帶到無窮無盡的推論與運用；至於文法，即便我們同意，有人懂得它在語言中的邏輯作用，文法的推論和運用依舊很有局限。學生不論用什麼方式精通一個語言，為顧及文法句子的運作，而撕裂與減輕了語感的強度，變得死寂又了無生氣。

就個人而言，我們還無法完全拋棄遵守文法的傳統，從語言法則的意義上來說，概念的規則性闡述有其必要；我們甚至認為學生需要文法，他們也在無意識下展現了文法的規則；然而我們十分確信，如同我們所知的，學生完全不需要文法，而文法教學是一種極大的歷史誤解。孩子學*ye*，書寫*sebye*（self）時就包含在內了，並非因為它是與格，孩子才學會的，而是他常常這麼說，不只是由於他盲目地模仿他所寫過無數次的字。他歸納這些例子，不僅是應用在與格的構字上，還運用在某種別的方法上。

有個學生從他校轉入本校，他精通文法，但無法區分第三人稱反身不定詞，另一個學生費德卡，他沒有不定詞的概念，然而卻能正確無誤地對自己和別人解釋，遇到這種難題時就加上「將」（will）[91]這個字即可。

在雅斯納雅・波里耶那學校，我們視一切已知的語言學習法為合理可行的，在基礎教學時，只要學生能開心地接受，並且符應我們所教的知識，我們在一定程度上就會利用那些教學法；但我們也不認為這些是不可取代的，所以仍繼續試著尋找其他新的方法。我們採用的方法跟派瑞夫里斯基（Perevlysski）先生的有些類似，可是在雅斯納雅・波里耶那學校經不起兩天的實驗，如同今日的觀點，學習語言唯有透過書寫才行，雖然寫作構句即為本校語言教學的主要方法，但我們希望能再找到更適合的方法。

91 第三人稱和不定詞的不同僅在於一個柔性的符號，是俄語學習的觀念。

作文

愈單純的題目愈難寫

在第一與第二級的班裡，作文要寫什麼由學生自己選擇。他們最喜歡的主題就是《舊約聖經》的歷史，老師告訴他們後，耗費兩個月寫成文章。第一級的學生最近開始寫《新約聖經》，但成果與撰寫《舊約》時並不一致，甚至在拼字法上犯了更多錯誤，他們完全不明白原因。

我們試著提供第一級的學生作文題目，而且很自然地要他們去描述單純的物體，例如穀物、房屋、樹木等；然而，令我們大感訝異的是，這些要求讓他們快要哭了。雖然有老師的協助，但是將穀物的敘述切割成生長、做成麵包，以及用途，這樣的題目學生們堅決拒寫，即使他們寫了，也會在拼字跟語意上犯下最不可理解和讓人搞不懂的失誤。

我們試過規定他們描寫某些事件，而全部的人高興得像得到禮物似的。學校裡受人歡迎的敘述造句，也就是所謂的簡單東西，像是豬、壺、茶几，反倒比來自他們記憶的完整故事還要困難。同樣的問題也發生在其他授課的學科。對老師而言，最單純與最廣泛的應是最簡單的才對，可是在學生則反之，最複雜跟最生動的才是容易。

所有自然科學教科書皆是先介紹一般法則，語言教科書始自釋義，歷史則依照各個時代區分，幾何學甚至一開始也先講空間概念的定義及數學的小數點。幾乎每個老師被同樣的思考方式引導，作文課一開始先給學生一個桌子或長椅的題目，對此老師一點也不覺得困擾，但是否有人站在哲學辯證的高度看待這個物體？而為寫有關長椅這篇作文而哭泣的孩子，也許能夠優異地表現出喜愛或憤怒的情感，例如約瑟跟哥哥們的相會，或是與同伴的爭鬥。作文的主題原本就該來自於事件、人物的關係，以及吟誦故事的描繪。

以描繪故事做為寫作的題材

寫作是一件令人愉快的事。當最年長的學生在學校以外，手握筆與紙時，他們不會寫下「親愛的先生」，而是一些他們自己編織的童話故事。起初，我對於學生作文的架構過於笨拙和不均衡感到煩惱；我以為自己已經妥當地對學生說明什麼是必要的了，可是他們誤解了，事情糟透了，他們並未認清寫作除了不犯錯之外，還有其他要素。不過現在時機成熟了，我們常常聽到不滿的意見，那些人認為不必要如此雕琢文章，或是從一個主題換到另一個主題太過繁瑣及跳躍了。很難去表明學生堅持的主張何在，但那些都是正當的。有些人聽到同學的作文，叫道：「這樣寫太笨拙了！」有些人在聽過別人的作文後，不想去念自己的，因為他們聽到他人的美妙之處；有的人不受老師控制地撕了習字簿，不滿地聽著有異於自己所想的句子，並且讀著它。每個人都開始明確地表露自己的看法，以至於我們嘗試讓學生猜猜我們讀的是誰的作文，在第一級的班裡，大家全部猜中。

由於篇幅的限制，我們暫且不談語言教學和其他學科以及教師日記的摘錄；在這裡僅從第一級裡抽出兩個學生的作品，做為範例，我們並未訂正其拼字錯誤與標點符號，一切就像他們交來時的模樣。

字母開頭為B的學生（是一個家境十分清寒，卻獨特且活潑的男孩）寫了關於圖拉跟求學的文章。有關求學的那一篇非常成功地描寫了班上的男生。B現在十一歲；今年是他在雅斯納雅．波里耶那學校的第三個冬天，而他入學前念過書。

關於圖拉：

「在接下來的主日，我再次造訪圖拉。當我們抵達時，弗拉德米爾．亞歷山卓維其跟我們說話，而卡茲．達諾夫去上主日學了。我們一直走、一直走，再一直走，好不容易才找到那裡，我們來了、看到了全部教師排好陣仗的樣子。我在那裡見到教我們植物學的老師。因此我向他們道早安！他們也回了早安。接著我走去教室，站在桌子附近，感到孤單，這就是我去圖拉所領受到的。我走啊走，看到一個婦人正在賣白麵包。我從口袋掏錢出來買麵包，然後就離開了。再來我又看到一個男子正在塔上行走，看著正在燃燒的地方。我遊歷過圖拉了。」

我的求學路的作品：

「在我八歲的時候，被送去古米的放牧場。我在那裡學得很好。然後我感到孤獨，開始哭泣，那裡的老婦人會拿棍子動手打我。後來我哭得更慘了。幾天後我回家說了這一切。他們將我帶離那裡，並讓我去鄧卡他媽媽那邊。我在那裡學得很好，而且他們從不打我，我學了全部的字母ABC。他們又把我送到弗卡·德米多維其。那裡，他死命地打我。有一次我逃離了，他們就去抓我。他們逮到我之後將我交給他。他抓著我，把我拉到長椅上躺平，手裡拿著一綑的棍子，開始攻擊我。我盡可能地大叫，而他在打我的時候要我念書。他聽著並說：『什麼？你這個××養的，瞧你念得多糟！吼，真是個豬玀！』」

以下是兩篇費德卡的作文範本，一篇是老師規定的題目；另一篇是他自己選的，是關於去圖拉旅遊的作品（費德卡學習至今已是第三個冬天了。他現在十歲）。

關於圖拉：

「穀物從地上長出來。起初是綠色的。等它長大一點後，從它的耳朵萌芽，而婦女們將之收割。也有穀物好像青草，牛羊都好好地吃著。」

這是該篇作品的結尾。他覺得寫得不好，感到不滿意。下面關於圖拉的文章是未經過修正的。

關於圖拉：

「當我還小，五歲的時候；我聽人們說過一些圖拉的事情，而我自己不曉得圖拉是怎麼的一個地方。因此我問了爸爸。爸！你旅遊的圖拉是怎麼的地方，哦那一定很棒？爸爸說：是的，沒錯。因此我說，爸！帶我一起去，我也要看看圖拉，爸爸說好吧可以，哪天我要去就帶上你。我好開心開始在長椅上又跑又跳。幾天後星期天到了。早上我才起床，爸爸已經將馬栓在圈欄裡了，我趕緊穿上衣服。我穿好並跑到圈欄裡時，爸爸已經套好馬了。我坐在雪橇裡起程了。我們馳行一段又一段的路，長達十四俄里遠。我看見高聳的教堂，並且大喊：爸爸！看那個好高的教堂。爸爸說：有個較小但更漂亮的教堂，我開始拜託他，爸爸我們去那裡啦，我要向上帝禱告。爸爸就帶我去那裡了。我們到的時候，他們突然敲鐘，我嚇到了並問爸爸那是什麼，是不是在撞鼓。爸爸說，不是的，大夥兒正在動身。他們要去教會向上帝禱告。我們禱告之後去了市場。走著走著，一路上踉蹌而行，我四下環顧。就這樣我們到了市場，我看見他們正在賣白麵包，我想不花錢就拿走。爸爸跟我說，不要拿，不然他們會取走你的便帽。我說為何他們要這麼做，而爸爸說，沒有錢就不能拿，我說好吧給我十戈比，我要自己買個小白麵包。爸爸給了我，我買三個白麵包並吃光了，然後說：爸爸，真是好麵包啊。我們買了需要的東西後，回到馬匹那邊並餵牠們喝水和吃乾草，牠們吃了之後，我們將之拉起準備回家，走進了小屋裡我什麼都沒穿，並開始告訴大家我在圖拉的狀況，還有爸爸跟我在教堂的情形，還有向上帝禱告。後來我睡著了而在夢中看到彷彿爸爸又去了圖拉。我立刻醒來，看到大家都在睡覺，然後接著又去睡了。」[92]

---

92 這一段全文有許多文法等錯誤，然而為求正確理解，中文翻譯仍依其邏輯譯之。

聖史

點名回答無助於學習成效

從學校創立以來，甚至到了現在，聖史與俄國史的教學法一直如下：學生聚在老師身旁，而老師僅依照《聖經》教導聖史，以及波戈丁[93]的《諾曼人時期》、瓦多弗佐夫的選集，兩者做為俄國史教材，闡述故事、詢問題目，並全體一起討論。若是同時有太多人說話，老師會制止他們，然後讓學生一個一個說；要是有人躊躇不前，就換下一個人說。倘若老師發覺有人聽不懂，就讓最優秀的學生複述，好照顧不了解的人。這不是事先規畫好的，而是自然發展出來的，如果老師掌握學生的一切，只要照規則管理學生那過動的傾向以及競爭心，便可以均等地讓五個、三十個學生成功地學習。不讓他們大叫，老師也不必反覆說過

93 波戈丁（Mikhail Petrovich Pogodin，1800～1875）：俄國史學家及記者。著有《諾曼人時期》（*the Norman period of Russian history*）。

的話，也不給他們機會變得狂怒，如此，就可獲致老師希望達到的學習效果。

在夏天經常有訪客及更換老師的期間，這個秩序改變了，歷史老師教得不太順遂。大多數學生表示不理解新教師上的課；在老師看來，學生說故事時不斷喧鬧，無法一個個講，而更重要的是，那麼多人壓在他背上，還有，男生如此多話，這種熱情令他感到不舒服（因為想要更了解，孩子們會緊靠著說話的人，為了看他臉上的表情和動作的改變。我不只一次觀察到，用這種方式最能理解講授者的正確手勢或語調）。

這個新老師上課會讓學生坐在長椅上，獨自一個人回答。被叫到的那個學生困窘得沉默不語，而老師在旁邊看著，帶著認命的花言巧語，或是溫順的微笑，說：「好吧，然後呢？很好，非常好！」我們都十分清楚那個老師的作法。再者，**我從實踐中確認一件事，沒有什麼比個別作答以及建立老師的權威，更會損害學生的發展了，就我看來，沒有什麼比這種把戲更能激怒學生。**

大人沒有權利去虐待孩子。老師明知學生受到折騰，臉紅紅地站在他面前冒汗；老師也感到不舒服又疲累，可他還是遵循規定，認為可以教會學生單獨說話。

為何得教導個人單獨說話，沒有人知道。也許是為了讓學生在皇室面前朗讀寓言。我曾經聽人說過，若不這麼做就無法在一個小時之內判定學生的學識程度。為此，我要回答：一個局外人確實無法在一個小時之內判別一個學生具有什麼知識，而且老師都曉得知識的評量並不見諸於學生的答案，也不在測驗中。**對我而言，個別問答這個方式是出自對記憶力的古老迷信**。自古以來，老師讓學生熟記每件事，辦不到的話，再用別的辦法裁定其弟子的知識程度，就是不會讓學生逐字地反覆背誦。後來有人發現了不斷熟記字句並不算知識，而且學生都用老師的話去記；然而單獨回答老師的要求並未改變什麼。他們沒考慮到，不論在什麼情況下，**雖然我們可能期待學生會背誦詩篇或寓言的話語，但是，為了能夠捕捉到言詞的內容並以自己的話表達，學生必須抱著喜愛的心情去做**。

熟記字句並不算是知識

不只是在較低階的學校、體操學校，甚至在大學，我對於根據既定答案，不然就是在逐字或逐句記憶的系統下，而施行的測驗大感不解。在我那個年代（我在一八四五年離開大學），考試前讀書不是逐字，而是一句接著一句地記，我僅將教授注記的地方熟記就得到了滿分。

不利於雅斯納雅．波里耶那學校教學的訪客，卻在某方面有利於我。他們完全信服我的主張，認為**背誦與測驗均為中古時期學校遺留下來的盲目崇拜**，而面對現今的狀況，是絕對不可能實行，那樣做甚至是有危害的。我經常被孩子氣的空想所驅使，無法自制，希望能花一小時坦誠地讓訪客見識學生的知識，結果不是訪客自己確信學生知道他所不曉得的（我用某種花招娛樂他），就是訪客假定學生非常清楚自己不懂的地方。我跟那位訪客（他是個聰明、有才華的人，且是個專家）沒有利害關係，卻為這種誤解所糾纏！即使我們不考慮這個檢查打擾到教學的進行以及在學生心裡產生不確定的想法，將來在指導者的審查期間，又會發生什麼諸如此類的事呢？

當時，我很確定一件事：**老師要將學生全部的知識做個簡歷是不可能的，因為那是做給局外人看的**，就好比無論如何，都不可能把我跟你的知識做成摘要。一個四十歲的男人接受地理測驗，就宛如要十歲兒童去參加這個考試一樣，既愚蠢又怪異。兩者都必須藉由死記活背的方式作答，一個小時的時間也無法查明他們真正具備的知識多寡。想要查出他們具備的任何一種知識，都必須跟他們一起生活幾個月才行。

一旦引進考試制度（我所知道的測驗都是每個問題要求單一答案）就只會產生一個新科目，要付出特別的努力與本事，這個科目叫做：為考試或課程做準備。學生在體育場裡讀歷史、數學，以及主要的科目，意即考試時答題的技巧。我不認為這種技巧在教育上是有用的學科。我身為老師，依自己的知識評定學生的知識程度，就算我們雙方都無法背誦日課的內容。如果一個局外人想要評定這樣的知識，就請他跟我們生活一陣子，並研究我們知識的成果以及學生勤勉的生活。沒有別的辦法，而且考試的意圖僅有欺瞞詭計、謊言和對教育的障礙。

在上歷史課的時候，學生都立即回答，不是為了證明自己的知識程度，而是他們覺得需要藉由文字來加強已經習得的印象。夏天時，新老師跟我都不懂為何會如此；從中只能確認學生知道多少，我們因此發現這樣一來更易於證實個別學生的所知程度。當時我尚未反省瑣碎和劣質的理由，不過堅信學生應該自由的守則拯救了我。大多數人一開始感覺遲鈍；最大膽的三個男孩總是各自回答；最膽小的三個則保持沉默並不斷哭泣，什麼都沒學到。

翻轉學校對學生思想的干涉

這整個夏天我忽略聖史課，而那個熱愛秩序的老師，恣意要學生坐在長椅上，用個別問答來折磨他們，並且對學生的執拗滿腹牢騷。有好幾次我建議他在上歷史課時允許孩子離開座位，但是那個老師視之為親切與情有可原的新奇作法（一如我事先預料的，大多數讀者也會如此看待我的建議），**而只要守著舊觀念的教師不以學生的初心為本，古老的秩序就會普及**，老師的日記裡只會記載著：「我實在搞不懂沙敏；葛利辛什麼都不說；佩特卡的執拗著實令我吃驚，他不肯說一個字；沙敏比以前表現得更差了」等。

沙敏是個臉色紅潤、圓圓胖胖的小男孩，眼睛閃爍，睫毛很長，是旅舍主人或商人之子，穿著鞣皮毛大衣以及非常合腳的小靴子，那不是他父親的，還有紅色棉質襯衫跟長褲。

那男孩富有同情心和大方的個性特別打動我，因為在上算術課時，他的想像力與歡樂的動力產生了最好的效果。在閱讀跟書寫方面他也不是完全不行。然而，他被詢問題目的當下，側著臉，擠在漂亮的捲髮中，眼淚從他的長睫毛下流出，看起來好像想躲離人群，顯然他已無法再忍受了。假若他熟記於心，就會背誦一段，但他辦不到，或是沒有勇氣用自己的話表達任何事。這若不是畏懼以前的老師所致（他過去曾從學於一個神職人員），就是對自己缺乏自信，或是在他視為比他下等的男生面前感到困窘，或是貴族心態作祟，又或者由於他曾經表現不佳，而苦惱自己落於他人之後，或是他那小小的心靈曾被某個老師無心的話冒犯，甚或是以上種種緣由綜合起來，天曉得。**儘管不是一個好的特質，他的羞怯確實出自於童稚靈魂中最佳的部分**。用物質或道德的棍子可能擊倒一切，恐會危及所有珍貴的特質，沒有了這些，老師將難以帶領他，可能會同時被打敗。

新老師聽了我的建言，讓學生從長椅解放，允許他們在任何喜歡的地方爬行，甚至是他的背上，從那天起，大家背誦得非常好，而那個老師的日記記載著：「執拗的沙敏說了些話。」

學校裡有模糊地帶，使學生不需屈從老師的領導，這是學校的辦學精神。這個精神是為了因應某種法則以及教師負面影響的風氣，意即教師為了不打破這個精神必須避免去做某些事情。例如，學校的精神總是翻轉關於學校的強制力跟秩序、顛倒有關老師對學生思考方式的干涉、指導學生的數量、顛覆課程的授課期間等。這種風氣迅速在學生之間流傳開來，甚至感染了老師，從他們說話的語氣、眼神、動作皆充分體現出來，而競爭行為帶來的緊張，有時是非常實際且必要的，而且是極度寶貴的行為，因此每個老師都應該提供一個目標。正如為了消化，嘴裡的唾液是必需的，但沒有食物的話，唾液就變得有害且過剩。儘管如此，在課堂之外繃緊神經雖然乏味又有害，卻是吸收心靈糧食不可或缺的條件。想要人為創造或事先安排這種情緒是不可能的，也無須如此，因為它總是自然而然地因應現狀而生。

如何在玩樂中創造秩序

學校在草創之初，我犯了個錯誤。有個男孩理解貧乏且缺乏學習意願，他已經習慣了學校乏味，我經常說：「跳一會兒！」那男孩開始跳；其他人開始大笑；跳完之後那個學生變成了另一個人。然而，他跳過幾次之後，我再叫他跳時，他卻覺得無趣極了，開始哭了起來。他曉得自己當時的狀況不該去做那件事，他還是無法控制自己的心靈，也不希望別人去制服它。孩子跟大人只能在興奮的狀態下，才會樂於接納事物，因此視學校的歡樂精神為敵人、障礙乃大錯特錯，即使我們常常傾向於學校不是玩樂的地方。

不過一個大型班級的學生活力太甚時，會影響老師領導班級的意圖，後來有一位老師很想要對著孩子大聲喊叫並抑制歡樂氣氛。如果生氣蓬勃能賦予課程一個目的，那就非渴望上課莫屬了。但是倘若活力充沛到將另一個目的置之不顧，錯誤就會隨著不當處理這個狀況的老師一起發生。老師在無意識下貼近每個人，他的問題在於如何持續鼓動這個活潑的狀態並以韁繩限制之。你問了一個學生，而另一個想回答：他知道答案，並向你鞠躬，雙眼直視著你；他幾乎無法藏話；他殷勤地跟著說故事的人，而且容不下任何一個錯處；若是詢問他，他會激昂地告訴你，而且他所說的都是影響他至深的東西。但要是讓他把皮繃緊，不准說話一個半鐘頭，那他就會捏旁邊的同學來打發時間。

再舉一個例子，走進縣立學校，或是一個德國學校，在門口聽了一個半小時，裡面一片寂靜，撇開秩序不談，他們全在做自己的工作；全班生氣勃勃，但那有別於我們所謂的調皮搗蛋。在我帶的班上這是常有的現象。離開教室來到中庭，大喊聲達到了最高程度，我們返回門口時，發現男生們繼續說著故事，彼此修正與校對，無須我們介入，他們常常會自己安靜下來，不再頑皮了。

就如同學生整齊地坐在長椅上，一個個地問他們，即便如此，這個秩序也必須包含每個人都曉得的簡單規則，否則第一次做就會失敗。大聲重覆最後幾句話的那些人，他們只是增加噪音而已。學生必須了解，製造噪音的魔力不該成為他們主要的目的及問題。老師有必要去測試某些學生，看看他們是否能自己說出每件事、能不能捕捉到完整的文意。假若學生太多，就該多組，讓他們各自對彼此說出故事才行。

不用擔心新進學生一個月都不開口，只要看他是否忙著做跟故事有關或其他的事。一般說來，新學生只能領悟到事件的表面，他完全專注在觀察學生如何坐跟躺、老師的嘴脣怎麼動、學生怎麼大叫；倘若他是個安靜的男孩，就會像別人那樣坐著；如果他很大膽，就會跟別人一樣大叫，老師說的話什麼意思並不重要，只要重覆旁人的話即可。老師跟同伴制止他時，他就會懂得還有其他事具有意義。經過一段時間，他會開始說故事。老師很難察覺在他身上理解的花朵是如何及何時綻開的。

讓學生保有自己的學習步調

最近我有機會在一個沉默了一個月、非常羞怯的女孩身上看到理解的花苞綻開。名字第一個字母為U的先生說了一些東西，而我在外面觀察時看到了。那時全部的人正要開始說故事，我注意到瑪芙卡做著手勢，從長椅上爬下來，她從聽故事的人變成說故事的人，而且跟別人愈靠愈近。當大家一起大聲說故事時，我注視著她：她好不容易才動了嘴脣，眼神中充滿了想法跟生機。與我四目相視後，她退卻了一些。一分鐘後，我再度四處張望，而她再次喃喃低語了些什麼。我請她說說那個故事，她完全失了神。兩天後，她精采地說出一個完整的故事。

最能證明學生記得他們聽到的方法，就是他們自己憑記憶寫下故事，這裡僅提供修改過拼字後的版本。

從十歲的M的筆記中摘錄出：

「上帝命令亞伯拉罕將兒子以撒做為獻祭。亞伯拉罕派了兩個僕人跟著。以撒帶著木頭跟火，而亞伯拉罕帶了刀子。當他們來到赫耳山，亞伯拉罕留下兩個僕人，親自帶著以撒爬上山。以撒說：『父親，我們東西都有了，那麼，牲品呢？』

「亞伯拉罕說：『上帝命令我拿汝當祭品。』

「所以亞伯拉罕起了火，並放下他兒子。

「以撒說：『父親，綑起我，不然我會跳起來並殺了汝。』

「亞伯拉罕拿了繩子並綁了他。他搖晃著手臂，接著從天堂降下了一位天使，托住他的背並說：『亞伯拉罕，不要將手放在你年輕的兒子身上，上帝看到了你的忠誠。』

「然後天使跟他說：『到草叢裡去，一隻閹羊被抓在那裡，牽走牠來代替你的兒子。』後來亞伯拉罕獻給上帝一個牲禮。

「接著到了亞伯拉罕幫兒子娶媳婦的時候。他們有個僕人以利澤。亞伯拉罕喚來這個僕人，跟他說：『向我起誓，你絕不會從我們城裡討老婆，但是你會去我送汝去的地方。』

「亞伯拉罕送他到美索不達米亞的拿鶴。以利澤騎著駱駝走了。當他走遠了，開始說：『上帝啊，給我這樣的新娘，第一個過來，然後給我和我的駱駝水的人，她將會是我主人以撒的新娘。』

「在以利澤幾乎說不出話時，一位少女過來了。以利澤開始向她要水喝。她給了他水，並說：『你的駱駝可能想喝水。』

「以利澤說：『好的，給牠們水喝。』

「她讓那些駱駝喝了水，接著以利澤給她一條項鍊，並說：『我可以不要整晚待在妳的房子裡嗎？』

「她說：『可以。』

「他們走到房子那裡時，她的親人正在吃晚餐，他們將以利澤放下去吃晚餐。

「以利澤說：『我說個話後才要吃。』

「以利澤跟他們說了事情始末。

「他們說：『我們願意，但是她呢？』

「他們問了她，她也願意。接著她的父母祝福了利百加，以利澤跟她坐在一塊兒，然後他們騎著駱駝走了，以撒走路越過了田野。利百加看到了以撒，並用一條毛巾包住自己。以撒直奔她而去，並牽起她的手，領她進入他的房子，後來他們就結婚了。」

再來是取自於I和F兩個男孩的筆記，是有關雅各的：

「婚後利百加有十九年沒生育，然後她生了雙胞胎，以掃和雅各。以掃是個獵人而雅各在家協助母親。有一天以掃想去殺幾隻野獸，但他一隻都沒殺到，生著氣回到家裡；當時雅各正在喝雜食濃湯。以掃過去並跟他說：『讓我吃這些雜食。』

「雅各說：『把你的長子繼承權讓給我。』

「以掃說：『拿去。』

「『你發誓。』

「以掃發了誓。然後雅各給了以掃那碗雜食濃湯。

「當以撒老了眼盲了，他說：『以掃，去殺了一些鹿給我！』

「以掃去了，利百加聽到了，跟雅各說：『去殺兩隻小鵝。』

「雅各去殺了兩隻小鵝，再帶來給他母親。她烤了鵝並用皮包覆著雅各，然後帶著食物去找父親，並說：『我已帶來你最喜愛的餐點了。』

「以撒說：『過來，靠近我一點。』

「雅各靠了過去。以撒開始觸摸他的身體，跟他說：『這是雅各的聲音，卻是以掃的身體。』

「後來他祝福了雅各。雅各剛到門外，以掃通過了門，說：『父親，這裡是你最喜愛的餐點。』

「以撒說：『以掃剛剛來過了。』

「『不，父親，雅各欺騙了你。』他穿過門，哭著說：『讓父親死吧，然後我將追隨汝。』

「利百加跟雅各說：『去請求你父親的祝福，然後去找你舅舅拉班。』

「以撒祝福了雅各，去找他舅舅拉班了。在這裡夜晚籠罩著他。他在田野待了一整晚；他找到一顆石頭，放在頭下就睡著了。突然間，他在夢裡看到某些東西，彷彿從地上到天堂立著一座梯子，天使上上下下的，而主在頂端站著，跟他說：

「『雅各，汝躺著的是我給汝以及汝的子孫的土地。』

「雅各起身，並說：『這裡太可怕了，顯然這是上帝的房屋，我得從那兒回來，並且在這裡建造一座教堂。』然後他點亮一盞燈，再來他繼續走，他看到牧羊人在放牧羊群。雅各開始請問他們他的舅舅拉班身居何處。

「牧羊人說：『他女兒在那裡，她正趕羊去喝水。』

「雅各趕上了她，她無法從水井那邊推走石頭。雅各推走了石頭並餵羊喝水，說：『汝是誰的女兒？』

「她回答：『拉班的。』

「『我是汝表哥。』

「他們互相親吻，然後回家。拉班舅舅接受了他，說：『雅各，待在我身邊，我會付錢給汝。』

「雅各說：『我不是為了錢留在這裡，不過給我你的年輕女兒拉結。』

「拉班說：『跟我一起住七年，然後我就會給你我的年輕女兒拉結，因為我們沒有權利這麼快就讓一個年輕女兒離開。』

「雅各跟他舅舅一起住了七年，後來拉班將拉結許配給他。

取自於八歲的T和F的筆記，關於約瑟的故事：

「雅各有十二個兒子。其中他最喜歡約瑟，並且為他做了五花十色的衣服。後來約瑟做了兩個夢，他告訴了他的哥哥們：『在夢中，好似我們在田野裡收割黑麥，我們收割了十二綑。我自己那一束立得挺直，而其他十一束在我那一束面前垂了下來。』

「哥哥們說：『我們真的得對汝彎腰？』

「接著他又說另一個夢：『那彷彿在天堂裡有十一顆星星，太陽跟月亮都彎向我的星星。』

「父母親說：『難道我們得向汝彎腰？』

「他的哥哥們走了很長一段路去牧羊，然後父親遣約瑟送些食物給他們。他的哥哥看到他，他們說：『我們的讀夢者來了。咱們將他推進一個無底的井裡去。』

「呂便自忖：『等到他們都走遠了，我要將他拉出來。』後來有幾個商人經過。呂便說：『讓我們將他賣給埃及商人。』

「他們賣掉了約瑟，而商人又轉賣給弄臣波提乏。波提乏很喜歡他，他的妻子也喜歡他。波提乏有時候出去不在，他的妻子對約瑟說：『約瑟，我們一起殺了我丈夫，然後我再嫁給汝。』

「約瑟說：『如果汝再說第二次，我就告訴汝的先生。』

「她抓著他的衣服，並且大叫出來。僕人們聽到了，趕緊衝進去。接著波提乏到了。他的妻子告訴他約瑟想殺了他，然後再娶她。波提乏命令將他押進大牢。因為約瑟人很好，他在那裡受到的待遇不錯，他還幫忙照顧監獄。有一次約瑟穿過監獄，看到兩個人哀愁地坐著。約瑟走近他們，問道：

「『你們為何如此悲傷？』

「他們說：『有個晚上，我們做了兩個夢，可是沒人可以解夢。』

「約瑟說：『是怎樣的夢？』

「那個斟酒人開始告訴他：『我夢到自己採了三顆莓果，壓出果汁，呈給了國王。』

「約瑟說：『三天內，你將會到你夢裡的地方。』

「接著那個膳務員開始說：『我夢到自己帶了十二條麵包放在籃子裡，鳥飛了下來，還啄了麵包。』

「約瑟說：『你在三天內會被吊死，而鳥會飛來啄食你的身體。』

「結果真的發生了。

「有天晚上法老看到了兩個幻象，他集結了他所有的智者，而他們無法為他解夢。斟酒人想起了先前的事，並說：『我心裡想起某個人。』

「國王派遣四輪馬車去接他。他被帶來時，國王開始說：『我夢到自己站在河岸上，出現了七隻肥雌牛和七隻瘦的；瘦的將自己拋到肥的身上並開始吃起牠們，而且沒有變肥。』

「再來是另一個幻影：『我夢到一個梗上長滿七個穗，還有七個空的梗；空的梗自己投到滿的梗身上，吃了它們，卻沒有長滿穗。』

「約瑟說：『這表示將有七個豐年和七個饑荒之年。』

「國王給約瑟一條戴在肩膀上的金鍊子，以及戴在右手的戒指，並且告訴他去建造穀倉。」

不要使用改寫或精簡版的讀本

所有的學科裡已涵蓋聖史、俄國史、地理以及部分物理學、化學、動物學的教學，除了歌唱、數學和繪畫之外。關於當時特別介紹聖史的部分，我詳述如下：

首先，選擇《舊約聖經》做為其他課程之前的題材，不只是因為聖史的知識是學生與家長必備的，還有在嘗試了三年之後，我發現沒有什麼比《聖經》更適合男生們學習的口述教材。我曾在創校之初去他校考察過，其他學校都一再重覆教授同樣的東西。我試過《新約聖經》、俄國史以及地理；也試過我們最喜歡的科目，解釋自然的現象，然而全部都容易學過即忘，而且學生也還沒準備好聽老師的課。另一方面，學生對於《舊約聖經》則滿是狂熱地記住、高興地複述，在學校或在家裡都是如此，孩子也留下了深刻的印象，跟他們說過故事之後兩個月，學生憑記憶在筆記本裡寫下聖史故事，不過稍微有些遺漏。

在我看來，關與一個民族童年的書總是孩子最佳的讀物，不可能有別的書可以取代了。但改寫或精簡《聖經》就像主日學的教科書之類的，都是有害的。在書裡的每件事、每個字都是真實的，一如啟示，也像藝術。閱讀《聖經》、精簡版的聖史，還有在聖史裡的《聖經》翻譯本，其中有關世界的創生晦澀難懂；除非背誦，你無法從聖史裡學到知識，由於呈現給兒童的《聖經》是莊嚴且生動的圖片，你絕對忘不掉。在聖史中省略掉一些內容會變得難以理解，而且只會削弱《聖經》的特色與文詞之美。何以如此？譬如說，沒了聖史刪去的部分，就什麼也不剩了，上帝的精神生於混沌之上，祂創造了一切，祂俯視所創之物，看到全部都很好，然後如此這般的一天就分成白天和晚上了嗎？為什麼他們省去上帝從鼻孔呼氣，生了一個靈魂，從亞當身上拿出一根肋骨，上帝用肌肉填滿了那塊肋骨……等等呢？

讓未受汙染的兒童閱讀《聖經》，你就會曉得到何種程度是必要且真實的了。讓年輕女士們不必拿著《聖經》可能會寵壞她們，不過我讀書給農民孩子聽時，不會遺漏任何一個字，而且不會有人在別人背後咯咯地笑，大家都帶著恐慌和自然的敬畏心傾聽著。羅得跟他女兒以及猶大的故事均讓他們毛骨悚然，而非大笑。

如何使學生理解又清楚，特別對象是兒童，同時，每一件事是多麼嚴厲又認真！我不了解如果教育不是為了闡述《聖經》，會變成什麼樣子。那似乎會變成，假使我們只在童年讀那些故事，然後忘了它們對我們的好處是什麼？如果我們完全不知道那些故事，會有什麼不同嗎？

彷彿只有你不教別人的時候，才有機會從其他孩子身上看見自己成長至今的一切元素。在孩子還沒學習《聖經》之前，能夠教導他們書寫跟閱讀，授予他們歷史、地理及自然現象的概念；但是這樣的做法從未發生，無論在哪裡，兒童最初學的就是《聖經》故事及其摘錄的章節。師生關係首先植基於此書。這種普世的現象絕非偶然。我在雅斯納雅．波里耶那學校自始所秉持的絕對自由，幫助我找到此現象的緣由。

引導孩子看到知識帶來的新世界

一個孩子或是大人進入學校（從一至十歲、三十或是七十歲，我都不做區分），帶著他們所熟悉與喜愛的看待事物的觀點，那是他從生活中體會出的。**一個人不論幾歲都應該學習，所以必須讓他想要去學習。而為了讓他想學，就必須認清自己觀點的錯誤與不足之處，**並且還得預知新世界的觀念，對於這一點，教育會為他敞開大門。如果他學習所獲得的只是讀、寫、算的技巧，任何大人或小孩都無法學習；假若教師沒有比學生具備更高明的世界觀，所有教師都不能教書。為了讓學生信服老師，老師必須為他揭開隱藏在自己身上具有魅力的思想、知識及詩文的那一面，而接受教育將會使學生見識到這一切。唯有置身於這樣輝煌世界的魅力之中，學生方能以我們所願的方式，自己去努力。

那麼，我們有什麼方法去為學生揭開那個布幕的邊緣呢？如我所言，正如許多人想的，我自己身處那個世界去指引學生，我能輕易地教授基礎能力、解釋自然的現象，像說ABC一般告訴他們，但是學生不但不相信我，還疏遠我。後來我嘗試為他們讀《聖經》，並完全虜獲了他們。布幕的邊緣已然升起，他們無條件地投降了。他們愛上了書，用來求取學問，並且與我一同學習。現在我要做的只是引領他們往前邁進。

讀過了《舊約聖經》，我跟學生談《新約》，他們愈來愈喜歡讀書和我了。然後我以《聖經》貫穿世界史、俄國史以及自然史；他們傾聽每件事、相信一切，懇求我繼續不斷地說下去，直到他們對思想、知識和詩文產生了新的看法。

或許這是個偶發事件。也許在別的學校起初以截然不同的方式教學，依舊獲得同樣的結果。可能吧。不過這個偶然不斷地發生在所有的學校跟家庭，讓我無法相信這只是湊巧。

沒有一本書像《聖經》那樣為學生開啟一個新世界，並讓他在不知不覺中愛上知識。甚至在學生們不曉得是《聖經》的情況下講述，也能做為一個啟示。至少，能夠以精簡的詩歌體裁行文，連結人類各方面思想的，除了《聖經》，我找不到其他作品。這本書解答了自然現象的一切問題；人類彼此的原始關係，如家庭、邦國、宗教，全部皆可在初次閱讀此書時認知到。《聖經》展現出觀念、智慧、天真單純的樣態，這些概述均得以在第一時間判讀學生的心智。大衛詩篇的抒情詩體不僅感動了成人學生的心靈，也讓每個人聞知《聖經》時，全然地感染其史詩般、無法模仿的單純與崇高的魅力。

誰不曾為約瑟及他與哥哥們相見而哭泣？誰不曾懷著沉重的心情敘述參孫被綑綁並奪去頭髮的故事？當他對敵人復仇時，自己也在毀滅塌陷的宮殿中喪生了，除了對養大自己的母親的乳汁外，不也承受了上百次的感動嗎？

讓那些宣稱《聖經》因流傳久遠而不實用，並否定其教育意義的人介紹一本書，其中的故事能夠解釋自然現象、源於世界史或他們想像中的事件（這些全都能輕易地在《聖經》中取得），如果他們拿得出這樣的書，那麼我們就承認《聖經》現在確實不夠實用了。

教育學可做為解釋許多生命現象以及社會與抽象問題之用。

假如《聖經》是依唯物論的觀點而書寫的，那麼，只有唯物論有其權利宣布自己獲勝，而孩子就會依《聖經》所言接受教育。歐文[94]的企圖無法證實這個可能性，正如生長在莫斯科溫室裡的一棵檸檬樹，無法證明其他的樹能夠在沒有流通的空氣跟太陽之下也能成長。

我再次申重自己的信念，那或許是單方面的經驗推論。若無《聖經》，孩童或成人在社會上的發展是難以想像的，如同希臘社會沒有荷馬一樣不堪設想。兒童第一本閱讀的書唯有《聖經》。《聖經》的內容與形式都應做為所有兒童手冊及讀本的典範。一本翻譯通順的《聖經》將會是最受歡迎的書。當前這個時代所出版的譯本將成為俄羅斯民族史的新紀元。

94 這裡可能是指英國烏托邦社會主義者羅伯特・歐文（Robert Owen，1771～1858）。歐文是首位提出無產階級貧困之因的人，晚年亦提出過共產主義的主張。

經典簡化反而有害孩童理解

現在該談談聖史的教學了。我認為用俄語撰寫的短篇聖史犯了雙重罪過：違反其神聖性和背離詩意。這一切改寫看似讓聖史的學習更流暢了，實則只會變得更難懂。應該要在家裡，懷著愉悅的心情，頭靠在手臂上閱讀《聖經》才對；而簡略版只能藉由教鞭的幫助來熟記。這些簡短的故事不僅乏味且不完整，破壞了學生體會《聖經》詩趣的能力。我多次見識到差勁的、難以理解的語言如何損害了《聖經》的弦外之音。然而，學生會將《聖經》裡出現的艱澀難懂的文字和其中的小插曲一起記住；學生的注意力將被它們的新奇所吸引，並成為他們撰寫故事的指導原則。

學生經常使用華美的詞藻來說話，只為了得到他人好感，但他從《聖經》內容裡吸收的簡潔文字卻消逝無蹤了。我也曾觀察到從他校轉入的學生，總是不太能或完全無法感受《聖經》故事的魅力，因為這個魅力已經被要求背誦及老派魯莽的教學方式所摧毀了。這些學生描述故事的方法，甚至教壞了更小的學生和他們的兄弟，這反映出簡略版聖史只不過是平庸的東西。藉由這些有害的書，其中平凡無奇的故事內容在群眾中找到出路，而學生頻頻從家裡帶來這種奇特的、有關創世、亞當以及美哉約瑟的傳說。這些學生無法體驗到其他學生初次聆聽《聖經》時的感受，他們驚恐地覺察每一個字，並且至少會思考，現在自己將獲悉世界上所有的智慧了。

我一直依據《聖經》教授聖史，並覺得任何其他教學法都是不正當的。《新約聖經》同樣是根據福音書說給學生聽的，聽過之後再寫進筆記本裡。《新約聖經》並不容易讀懂，因此需要更加頻繁地吟誦才行。

以下是關於《新約聖經》的一些範例故事：

來自名字字首為Ｉ和Ｍ兩個男孩的習寫簿，寫的是有關主的晚餐。

「從前從前，耶穌基督派遣祂的弟子到耶路撒冷，並且對他們說：『如果你們碰見一個帶著水的人，跟著他並問：先生，領我們去一個房間，好讓我們準備過逾越節。他會帶你們去，而你們就在那兒做準備。』

「他們動身去了，也見到了祂跟他們說的，於是他們籌備過節。到了晚上，耶穌自己去那裡與弟子相聚。在用餐時，耶穌基督脫下祂的衣服並自己拿毛巾備著。然後祂拿水盆將之沾水，替每個弟子洗腳。當祂走向彼得想替他洗腳時，彼得說：

「『主啊！汝絕不可為我洗腳。』

「然後耶穌基督對他說：『我若不為汝等洗腳，汝等將無法與我在天國相會。』

「接著彼得驚恐地說：『主啊！不要只洗我的腳，連頭和身體都洗吧。』

「而耶穌跟他說：『洗淨一個人只要雙足即可。』

「後來耶穌基督自己治裝並且上座，拿著麵包，祈福並扳開它，開始傳給祂的弟子，說：『拿著，吃它，這是我的身體。』

「他們拿了也吃了。耶穌拿了一碗酒並祈福，開始傳給弟子，說：『拿著，喝它，這是我在《新約聖經》裡的血。』

「他們拿了也喝了。接著耶穌基督說：『你們其中之一將會背叛我。』

「諸弟子開始說：『主啊，是我嗎？』

「耶穌基督說：『不是。』

「接著猶大說：『主啊，那是我！』

「耶穌基督有些大聲地說：『是的。』

「之後，耶穌基督對祂的弟子們說：『我給一片麵包的人將會背叛我。』

「然後耶穌基督給了猶大一片麵包。這時撒旦降臨到他身上，於是他不安地離開了那個房間。」

再一則是取自名字字首為R和B兩個男生的習寫簿：

「後來耶穌基督跟祂的弟子們一起進入客西馬尼，向上帝禱告，祂對弟子說：『等我祈禱，別睡著了。』

「耶穌回來後，看到祂的弟子們都熟睡了，祂叫醒他們並說：『你們無法等我一個鐘頭。』

「後來耶穌再次向上帝祈禱。祂向上帝禱告並說：『主啊，這個杯子不能忽視不管嗎？』然後祂向上帝祈禱了很久，祂開始滲出血來。有一個天使從天堂降下來，著手補強耶穌的身體。接著耶穌返回弟子那邊，對他們說：『汝等為何在睡覺？人類之子放棄自己的生命，交給祂的敵人的時候到了。』

「接著猶大對大祭司說：『抓住我所親吻的人。』

「然後弟子們追蹤耶穌，他們看到一群人。猶大走到耶穌身邊想要親吻祂。因此耶穌說：

「『汝要用一個親吻來背叛我嗎？祂對著人群說：『汝等在尋找什麼？』

「他們回答：『拿撒勒的耶穌。』

「耶穌說：『我就是。』

「由於這個話，所有的人都墮落了。」

歷史和地理

歷史和地理是無用的知識？

教完了《舊約聖經》後，我自然而然地想到要教授歷史跟地理。正如我以前也學過，這兩個學科在所有的兒童學校都有教，也由於《舊約聖經》裡述及猶太人的歷史，孩子當然會想知道在哪裡、發生在何時，還有在什麼情況之下發生了什麼事，另外還有埃及、法老以及亞述國王是什麼之類的。

我從教授歷史著手，一如往常的從古典時期開始。但是不管是毛姆森[95]、鄧克爾[96]或是我，竭盡全力也無法令其變得有趣。學生對法老王塞索斯垂斯、埃及的金字塔以及腓尼基人都不感興趣。我希望他們提出問題，像是哪些民族曾對猶太人做過什麼事，以及猶太人住在哪裡、漂泊到何處，他們會有興趣的；可是學生不覺得需要知道這些。法老、埃及還有巴勒斯坦必定存在於某時某地，曉得這些一點也不令他們感到滿足。那些猶太人是他們的英雄，其他人都不必要，是多餘的人。我在創造埃及與腓尼基人的英雄上失敗了，因為沒有那類的題材。不論我們多詳細地解釋金字塔如何建成，或是階級制度如何構成，對我們，也就是孩子們，又有什麼關係呢？對我們有什麼好處呢？那些歷史中不見亞伯拉罕、以撒、雅各、約瑟和參孫。在古代史裡，有一些是學生記得的，也喜歡的部分，像是西蜜拉米斯[97]的故事，但那只是偶然，不是由於那個故事解釋了一切，而是它具有藝術性，聽起來也像童話。可是這類情節很罕見；其餘的就很枯燥無聊、漫無目的，於是我被迫放棄世界史的課程。

我在上地理課也面臨跟歷史課相同的失敗。有時候告訴學生我想起的希臘、英國、瑞士的歷史，但彼此間毫無連結，僅是有教育性和藝術性的寓言而已。

教過世界史之後，我必須為俄國史做個實驗，我採用大量從伊須摩瓦[98]到瓦多弗佐夫的重編版，開始教陰鬱的、大家熟悉的，既無藝術性又沒有教育性的俄國史。我試了兩次：第一次是在教完整部《聖經》之前，第二次則在之後。由於已經讀過了《聖經》，學生絕對會

95 毛姆森（Christian Matthias Theodor Mommsen，1817～1903）：德國古典主義學者、法學家、歷史學家、記者、政治家、考古學家、作家，曾榮獲諾貝爾文學獎。
96 鄧克爾（Maximilian Wolfgang Duncker，1811～1886）：德國史學家及政治家。
97 西蜜拉米斯（Semiramis）：希臘神話中接替亞述王位的傳奇皇后。
98 伊須摩瓦（Aleksandra Ishimova，1805～1881）：俄國譯者，同時也是俄國最早的兒童文學作家之一。

抗拒回憶起伊戈跟奧列格[99]的存在。年幼的學生現在反覆學習相同的東西。他們還無法深入了解《聖經》中的微言大義，也無法用自己的話去表達，他們聽個五遍也記不得羅瑞克[100]和雅羅斯拉夫[101]的事。

年紀最大的學生現在能記住俄國史，並做筆記，但他們無法寫得像寫《聖經》故事那麼好，而且常常要求老師反覆吟誦。我們所說的故事來自瓦多弗佐夫及波戈丁的《諾曼人時期》。其中一位教師不知怎地，沒聽進我的忠告，熱情忘我地停留在封建時期，陷在馬斯提斯拉夫[102]、布來亞斯拉夫（Bryachislavs）以及波勒斯拉夫（Boleslavs）的無聊事之中。我進入該班級時，他們正在說故事。很難去描述當時的情景。大家安靜了好一陣子。最後，被老師叫到的那些人開始說話，其中有些較大膽的學生表現出較佳的記憶力。他們腦海裡想的全是那些「有趣的」名字，而故事人物的所作所為成了次要。

「所以他……是什麼？巴利卡夫，是嗎？」有一個人開始說：「繼續啊，你是怎麼說的？」

一個女孩幫他解圍：「莫斯拉夫，是不是，列夫．尼可拉耶夫維奇？」

我說：「是馬斯提斯拉夫。」

另一個孩子驕傲地說：「然後就澈底打垮了他。」

「繼續再來，那邊還有條河。」

「後來他兒子集結了一支軍隊，並且擊敗了他，你怎麼稱呼他的？」

一個記性有如盲人的女孩說：「我聽不懂。」

善卡說：「這真是個有趣的事。」

「不論如何，那是怎樣……米斯拉夫還是卻斯拉夫？惡魔也搞不清楚那能做啥？」

「要是你無法讓事情變得更好，就別吵我！」

「你懂得真多啊！你真是太聰明了！」

「別推我！」

若是有人協助，那些記性較好的學生會再度試試看，並且設法說些東西。然而一切過於怪異，而且看到這些孩子的情形，令人感到很遺憾（他們宛如母雞，過去丟給他們的是穀物，但現在丟的是沙，於是變得茫然，開始咯咯地笑，大家都振著翅膀，準備互啄羽毛），

---

99 奧列格（Olegs，？～912）：古羅斯王公。是諾夫哥羅德的第二位大公；有時也被視為基輔的第一位大公。

100 羅瑞克（Rurik，約830～879）：根據記載，他建立了基輔羅斯，是羅瑞克王朝的開國元勛。伊戈（Igor）是他的兒子。

101 亞羅斯拉夫（Yaroslav，約978～1054）：古羅斯王公；基輔大公。他的統治時期是基輔羅斯最強盛的時期之一。

102 馬斯提斯拉夫（Mstislav Rostislavich，約1143～1180）：以「The Brave」的名號著稱，是斯摩倫斯克（Smolensk）與大諾夫哥羅德（Novgorod）的大公。

授課老師跟我決定絕對不再犯這個錯誤。我們略過封建時期，繼續教授俄國史，以下是較大學生的習寫簿內容。

字首為V和R的學生寫道：

「我們的祖先被稱為斯拉夫人。他們不是沙皇也不是君主。他們分成好幾個家族，彼此攻擊並引發戰爭。有一次諾曼人來攻擊斯拉夫人，他們被征服了，並被迫支付貢金。然後他們說：『我們為何要這樣活著？我們來選一個君主，讓他來統治我們。』他們選了羅瑞克還有他兩個兄弟西留斯及楚渥。羅瑞克定都於拉多加，西留斯在伊茲博斯克與克里維奇，楚渥則在拜耶羅其羅。這兩兄弟死後，羅瑞克取得其領地。

「後來有兩個人去了希臘：亞斯科德與德爾。他們在基輔停了下來，說：『誰統治這裡？』

「基輔人說：『這裡有三個：凱、須卻克以及科律夫。他們現在死了。』

「亞斯科德和德爾說：『很好，我們要統治你們。』

「人民同意了，並且開始進貢。

「後來羅瑞克統治各城，並建造要塞，派遣貴族收集貢品帶回給他。接著羅瑞克下定決心用二百艘船迎戰康士坦丁堡。當他趕到該城時，那裡的君王不在。希臘人派人去請他。那裡的人民隨時隨地都向上帝祈禱。然後大祭司拿出一件聖母的衣服浸在水裡，那裡吹起了一陣暴風，羅瑞克所有的船潰散了。其中獲救的人很少。羅瑞克後來回家並死在那裡。他留下一個兒子，叫伊戈。

「奧列格在伊戈還小的時候代行政事。他想要征服基輔；他帶著伊戈旅遊直抵聶伯河。一路上他攻占了留比區與史摩冷斯克。他們抵達基輔的時候，奧列格派使者跟亞斯科德與德爾說有商人想見見他們，並將自己的半數人馬藏在船裡，另一半留在後方。當亞斯科德與德爾帶著一小隊隨扈出現時，奧列格的軍隊從船底跳出來襲擊他們。奧列格舉起伊戈，說：

「『你們沒有君主，也沒有君主的血脈，不過這位就是君主。』

「然後奧列格下令殺了他們並攻克基輔。奧列格以基輔做為首都，稱它為全俄羅斯城市之母。他統治各城市並建造要塞，派遣貴族徵收貢品帶回給他。後來他與鄰近部落打仗，戰勝了許多部落。他不想跟愛好和平的人起戰端，卻要跟勇猛的人打仗。接著，他準備迎戰希臘人，他的軍隊沿聶伯河而下。當他遊歷至聶伯河，他察看了黑海。到達希臘之時，他的軍隊跳上岸開始焚毀、搶奪一切東西。奧列格對希臘人說：『付我們貢品，每艘船一格里夫納[103]。』奧列格在這裡收集到三百普特，然後回家。」

103 烏克蘭的貨幣。

V和M學生的習寫簿上寫著：

「奧列格死了之後，羅瑞克之子，伊戈繼位。伊戈想要成親。有一次他帶著隨從跑出去玩，他得游過聶伯河。他突然看到有個女孩在一艘船裡游泳。當她抵達岸邊，伊戈說：『讓我進去。』她讓他進了船。後來伊戈娶了她。伊戈想要揚名立萬，因此他糾集了軍隊準備作戰，直下聶伯河，不是向右，而是向左，由聶伯河進入黑海，再從黑海駛向裏海。伊戈派遣信使到卡根人那裡借道，讓他越過田野；等到他從戰爭返回的時候，卡根人將得到一半的戰利品。卡根人讓他通過了。他們一靠近城市，伊戈命人到岸上，燒掉並砍了一切，還有捕捉戰俘。他們工作終了便休息，休息完了之後，非常開心地回家。他們到達了卡根人的城市，伊戈給他們當初承諾的戰利品。人民聽到伊戈正從戰場回來，於是向卡根人請求允許他們向伊戈復仇，因為伊戈害他們的親人濺血。卡根人叫他們罷手，但他們不從，並著手開戰，因而導致了一場浩大的戰役。俄羅斯人被打敗了，而他們從征戰中得到的一切全被拿走。」

讀者可以從擷取出來的章句看出，在這個故事裡感覺不到學生有多大的興趣。俄國史教得比世界史順利，只是由於他們習於吸收再寫下聽到的，也因為「讀這個要做什麼？」的疑問較不適用於此[104]。故事裡的那些俄國人是他們的英雄，就像猶太民族那樣。由於上帝最喜歡的民族是猶太人，且其歷史富有藝術性。儘管俄國史不具藝術性質，故事中的人物仍可成為他們的英雄，基於民族情感也得說明其歷史，然而教學法枯燥、冷漠，又冗長乏味。不幸的是，歷史這科少有機會做為民族情操的首選。

昨天我離開自己的班級，為了一探我聽到從別的房間傳來的躁動，而前往上歷史課的教室。原來是有關庫利科沃戰役[105]，每個人都興奮不已。「現在是在說歷史！太棒了！聽著，列夫·尼古拉耶維奇，我告訴你，他是怎麼嚇走了韃靼人的！」、「不，讓我來說！」其他孩子大叫。「那真是血流成河啊！」幾乎所有的人都能夠談論這件事，而且個個都挺熱烈的。

要先對過去的歷史感興趣，才會引起學生想要理解當代史的渴望，也才會積極參與這個社會。然而，如果只為了滿足國族情感，整個歷史還能留下什麼呢？僅有一六一二年、一八一二年，如此而已。你無法藉由回應歷史情感來詳細討論整個歷史。我理解教學者會利用歷史的傳說滿足兒童對其藝術性的興趣，但那不是歷史。為了歷史的教學，我們得培養兒童初

104 意即讀俄國史比起讀世界史更貼近學生、更具意義。

105 庫利科沃（Kulikovo）戰役：俄羅斯反抗蒙古韃靼人長期壓迫而發起的戰爭，由莫斯科公爵頓河的德米特里（Dmitry）率領。後世多認為這是俄國人擺脫蒙古統治的開始。

步的歷史情懷。那要怎麼做呢？

學習的興趣存在於書本之外

我常常聽到歷史教學應該始自末尾，而非從頭開始的說法，意即別從古代史而自現代史開始教。這個想法基本上是正確的。如果一個孩子不曉得何謂俄羅斯的領土或領土是什麼，他怎麼可能會覺得俄國建國始末有趣呢？我們應該讓孩子知道，每個俄國小孩堅決確信這個世界就如同自己生活的俄國；法國或德國的兒童也是。為什麼孩子，甚至是孩子氣的天真大人，聽見德國小孩說德語總會大吃一驚呢？

一般說來，對歷史的興趣出現在孩童對其藝術性產生興趣之後。對大人而言，知道羅馬建立的由來很有趣，是因為我們知道羅馬全盛時期發生了什麼事，正如我們認為一個偉大高貴的人的童年有趣一樣。與國家強權相反的是一群不重要的逃亡者，就我們看來，那是歷史的要素。我們具備對於羅馬最終狀況的想像，再來看羅馬的演變。我們了解俄羅斯帝國是什麼，才能對國家的建立產生興趣。根據我的觀察和經驗，要先對過去的歷史感興趣，才會引起學生想要理解當代史的渴望，也才會積極參與這個社會。因此，透過對政治的興趣及呈現的觀點、相互爭論、閱讀報紙，歷史的起源和當今的想法，必定會自然地出現在每個有思想的老師心中。

我在夏天做了幾個實驗，並將之記錄下來，這裡提出其中一例。

第一堂歷史課。

我想要在第一堂課解說俄國跟其他國家的相異之處，其邊界為何、政府結構的特性，告訴他們誰正在統治國家，以及皇帝如何與何時即位。

老師：我們住在哪裡，在哪個國家？

一個學生：在雅斯納雅．波里耶那。

另一個學生：在田野裡。

老師：不對，雅斯納雅．波里耶那在哪個國家？圖拉由誰治理？

學生：治理圖拉的地方在七十俄里遠。那是哪裡？統治的就是政府，而那就是那個地方。

老師：不對。那是政府的首都，但是政府有點不一樣。好吧，土地是什麼意思？

學生（他們以前學過地理了）：地球圓圓的像個球。

藉著詢問他們曉得的德國人以前住在什麼國家，以及如果要持續地朝著一個方向旅行，他們會想到哪裡？學生將被誘導回答他們住在俄國，然而，針對後面那個問題，有些會說哪裡都不去；其他人則說我們要到達世界的盡頭。

老師（重述學生的回答）：你們說你們會到其他的國家；起於哪些國家而終於俄國呢？

學生：從德國開始。

老師：所以，如果你們在圖拉遇見葛斯多夫伊凡諾維奇[106]與卡爾費多羅維奇[107]，你會說德國人已經開始建國了，而有一個新國家嗎？

學生：不，要等到處都是德國人才算。

老師：不對，在俄國有一個地方到處都有德國人。伊凡弗米奇（Ivan Formich）就是其中之一，而那裡仍屬俄國。為何如此？

一陣寂靜。

老師：因為他們遵守某項跟俄國人一樣的法律。

學生：一條法律？怎會如此？德國人不去我們的教堂，而且他們在齋戒日吃肉。

老師：不是那條法律，但是他們服從於沙皇。

學生（懷疑論者善卡）：那真是有趣！為何他們有一條不同的法律，卻還效忠沙皇？

老師認為有必要解釋法律為何，因而他問何謂「遵守法律，受到法律的管束」。

女孩（有獨立思想的莊園女孩，匆促且羞怯地回答）：接受法律意指「結婚」。

學生們滿是疑惑地看著老師。老師開始說明法律包括送人進牢裡，以及因偷竊或殺人而處罰他。

懷疑論者善卡：那麼德國人有這樣一條法律嗎？

老師：有些法律也與我們相關，像是鄉紳階級、農民、商人和神職人員（「神職人員」這個詞令他們困惑）。

懷疑論者善卡：那麼德國人也有這些嗎？

老師：在一些國家也有這類法律，有些則沒有。我們有俄國沙皇，而在德語國家則有德國沙皇。

106 葛斯多夫伊凡諾維奇（Gustav Ivanovich Sievers，1843～1898）：波羅的海德意志人，博物學家及探險家。

107 卡爾費多羅維奇（Karl Fedorovich Kessler，1815～1881）：俄裔德國人，動物學家。

這個答案令所有學生都滿意，連懷疑論者善卡也是。眼見關於階級的解釋快要被忽略了，老師問他們知不知道什麼是社會階級。學生們開始排除掉自己地數算：鄉紳階級、農民、教宗、軍人。老師問：「還有呢？」「莊園僕役、肉販、製造俄國銅壺的人。」老師要求他們區別這些階級的特性。

學生：農人耕地、莊園僕役服侍主人、商人貿易、軍人服役、俄國銅壺製造者準備俄國銅壺、教師服務大眾、鄉紳階級什麼都不做。

老師解釋真正的階級分類，但在試著弄清楚士兵的功用時徒勞無功，因為沒有戰事，軍人僅能做為國家遭受攻擊時的護衛，而僱用士紳階級是為了在政府機關提供服務。老師竭力地藉由闡明地球劃分成不同的國家，向他們說明俄國在地理上哪裡相異於其他國家。俄國人、法國人、德國人分割整個地球，並對自己說：「到此為止是我的，而到那為止是你的。」因此俄國就跟別的國家一樣，有了國界。

老師：你們知道什麼是邊界嗎？有沒有人可以向我解釋那是什麼。

學生（機靈的男孩）：越過土耳其高地，有一個邊界（這個邊界是立在從雅斯納雅．波里耶那到圖拉的路上的石頭，指示該處為圖拉郡的起點）。

所有的學生都滿意這個定義。

老師知道有必要用熟悉的場所來顯示邊界。他畫出兩個房間，並指出將之分離的界線，他帶來村子的平面圖，學生自己認出某些邊界。老師說明，或者說，他認為他在解釋，雅斯納雅・波里耶那的土地有邊界，即使跟俄國也有邊界。他自鳴得意，期待學生都懂得他的意思，但是當他問他們從我們的位置到俄國邊界有多遠時，學生一點也不遲疑地答覆，很簡單，只要用碼尺去測量距離即可。

老師：從哪個方向？

學生：只要從這裡到邊界那裡，再寫下多少就好了。

我們再次略過製圖、平面圖以及地圖。他們需要認識什麼是尺規，這是他們完全沒有的概念。老師提議畫一幅展示村莊街道的平面圖。我們著手在板子上繪圖，但是上面不見村莊，因為尺規太大了。我們擦掉它重新在臘板上用較小尺規作畫。尺規、平面圖和界線益見清晰。老師再次闡述說過的話，並詢問什麼是俄國及其盡頭在何處。

學生：我們住在這個國家，而這裡也住了德國人和韃靼人。

另一個學生：這個國家在俄國沙皇的統治之下。

老師：但是俄國的末端在哪裡？

女孩：在不信東正教的德國人的開端。

老師：德國人不是東正教徒，但德國人也信基督。（闡明宗教及信條）

學生（積極地、快樂地表示想起某件事）：在俄國，有一些法條是殺了人要送進監獄，所有的人都一樣，像是神職人員、軍人和士紳階級。

善卡：誰供養軍人？

老師：沙皇。這就是為什麼政府從每個人那裡收錢，而他們服務全部的人。

老師解釋王位是什麼，並讓他們重覆某些部分，或是邊界是什麼。

這個課程持續了約兩小時。老師確信學生已習得大量教授的內容，於是繼續用同樣的張力講授接下來的課程，而且他說服自己，他的方法要在許久之後才會出錯，而他所做的一切是最微小、不重要的事。

我不由自主地套入蘇格拉底式教學法的習慣性錯誤，它的德文是*Anschauungsunterricht*[108]，已達到怪異的最高等級。在這些課程中，我不會給學生任何新的想法，讓他們一直思考我灌輸他們的東西，而是隨我高興回覆兒童問題，並對他們造成道德影響。俄羅斯、俄羅斯人，同樣讓我們在不知不覺間留下有些模糊又定義不明的象徵。法律也存在著一樣晦澀難懂的文字。六個月前我做了這些實驗，而起初我極度滿意並感到驕傲，學生說我讀的東西是難得的，既好又有趣；然而，我有三個星期無法到學校工作，在那之後我試圖延續已經開始的課程，卻證明了我之前做的一切既無意義又是自欺欺人。沒有一個學生能夠告訴我何謂邊界、俄國和法律是什麼，以及克拉皮芬斯科縣的界線有哪些。他們完全忘記了學過的東西，而他們還用自己的方法認知。我確信是我的錯；可是我尚未決定這個過失是否存在錯誤的教學法中，還是在思想裡；或許找不到，那取決於在兒童發展的某段時期、沒有報紙和旅遊的幫助，以喚起兒童對歷史跟地理的興趣；也許正確的方法會被發現（目前我仍在努力找尋中），藉著那個方法，可能會挖掘出兒童的興趣。我十分清楚，那個方法不會存在於所謂的歷史跟地理之中，而是存在於書本之外，因為書本抹殺且抑制了兒童對它們的興趣。

108 其英文可譯為：object lesson 或是 visual instruction。

事實與情感，哪一個重要？

我在教授現代歷史時也進行了其他的實驗，而且非常成功。我告訴他們克里米亞戰役[109]的故事，還有尼古拉斯皇帝（Emperor Nicholas）的治理以及一八一二年的事件[110]。我幾乎是以童話的語調陳述這一切，並且將焦點集中在一個人身上，照理說，這樣從歷史角度上看是不正確的。但如我所期待的，拿破崙戰爭的故事獲得學生最大的迴響。

這個班級在我們的生命中成為難以忘懷的事件。我絕不會忘記。我答應孩子們會從最近的歷史說起，而另一個老師則從頭說起，所以最終將交會。傍晚的學生離開了，而我進入俄國史的教室裡。學生們正在談論斯維亞托斯拉夫[111]的事。他們覺得單調乏味。坐在高椅上、排成一列，一如以往，三個農村姑娘用手帕綁著頭。有一個人睡著了。米須卡推推我，說：「瞧瞧那兒，我們的布穀鳥正坐在那裡，一個睡著了。」他們真像布穀鳥！

有個人說：「你最好從後面開始說。」然後大家都醒了。

我坐下開始說了。與往常一般，吵鬧聲、哼聲、爭執，持續了約兩分鐘。有些人在桌底下爬行，有的在桌上，也有人在長椅底下、在旁人的肩上、膝上，大家都安靜不作聲。我開始講亞歷山大一世的故事，告訴他們法國大革命、拿破崙的勝利、他執掌政權的事，以及結束《提爾西特條約》的和平戰爭。我們談到俄國的那一刻，到處都是興趣濃厚的聲音和話語。

「好了，他也要征服我們嗎？」

「別想，亞歷山大會以此回報他的！」他們其中一個曉得亞歷山大事蹟的人如此說，但是我要令他們失望了，說到那裡的時候還沒到，當他們聽到沙皇的姊妹要嫁給拿破崙，以及亞歷山大跟他在橋上會面締結平等條約時，他們覺得不舒服。

佩特卡帶著威脅的手勢喊道：「等一下！」

「繼續說！」

當亞歷山大不向拿破崙屈服，就是說，亞歷山大向他宣戰，大家都表示讚許。當拿破崙對抗我們和十二個國家，並撼動德國人跟波蘭人時，他們的心情由激動變為沉重。

有一個德國人，我的朋友，正站在房裡。

佩特卡（他是最佳的說書人）說：「呃，你也要對抗我們。」

其他人大喊：「安靜！」

俄國軍隊的撤退折磨著大家的心，許多人問為什麼？並且詛咒庫圖佐夫和巴克萊[112]。

109 克里米亞戰役（Crimean campaign）：一六八七和一六八九年，俄羅斯針對克里米亞汗國的兩次軍事行動。

110 應是指一八一二年亞歷山大一世（Alexander I）成功抵禦拿破崙進攻俄羅斯。

111 斯維亞托斯拉夫（Sviatoslav Igorevich，942?～972）：軍事活動家，曾任基輔大公。

112 庫圖佐夫（Kutuzov）和巴克萊（Barclay）：兩位都是一八一二年對抗拿破崙大軍的俄羅斯將軍。

「你的庫圖佐夫不是好東西！」

另一個人說：「再等一等。」

第三個人問：「好吧，他會投降嗎？」

當我們講到博羅金諾戰役[113]以及末尾時，我不得不說我們並未贏得勝利，我為他們感到遺憾，顯然我給了大家重重的一擊。

「雖然我們這邊沒有獲勝，他們也沒有贏！」

拿破崙抵達莫斯科時，他期待的是鑰匙和敬禮，卻有種感覺，像是意識尚未被征服的喧譁聲。自然地，莫斯科的大火得到全體的贊同。然後勝利到來，拿破崙撤退。

我說：「他來到莫斯科外，庫圖佐夫從他後面衝上去，與他交戰。」

費德卡糾正我：「他讓他暴跳如雷。」

費德卡紅著臉，坐在我對面，興奮地彎著他黃褐色的纖細手指，那是他的習慣。他在說話的時候，整個房間發出興高采烈的聲音。在後排有個小傢伙快被壓垮了，但是沒有人注意到。

「這樣好多了！現在在哪裡拿鑰匙啊！」學生們說。

接著我繼續講述關於追捕法國的事。孩子們聽到有人來不及趕到博列尼那會合，導致我們放過了他們；佩特卡甚至痛苦地呻吟。

「我會射死他，因為他遲到了。」

後來我們甚至有一點憐憫那些凍僵的法國人。當我們越過國界，而德國人當時曾經與我們對戰、也曾與我們同盟，有人想起站在房裡的那個德國人。

「是怎樣？起初你們對我們不利，在失去力量之後又與我們聯手！」突然間所有人起身對著那個德國人叫囂，噪音連在街上都聽得見。等到他們安靜下來，我才接著告訴他們有關俄國乘勝追擊拿破崙，遠至巴黎，安排真正的國王即位，慶祝我們勝利，以及設宴。可是克里米亞戰爭傷害了我們整體的權益。

「等一下，」佩特卡揮著拳頭說：「讓我來說下去，我會為他們說明。」

如果我們現在有機會在塞瓦斯迪諾要塞[114]與馬拉赫夫山[115]，一定會回想起這件事。

我結束的時候已經晚了。一般說來孩子這時候早睡著了。但是沒人在睡覺，而且小布穀鳥們的眼神熱烈。我要起身時塔拉斯卡從我椅子底下爬了出來，嚇了我一大跳，他充滿活力且嚴肅地看對我。

113 一八一二年九月三日，俄法兩軍在博羅金諾（Borodino）進行戰役，史稱「博羅金諾戰役」，此戰為法俄交戰中，拿破崙死傷最慘重的一戰。

114 塞瓦斯迪諾要塞（Shevardino）：博羅金諾戰役的前一戰的發生地點。

115 馬拉赫夫山（Malakhov）：在《戰爭與和平》（War and Peace）裡，拿破崙入侵莫斯科時曾出現過的場域。

「你怎麼記得說到哪裡？」

某個人說：「他會從開始的地方說。」

不需要問他們懂不懂，從他們的臉上表情就看得出來。

我問：「好吧，你要說這個故事嗎？」

「我？」他想了一下。「我會說整件事。」

「我會在家裡說。」

「我也是。」

「還有我。」

「就這樣嗎？」

「是的。」

全部的人往階梯下方移動，有些人承諾要將之奉還給法國人，有些人斥責那個德國人，還有人複述庫圖佐夫如何令他暴跳如雷。

「*Sie haben ganz Russisch erzählt.*（德文，意思是：他們都用俄文說。）」那個被譏諷的德國人當天晚上對我這麼說。「你在德國必定聽過他們如何講述這個故事吧！你完全沒有提到關於德國人爭取自由的事。」

我完全同意我的故事不是史實，但是虛構的童話故事喚醒了國族情感。

結論是，做為歷史科的學習，按史實教學的效果略遜於童話故事的描述。

相信不等於理解

我在教授地理科時也如法炮製。我從自然地理教起。我還記得第一堂課就失去了方向，原因是我從來不曾察覺到自己並不曉得要讓十歲大的農民男孩懂些什麼。我該對他們說明夜晚與白晝的區別，卻完全離題了，變成解釋夏季跟冬季的不同。我為自己的無知感到羞恥，我研究起這件事；後來，除了那些最近才離開學校或是身為教師的人，我也向許多相識的人、有學問的人以及無名小卒求問，希望他們能不用地球儀，好好地為我解說此事。我向我所有的讀者詢問，以證實這段陳述。我敢斷定，儘管所有的兒童都在學習這個部分，一百多人之中卻只有一個人知道。研習好了之後，我再度著手為學生說明，而且，正如我所料，因為有蠟燭與地球儀的輔助，學生們有了極佳的概念。他們十分專注，並且聽得津津有味（我讓他們格外感到欣喜，他們知道自己的父親並不相信，回家說還能賣弄自己的智慧）。

我解釋完之後，懷疑論者、最聰明的善卡，問了這個問題制止了我的說明：「為何地球不斷運轉而我們的房子卻一直杵在同一個地方？房屋應該會移動位置才對。」

我知道我的說明已經超過這最聰穎學生的理解範圍了；究竟要怎麼做才能造就出最笨的

學生呢？

我又重新講述了一遍，用說的、畫的，並且引用所有地球是球體的證明：繞著地球航行，在看見甲板之前先看到的是船的桅杆等，然後我這樣安慰自己，他們現在一定都懂了，我讓他們謄寫這段學習經歷。大家寫道：「地球就像顆球，第一個證據是……，第二個證據是……」他們已經忘了第三個，要我告訴他們。顯然對他們而言，最重要的是記住那些「證明」。不只一次或十次，而是一百次，我重新說明這些，卻總是無法成功。對全部學生施測，他們都會給出圓滿的答案；但是我覺得他們並不理解，而且我認為自己在三十歲之前，對這些事情也沒有得到良好的觀念，我很樂於原諒他們的不理解，一如我小時候將之視為信仰的一部分，他們現在對於我的話，諸如地球是圓的之類的，即使搞不懂也仍然信服。

對我而言，現在甚至比較能夠了解地球與天空在世界的盡頭交會（是我童年初期乳母對我的影響），而在地球的終點，有婦女正在清洗她們的亞麻衣服、朝天空放走甲蟲。我們的學生長期以來堅信某些事，而他們所堅持的概念背離我試圖要慢慢灌輸給他們的。這需要長時間方能破除他們既有的認知，在他們能夠理解之前，無須用任何事物去貶抑他們。物理學與力學的法則將會全然破壞其舊有的觀念，然而他們跟我，還有其他人一樣，在學會物理學之前，就開始接觸自然地理學。

在教地理科的時候，一如其他學科，輕率是最普遍、嚴重，以及最有害的錯誤。我們弄得好像自己很開心地發現地球是圓的，並且繞著太陽轉，這是我們倉促告訴學生的事實。不過**真正有價值的不是知道地球是圓的，而是獲得這個資訊的方式**。孩子常常被告知太陽距離地球有好幾百萬俄里遠，但那完全無法令兒童感到訝異或產生興趣，他想知道那是如何被發現的。倘若有任何人想要談論，就讓他說說有關視差[116]的事。那是非常可能發生的。我停留在地球是圓的這個議題這麼久，只有一個理由，就是它涉及整個地理學。一千個以上受過教育的人、教師與學生都十分清楚為何會有夏天和冬天，以及哥德羅普島在哪裡；一千個以上的兒童不理解小時候關於地球是球體的說明，而且也沒有人相信哥德羅普島的真實性，卻還是不斷地接受童年初期的教法。

讓生活的需要帶領孩子學習

教完自然地理之後，我著手依據世界上各個地區的特性來教，而接下來發生的事就是學生竭盡全力地比大聲：「亞洲、非洲、澳洲。」如果我問他們：「法國在這個世界的哪個部分？」（我在一分鐘前已告訴他們英國與法國位於歐洲）某個人大喊道，法國在非洲。我在

116 因觀測者位置的變動，產生目視天體的位移與不同的角度。

每一個昏暗的影像、每個學生的聲音中，無法知悉問題所在，「為什麼？」不論我何時開始教他們地理，這個悲傷的問題「為什麼？」都沒有得到答案。

如同教歷史科一樣，依照從近代史教起的單純想法，地理科自然也從校舍以及本地的村莊著手。我曾在德國有過幾次這種經驗，使用慣常的地理科教學法卻經常失敗而受挫，於是重新從房間、房屋、村莊的描述教起。就好比製作平面圖，這樣的練習對於達成效果是不可或缺的，但對學生而言，知道在我們村子之外還有哪些陸地並不好玩，因為他們都曉得泰爾亞提奇村，而知道在泰爾亞提奇之外有些什麼一點也不有趣，因為毫無疑問的，在那裡的村子就跟泰爾亞提奇無甚二致，而泰爾亞提奇及其田野並不好玩。

我試圖為他們置入地理的路標，例如莫斯科、基輔，但做這些無法與他們的心智相連，學生們都用熟記的方法。我畫過地圖，他們對此感興趣並確實有助於記憶，然而問題又來了，何以他們記東西需要協助。我也嘗試過跟他們講極地與赤道地區，他們愉快地聽著而且仔細地記著，但只記住故事裡無關地理的部分。主要的麻煩在於，村莊的平面圖只是製圖，而非地理；地圖的圖畫就是圖畫，並非地理；關於動物、森林、冰山與城市的故事都是童話故事，不是在講地理。地理僅能用熟記的方法學習。所有的書，不論格魯貝（Grube）或比爾那德斯奇（Biernadski）撰寫的都不有趣。

大家都忘了有某本小書，類似講地理的，讀起來比其餘的書都愉快，我的看法是，最好的範本是能為學生準備地理科的學習以及激發他們對地理的興趣。那本書叫作《談判》（Parley），是一八三七年出版的俄文翻譯書。有人會閱讀此書，但它主要是指導老師如何激勵學生，照著該書的指示，說出他所知的每個國家與城市。兒童會背誦，可是很少記住地圖上的名字或地方，這與事件的敘述相關，學生們單單只會記住事件而已，但是，如果這個班級較適合採對話的方式教授，我們應該用適合他們的方法來教學。即便在閱讀這本書的當下，不會察覺到其中使用了學習不必要名字的所有技巧，但不管我們在乎的是什麼，最近兒童發覺老師企圖以好聽的故事誘導他們，因而產生了厭惡感。

我的結論是，說到歷史科，不僅不需要知道無聊的俄國史，就連居魯士（Cyrus）、亞歷山大大帝、凱撒以及路德也都不必教給成長中的兒童。對學生而言，所有的人物與事件都很有趣，與他們在歷史上的重要程度無關，而是在於其行動富有藝術成分、歷史學家描述的藝術處理，甚至不是經由歷史學者，而是透過口耳相傳形成的歷史。

羅慕路斯與雷穆斯的傳奇[117]很有趣，不是由於這倆兄弟是世界上最偉大的帝國之奠基者，而是由於故事具娛樂性、有趣，而且聽到他們被母狼養大是很美好的等等。格拉古[118]的

117 羅慕路斯（Romulus）與雷穆斯（Remus）：羅馬神話中雙生子，是羅馬市的奠基人。

118 格拉古（Gracchi）：指的是提比略（Tiberius Gracchus，168～133 BC）和蓋約（Gaius Gracchus，154～121 BC）兩兄弟，他們是羅馬共和國著名的政治家、平民派領袖。

故事很迷人，因為它的藝術性正如額我略七世的歷史，以及那位蒙羞的帝王[119]可能會吸引學生的注意；然而，有關民族遷徙的故事既枯燥又無目的，由於其內容不具藝術性，就像繪畫藝術的描繪不迷人，不管我們試圖以某個歷史時期的觀點去影響學生多少，例如，古騰堡是一個很棒的人，但如果確實地告訴學生火柴是如何發明的，他們永遠不會同意古騰堡比火柴的發明者重要；簡而言之，對兒童以及一般的學生而言，他們尚未開始投入生活，對歷史尚不感興趣，更不用說對普世人文的關注了，他們只對藝術懷有好感。據說當全部的物質發展到盡頭之後，會有藝術性的闡述所有歷史時期的事，但我沒有見過。麥考萊和蒂耶爾（Tiers），比塔吉突士[120]跟色諾芬[121]更不易為人所接受。

為了使歷史更為大眾接受，光有藝術的外衣裝飾是不夠的；**歷史現象得賦予人性才行，如同傳統思想有時是生命本身，有時是偉大的思想家及歷史學家使之具體化的。孩童僅在其內容富有藝術性的前提之下，才會喜歡歷史**。他們對歷史沒興趣，也不可能有，導致沒有歷史可以教給兒童。歷史有時候僅僅做為藝術發展的材料，但只要不開發對歷史的喜好，就不可能有歷史。伯泰特、凱達諾夫（Kaydanov）終究只存在歷史簡介裡。有一個古老的軼事，棉蘭人（Medans）的傳說陰鬱又無根據。沒有其他能為兒童而寫的歷史，他們不懂得何謂歷史的趣味。相反的，刻意使歷史跟地理具有藝術性和趣味，像是格魯貝的傳記概述和比爾那德斯奇，既不符應對於藝術或歷史的要求，也不符合一致性與歷史的趣味性，其中細節甚至被他們延伸到於理不合的面向。

在地理科也是同樣的道理。當米特羅芬紐須卡[122]被說服去學地理時，他們的母親說：「教他各式各樣的國家有什麼用?只要他的馬車夫知道如何載他去任何地方就行了。」從未有人提出反對學地理的更強論據，而世界上所有有學問的人皆無法回應這個泰然自若的爭論。我是很認真的。假如我已在巴塞隆納生活了三十三年，我學習關於那裡的河川與城市有何用，難道我還會需要那些資料嗎?照目前看來，為了使我的心智成長，對於巴塞隆納及其居民做出最逼真的描繪可能沒什麼用。如果善卡與費德卡從未到過那裡，那麼曉得任何有關馬林斯克運河及其水道[123]的事要做什麼；但是善卡以後有可能會到那裡，他學不學這個都沒什麼差別，因為他會實地探訪，而且將整條水道的事研究得很詳細。我無法知悉他會如何進

119 額我略七世（Sanctus Gregorius PP. VII，1020～1085）：羅馬天主教歷史中的重要改革者之一，在關於主教的續任權鬥爭中，他與神聖羅馬帝國皇帝亨利四世（Henry IV）成為對手。

120 比塔吉突士（Gaius Cornelius Tacitus，55?～117?）：羅馬帝國執政官、雄辯家、元老院元老，也是著名的歷史學家。

121 色諾芬（Xenophon，427～355 BC）：雅典軍事家、文史學家。以記錄當時的希臘歷史、蘇格拉底語錄而著稱。

122 米特羅芬紐須卡（Mitrofanushka）：出自方維珍（Fon-Vizin）的喜劇《The Minor》。

123 指的是連結窩瓦河（Volga）與波羅的海的運河及水道，馬林斯克運河（Mariinsk canal）是其舊稱。

行，但由於他的心智能力成長，可能會借助大麻栽種延續到窩瓦河、焦油向上伸至河流的知識得知，有一個名叫杜波夫卡（Dubovka）的港口，有某個隱藏的階梯可到達某個地方，還有薩摩耶族人（Samoyeds）騎著馴鹿旅行等。

破除過時的迷思，重新思考教學的方式

我有大量的數學與自然科學知識、語言和詩文的完整體系可教，因為時間太短而無法傳遞予人；在我生活周遭有無窮的問題，學生要求答案，而我必須在為他描繪極地的冰、熱帶國家、澳洲的山脈及美洲的河川形象之前回覆他。

在教授歷史與地理時，經驗告訴我們一個不變的事實，而且處處皆證明了我們的想法：歷史和地理的教學在各地都進行得很糟。從檢測的觀點來看，學生記住了山脈、城市、河川、國王和帝王的名字。但是，能使用的唯有亞森聶夫（Arsenev）、歐布多夫斯基、凱達諾夫、斯馬拉葛多夫（Smaragdov）以及伯泰特所撰寫的課本，到處都可聽到有人抱怨這些科目的教法，而且大家都在尋找新的教本卻遍尋不著。

曾聽說有人認為學生的精神與學習世界各地的地理所需要的自相矛盾，這令我好奇，為了使學生記住文字，而採用一千種富創意的手段（例如西多夫〔Sidov〕的方法）；但是不

認識那些地理名詞、也不探索人們的內心世界，這最單純的想法在學習地理時都被拋棄了。大家都試圖結合地理學與地質學、動物學、植物學、民族誌學，我不知道還有哪些，而歷史則是跟傳記連結，像格魯貝所寫的那種沒價值的書，徒留空泛的夢想，對兒童、年輕人、教師，甚至大多數的公眾都沒有用。確實，倘若這些看起來像是新的地理和歷史課本的編輯者僅僅思考自己想要的為何，以及是否能將這些書應用於教學，很快地，他們就會知道自己力有未逮。

首先，地理科與自然科學和民族誌結合，將形構成一個廣泛的科學，導致終其一生也學習不完，更何況是要給兒童學習的，而且將比地理科更加枯燥乏味。其次，再過一千年也不可能將手邊的資料撰寫成一本地理手冊。教授克拉皮芬斯科縣的地理時，我得被迫詳細地教學生有關植物、動物以及北極在地球的地理結構的知識，而教授巴登大公國[124]時，則要連同該地居民和貿易的細節，為此我還得具備這方面的知識；由於我沒有貝雷（Byelev）和耶弗瑞莫夫（Efremov）縣的資料，我幾乎無法談論它們。可是孩子和常識要求我使用某種協調且一致的教學法，於是最後有些東西去除不提，只教導來自歐布多夫斯基課本上的地理，或是完全不教。

124 巴登大公國（Baden）：一八〇六至一九一八年間，德國西南部、萊茵河東岸曾經存在的一個國家。

正如對歷史的興趣應該要因歷史而起，對地理的興趣也必須因為研讀地理而產生。但是就我的觀察與經驗，對地理的關注不是源於研修自然科學，就是來自於旅遊，事實上，百分之九十九是由於旅行。閱讀報紙的時候，特別是傳記文學，我們會同感民族的政治生命，這普遍成為學習歷史的第一步，正如旅遊是學習地理的第一步。這兩者現在為大家所接受，而且在今日也容易執行，因此，**我們從事歷史和地理教學時，無須懼怕拋棄陳舊的盲目崇拜**。在當代，我們的生活極具教育性，假若地理跟歷史的知識對人普遍的發展具有必要性，生活將會填補不足之處。

如果我們能拋掉老舊的迷信，就不用擔心孩子在童年時期沒學到東西就長大了，像是某個叫做雅羅斯拉夫或是奧托[125]的人，或是某個叫做埃斯特雷馬杜拉（Estremadura）的地方等。我們不也停止教占星術、辯證法和詩學了嗎？不放棄教拉丁文，人類的發展就不會變得更加愚笨嗎？新的科學已然誕生，而且當今自然科學正風行；舊有的科學必定會一個個地消失，因為它們已不再適用於今日，並不是科學本身有問題，而是那些面向隨著新興的科學出現，已經過時了。

必須要引起人們的興趣並知悉人類、種族是如何生存、建構以及怎麼發展成各式各樣的國家；應該要藉著發現人們遷徙的永恆法則以喚起人們對此事的關注；另一方面，又得要誘發想要理解全球自然現象以及人類如何分布的興趣，但那是兩件事。也許引發這種興趣有其用途，但是為了這個目標，閱讀塞居（Segur）、蒂耶爾、歐布多夫斯基和格魯貝是沒有用的。我知道引起興趣有兩個要素：對詩文的藝術感受和愛國心。可是，目前尚未有教科書可以同時發展這兩者，而只要還沒有成書，我們就必須去尋找，或是浪費時間且白費力氣地去折磨年輕世代，只因為我們學過，就要他們也學歷史和地理。在孩子大學以前，我不僅不認為有學習歷史和地理的必要性，甚至還有極大的損害。除此之外，我不曉得還有什麼可說的。

125 奧托（Marcus Salvius Otho，32～69）：羅馬帝國的皇帝。

藝術

藝術是一種需要與權利

在雅斯納雅．波里耶那學校十一月和十二月的報告裡，存在完全不同性質的兩種學科，繪畫和歌唱，亦即藝術。

如果不從「我不知道該教什麼」以及「為何要教這個或那個部分」的觀點著手，那我得自問：這個對農民子弟有用嗎？他們必須終日想著掙得麵包，而學習藝術對他們有什麼好處？百分之九十九的人會回答並沒有。也沒有人能夠提出其他的答案。這種問題從被拋出的那一刻，用一般常識去想，就會得出以下的回答：他不會成為一名藝術家，他還得下田耕作。倘若他對藝術有興趣，堅持下去會超出他的能力，他還得不懈怠地工作，沒辦法考量到藝術。我所提到的「他」是指大眾的孩子。當然，這很無趣，不過我樂在其中，不會一開始就放棄，而是去試圖挖掘其因由。還有一個更加枯燥無味的話題。同樣是大眾之子，每個孩子都應該有一種權利，我指的是什麼呢？就是比我們都更有權利去享受藝術，快樂階級的孩童不是非得努力不懈地工作，而應該環繞在舒適生活之中。

剝奪他享受藝術的權利、剝奪我和老師引導他進入更令人愉悅事物的權利，讓更強烈的枯燥乏味對抗著他們靈魂的力量。這兩種無趣之事要如何調和呢？這不是抒情詩論，我在描述這個類別時備受責難，這是邏輯的問題。不可能去調和每一種，這只是自我欺騙罷了。

有人告訴我，假如在公眾學校需要繪畫課，也只能教有利於生計而從事的自然寫生、專業的製圖；畫耕作、機器、建築物；不受約束地作畫僅是為了輔助機械製圖。雅斯納雅．波里耶那學校的老師也秉持這個繪畫的共識，我們提供了他們的記錄。以這個態度教導繪畫是個奇特的經驗，它使我們相信這項技術性課程的虛假和傷害。大多數的學生經過四個月精心、專業的技術繪畫教學後，完全不接觸人物、動物以及風景的繪畫，反而使頭腦冷靜，深思熟慮地終結技術性作畫的目標，感受力成長到視畫畫為對藝術的需求，這個情況可從學生祕密的習字簿裡看出，他們畫人物，且不只一個地方畫有四條腿的馬。在音樂方面，情形也一樣。

公眾學校慣常的歌唱課程不允許超出教堂唱詩班的範圍。同樣的事再度發生：對兒童而言，那是非常無聊又痛苦的記憶，他們發出某些聲音，他們的喉嚨僅僅被視為管風琴導管的代替品，即使學生會養成藝術的情懷，但這部分透過俄國三角琴（balalaika）和手風琴以及經常在家裡唱的歌曲即可充分獲得，教育學沒有認知到這點，教師也沒想到有引導學生的必要。非此即彼：第一個選項是，說也奇怪，乍看之下，公眾藝術有害且不必要。但完全不是如此。另一個選項是，**無論任何階級和職業，每個人都有權利擁有藝術，並有權利投身於此**，即便在一般群眾之中，藝術絕不允許平庸之輩涉入。

無聊的事不在這裡，而是將這樣的問題視為問題：大眾的孩子有從事藝術的權利嗎？問這個題目好比詢問大眾的孩子是否有吃牛肉的權利，意即，他們有權利滿足身為人類的需求嗎？現在問題不應在這裡，而在於我們給或不給大眾的牛肉，是否是好的。

有害的藝術？

當我提供大眾某些我們所擁有的知識時，我注意到在他們身上產生負面的影響，我不是說大眾不好，而是由於他們無法領受這些知識，並像我們那樣運用，不過這些知識並不好，不適用於一般人，我們必須藉由大眾的協助盡力完成一種對我們、社會以及公眾更為適合的新知識。我的結論是，只能符合生活所需的知識與藝術似乎才是有害的，不符合生活所需的卻會傷害大眾，因為他們普遍不需要那些知識和藝術，而那些卻充斥在我們的生活中，由於我們已經遭到荼毒，唯有事不關己地坐在工廠或酒館裡，五個小時都吸入腐敗空氣的那些人，才無須承受那種會抹煞新事物的氛圍。

有人告訴我：「誰說我們這種已教化的社會知識與藝術是虛假的？你如何論斷大眾不接收這些是由於它們是假造的？」這一切問題都可以輕易地解答：因為我們有數千個人，但他們有幾百萬個人。

我繼續以廣為人知的生物學做個比較。一個來自空氣清新地方的人，進入了充滿燻煙之處，吸盡了這個房間裡的空氣；他依然生龍活虎，因為他早已從純淨的空氣中吸取大量的氧氣，足以供應身體運作。但他會以同樣的習性在房裡吸入腐敗的空氣，有害的氣體大量地流進血液裡，導致他這個有機體變得衰弱（通常會昏厥，有時候會繼而死亡）；而幾百個人能夠同時長期在污穢的空氣中呼吸和生活，是因為他們的身體機能已變得較無生氣，換句話說，他們比較虛弱且較為死氣沉沉。

假使有人告訴我，兩種階級以各自的方式過日子，那麼就很難判定誰的生活較正常與更好；如果有人來自具有害氣體的地方，進入清新空氣之處就會經常昏倒，反之亦然，原因很簡單，不必由生物學家解答，只要一個單純、有常識的人就會自問，多數人居住的地方，不論是有著新鮮空氣的地方，抑或令人生厭的監獄，人們都會追隨大多數的人；而生物學家將觀察兩者的全部機能，然後說，生活在新鮮空氣中，人的機能會更為旺盛與滋養。

同樣的關係也存在於所謂文化社會的藝術與人民的藝術之間，我是指繪畫、雕刻、音樂以及詩文。伊凡諾夫[126]的繪畫無法挑動他們任何感受，即使其專業的技巧得到讚賞，卻也無以喚醒任何詩意或宗教情懷，而叫賣本裡諾夫哥羅德[127]的約翰畫像和水壺[128]裡的惡魔反而引起了詩意。〈米羅的納維斯〉（Venus de Milo）只會喚起對於女性裸體跟不知羞恥的合法憎惡；貝多芬劃時代的四重奏僅能視為不可親的聲音，之所以引起興趣或許是因為一個人演奏大提琴，而其他人拉小提琴。我國詩歌中最佳的，當屬普希金的抒情詩作品，但它令人覺得只是文字的組合，其意涵則可說是胡扯一通。

帶領一個兒童從人群進入這個世界；你做得到而且是經由教育機構、學術機關以及藝術班的階級組織來實現：孩子會感受，且會認真地感知，伊凡諾夫的繪畫、米羅的維納斯、貝多芬的四重奏以及普希金的抒情詩等藝術作品之美。不過，緊接著進入這個世界之後，他再也無法深深地呼吸，就如同無論何時他都必須吸入清新的空氣一樣，那對他有害又令他痛苦。

就像呼吸，用常識與生理機能判斷會得到一樣的答覆；在藝術方面，用相同的常識跟教學法（並非是寫作課程的教學法，而是竭力去學習教育的普遍方向及其原則）也會教養出和我們這些受過較佳且充分教育的階級，生活在不同藝術之中的人；比起我們，大眾對藝術要求更豐富也更合理，如此才能滿足他們。依常識來看，因為這看起來是個快樂的多數人，不僅僅是數量上多，還有外在的環境使然；教育學者會觀察生活在我們這個圈子裡的人的心智功能，而且會注意發生在局外人身上的事，當人們被帶進有害的氣氛時，意即，我們將這種藝術傳遞給年輕世代時，建立在昏沉煩悶之上，讓清新的本質暴露在造作的氛圍中。而基於局限他們心智功能的原則，教育學者會歸結出人們對藝術的要求，比起所謂文化階級、腐化的少數人的要求，更加正當合理。

無須學習也能體會什麼是美

我曾經詳述過兩種我們的藝術，那是我較為熟悉且昔日瘋狂喜愛的：音樂與詩歌。說也奇怪，我最後斷言，**我們過去在那些藝術分科所做的每件事，都伴隨著虛偽、異常的方針，既無意義又沒前途，把它拿來跟人們生活周遭的同類藝術相比，顯得卑微不足取了**。我自己十分確信一首抒情詩，例如〈我記得迷人的那一刻〉（I remember the charming moment），

---

126 伊凡諾夫（Ivanov）：原書並未清楚說明，可能是指Alexander Andreyevich Ivanov（1806～1858）或是Andrey Ivanovich Ivanov（1775～1848），兩位皆為新古典主義派畫家，有許多宗教方面的作品。

127 諾夫哥羅德（Novgorod）：俄羅斯地名，為東斯拉夫人最古老的城市之一。

128 我們懇求讀者集中注意力在這幅像怪物的圖畫，它以宗教性的詩意表現而聞名，在此畫中具有與現代俄羅斯繪畫的關連性，弗拉比托安傑利科（Fra Beato Angelico）曾為米開朗基羅學派的繪畫科門徒之一。

以及像是貝多芬的最後一首交響曲，這種音樂作品並非毫無條件與普遍優於《史都華凡卡》（*Vanka the Steward*）的歌曲跟民謠〈沿著大地之母窩瓦河而下〉（Down the Mother Volga）；普希金和貝多芬取悅我們，並不是由於他們的作品具有絕對的美，而是因為我們的弱點跟他們一般，他們投合了我們異常的激情與奇特的偏好。必須做某種準備，才能體會什麼是美，這種陳腐的矛盾說法我們有多常聽到！誰說的？如何證明？這只是藉口，出於失去希望，**我們被只屬於一個階級的藝術錯誤地帶到這個地步**。太陽的美麗、人們漂亮的臉龐、公眾歌曲演唱的美妙、愛的行動之優美，以及自我棄絕對一切的影響，何以這些都不必預先準備呢？

我知道自己在這裡所說的事情大多看似是最無關輕重的閒話，只是逞口舌之能而已，然則教育學，解放的教育學（free pedagogy），藉由經驗說明了很多問題，而透過不止息的現象重複，把夢想與反省中的問題轉變為基於事實的實務上。

我白白地耗費了好幾年致力於為學生轉換普希金和所有的文學之美；同樣地，有數不清的教育者亦然，且不只是在俄國，如果這些教育者看到他們努力的成果，並坦然以對，就會承認發展詩意的主要作用已被抹煞，詩意的大部分本質已因為這樣的說明而大大地被削弱了。我已為此奮鬥多年，而且無法得到任何成果，對我來說，學生能偶爾不經意地翻開瑞賓尼科夫[129]的選集就夠好了，而學生得到了充分滿足，對詩的欲求就會增加，冷靜且不帶偏見的、像是普希金最佳作品之類的詩文，我不得不承認其合理性。同樣的情形亦發生在音樂科，我現在就來談談。

大眾是否需要精緻的藝術？

我要試著摘錄上述的一切。大眾是否需要精緻的藝術，當這個問題被提出來，老學究們普遍變得膽小與困惑（柏拉圖是唯一敢大膽決定答案是否定的人）。老學究們會說那是必要的，但有某些限制；還有，給所有人機會成為藝術家對社會結構會造成危險。他們說，某些藝術在某種程度上僅能存在於社會的某個階級裡；且藝術有其特別致力獻身的人。還說有高度天分的人必會有機會脫離大眾，專門地為藝術服務。這是最大的讓步，教育學使每個個體形塑自己喜歡的樣子，老學究在藝術方面所關心的是達成這一個目標。

我認為這一切都是不義的。我假定享受藝術與為藝術服務的必要性存在於人的個性裡，無論他屬於何種種族或在何種環境下，這個必要性都有權利被滿足。倘若視這個假定為一種原則，因而引起了不方便與不一致，造成不便的因素不在於傳遞的方式，也不在於藝術的散播或集中、過多或過少，而在於藝術的特色與傾向，**我們必須抱持懷疑的眼光，為了不讓任**

---

129 瑞賓尼科夫（Pavel Nikolayevich Rybnikov，1831～1885）：俄國民族志學家、民俗學家和文學史家。

何虛假的東西強加於年輕一代，也是為了給下一代一個機會，在形式及內容上發展新事物。

以下我要呈現十一月和十二月教師在繪畫課的報告。這個教學法對我而言是很方便的，技術性的難處已被學生在愉快的氛圍下、無形間排除了。但未觸及藝術本身的問題，因為教師在教學伊始已存在偏見，認定讓農民子弟成為藝術家是沒用的。

繪畫

幫孩子建立線條的概念

我在九個月前著手教授繪畫的時候，並無明確的計畫，既沒有如何分配的教學法，也沒有引導學生的方式。我不畫畫，也不用模型，只有一些圖解的簿冊，不過，在我授課的時候也不會利用那些，我限制自己應用簡單的小道具，像是可以在任何鄉村學校找到的東西。一塊作畫用的木板、粉筆、石板，以及各種長度的小方棍，這些數學課拿來做為實物例證的東西，即為我們繪畫課教學的道具，因此無法阻止我們複製模仿每件手上有的東西。學生們過去都不曾學過繪畫；他們來學校的時候都只帶著判斷力，而且在任何情況下皆有充分的自由表達自己的期待，以冀望藉此發掘他們的需求，進而建構一個確定的教學計畫。在第一次上課時，我用四枝棒子造了一個方形並試圖觀察男孩們藉由固定形狀的棒子，構造出直線來畫出一些很不規則的方形物。我對此相當滿意。我在黑板上用粉筆畫出一個方形給能力較弱的學生，然後我們以同樣的方法勾勒出一個十字架，再將它畫出來。

就算他們的直線畫得很差，仍可在無意識的情形下，讓兒童以天生的直覺發現頗為正確的線性關係。我不認為有必要試圖沿著直線來取得一個規律性，為了不折騰他們，我僅僅要求再製形狀。首先，我想要從長度和方向為男孩們建立線的關係概念，而不要他們為了盡可能畫出規則的線條而感到困擾。

兒童會學著理解長線與短線之間的關係，其差異在於正確的角度跟平行線，這比畫出一條還過得去的直線學得更快。

我們從教導角度著手，接下來的課程是畫這些方形小棒的角度，然後組合方形以外的形狀。

學生們不去注意這些棒子的粗細如何，也就是第三維度，只是不斷地畫物體的正視圖。在材料不足的情形下，想要清楚呈現的難處在於形體的位置跟相互關係，因此我不得不在黑板上畫出圖形。我經常混合取材自然和模型的素描，規定他們以此來作畫；如果男孩們無法畫出特定的物品，我就自己在黑板上畫出來給他們看。

模仿黑板上圖畫的辦法，可用以下的方式取代：首先我畫出一條垂直或水平的線，以點區分為不同的部分，然後學生複製那條線。接著我再畫出另一條或好幾條線，與第一條垂直或斜向相接的線，和第一條相關聯的那條線，平均分成好幾等分。我們用直線或弧線連結被點區隔的這些線條，因此形構出某個對稱的形狀，並由男孩們仿製其循序漸進的變化。我認為那是一大進步，原因是，首先，學生有目標地學習構成形狀的整個過程，第二，透過在黑板上製圖，學生發展出線的相互關係，這遠比複製圖畫和實物要好得多。藉由這段歷程，屏除了直接模仿的可能性，不過形狀本身是源於自然的物體，仿製必須縮小。

透過自由創作強化孩子獨特的性格

在學生面前懸掛一張大又完整的圖片或形體幾乎是無用的，因為初學者只會感到困惑，如同取材自自然界的實物一般。不過他們眼前的形體發展具有重大的意義。在這個實例中，學生先看見畫裡的骨架，隨後才構成整個身體。學生時常對我畫的直線及其相互關係吹毛求疵。為了解他們已建構了多少線條相互關係及規律性的概念，我常常刻意畫錯，然後再次詢問孩子，我畫的一些圖案，從他們的角度看來，哪裡應該再加上直線，現在我甚至讓男孩輪流提議要畫何種形狀。

用這個方式，我不只引起男孩們極大的興趣，也在圖形的塑造與發展上讓他們自由地參與；如此一來，每個孩子在複製原型時所自問的「為什麼？」即消失無蹤了。

影響學生獲得較多或較少理解與興趣的，最主要是教學的歷程跟方法，而我時常捨棄事前為了課程所做的目的性教學準備，因為那都是外國的教學法，或者那麼教會使得男孩們變笨。

到目前為止，我給他們的都是對稱的形狀，因為那最簡單且最醒目。然後為了實驗，要求程度最好的學生自己構圖，並畫在黑板上。即使大家幾乎都用同一個方式作畫，但是看著日益激烈的競爭行為是很有趣的，他們彼此評判對方所畫形狀的獨特結構，其中有許多畫作與男孩們的特徵尤其協調。

每個孩子身上都有獨立自主的傾向，使用任何教學法都有害於此，這個性情特別不喜歡複製範本。運用上述的方法，獨立的性格不但不會被消滅，反而會更加發達與強化。

如果一個學生不學著自己創造，便將一直在生活中模仿和複製，因為一旦習得如何仿製，就能夠獨立地運用那樣的知識。

藉由不斷地描繪自然界形體，並時常變換實物，比方說，樹葉、花朵、盤子與生活中常用的物體，以及器具設備，依其特點，我試圖在教學生作畫時避免淪入常規與習慣。

我極度小心地進行陰影和影子的解說，由於初學者很容易畫太多陰影而毀了形體的鮮明度與規則性，因而漸漸習慣於胡亂地塗抹。

我在短短幾個月內，很快地用這個方法教三十多個男孩，相當澈底地學習各種形狀與物體的線的相互關係，而且用對等、輪廓鮮明的線條描繪這些形體。畫線的機械式藝術似乎很快就主動地發展起來了。我教授兒童的時候，最困難的是讓他們保持素描本的清潔。擦掉畫在石板上的東西雖然方便，卻大大提高了維持整潔的難度。給最好、最聰穎的男孩習寫簿，他們最能在構圖時保持乾淨；因為擦拭非常困難，迫使他們在作畫時更謹小慎微地運用教材。程度最好的學生在最短時間內能夠乾淨並有規律地繪畫，達到整潔又正確地運筆，不只是直線，還能畫出最驚人的曲線構圖。

當一些學生完成自己的工作後，我讓他們掌控別人的圖形。教師藉由這個活動大大鼓勵了學生，因為他們可以立刻實行剛剛學到的東西。

近來我試著讓最年長的男孩做一件事，就是從他們的視角，描繪不同位置的物體，不特別執著於使用眾所周知的迪普斯（Dupuis）法。

歌唱

卻維特教學法

去年夏天，我們去游泳回來。大家都沉浸在快樂的情緒裡。有一個農民男孩，就是被那個莊園男孩誘惑一起偷書的結實孩子，有著凸出的顴骨、滿臉雀斑、雙腿外曲又內翻，就如同長得很強壯的農民一樣，但卻聰明、壯碩、有天分，他坐在馬車前頭為我們駕車。他吐口水，唱起農民之歌，他唱歌時帶有哽咽的嗓音，像在唱哀歌，男孩們都大笑著。

「善卡！善卡！他真是個好歌手！」

被打斷的時候，他用一種特殊的、模仿馬的聲音說：「別打斷我唱歌。」然後嚴肅地繼續唱。兩個較擅長音樂的男孩和他一起坐在馬車裡，加入他且帶入了重複句。其中一位支援完全八度或六度和音，另一位則是三度和音，都很動人好聽。接著其他男生也加入他們，開始唱〈在一棵蘋果樹下的時候〉（As under such an apple tree），他們製造了一陣聲響，但並無太多音樂。

那天晚上又開始唱歌了。八個月後，我們唱〈天使輓詩〉（The angel lamented）以及兩首天使的歌、編號四與七、全體跟小型合唱團的歌。最好的學生（只有兩個）寫下他們所知道的歌曲曲調，而且幾乎標明出音符，然而至今他們仍無法唱得如游泳回來時那麼好。我這麼說並非別有用心，不是想證明什麼，我只是記錄事實。現在我要闡述相較之下比較滿意的教學是如何進行的。

第一次上課，我將學生分為三部，唱以下的和音：

我們很快就做到了。每個人都唱得很愉快。一個人可以先試唱最高音部，然後跳過男高音，從男高音到中音部，程度最好的學生因此習得完整的和音do-mi-sol，有些學生甚至三部和音都參與。他們的音符發音猶如法語，一個唱mi-fa-fa-mi，另一個唱do-do-re-do等。

他們說：「我說這樣子很好，列夫．尼可拉耶夫維奇！」、「這樣耳裡彷彿有東西在震動，讓我們多試一些！」

我們在學校、庭院、花園以及回家的路上唱，直到夜晚仍唱著這些和音，無法將他們從這件事中抽離，他們怎麼唱也不覺得過癮。

接下來的日子，我們試過唱全音階，較有天分的人順利完成，較差的幾乎無法唱到第三部。我用中音部譜號在五線譜上記下音符、最對稱的譜號，並以法文注記。接下來第五次或第六次的課程都快樂地進行；我們也成功地將新的小調轉換為主調，像是〈上主，求你垂憐〉（Kyrie eleison）和〈榮耀歸給聖父聖子〉（Glory be to the Father and Son），還有一首以鋼琴伴奏、有三部和音的歌。我們有一半的課程都在進行這項工作，另一半則唱學生自創的全音階與練習do-mi-re-fa-mi-sol或do-re-re-mi-mi-fa或是do-mi-re-do-re-fa-mi-re等。

我很快注意到他們不清楚五線譜上面的記號，必須用數字去代替。此外，為了說明音程和各種主音音階，使用數字更為方便。上過六節課之後，有些學生依指令運用音程，像我要求的那樣，用一些想像中的全音階學習。他們尤其喜愛四度音程，do-fa-re-sol等，一上一下的音階。Fa（較低的第五音）的威力格外撼動他們。

善卡說：「fa真是個龐然大物！它斷得真是俐落。」

不熟悉音樂演奏的男孩們很快離開了，而精於此道的男孩持續三至四個小時。我試圖用可接受的方法教他們拍子的觀念，但事實證明十分困難，我被迫將拍子跟曲調分開教學，不分小節地寫下音調並分析它們，然後再寫下拍子，亦即，沒有音調的一個小節，用輕拍手指的方式分析節奏，接著只要將兩個過程結合為一即可。

經過少數幾堂課，我試圖呈現自己所做的一切，歸結出我的教學法幾近卻維特的作法。我曾經在巴黎見過，但沒有立刻採用，因為它是種教學法。所有教歌唱的人都無法通透理解那個作品，其封面用斗大的字母寫著「Repousse a lunanimite」，在整個歐洲已賣出了幾十萬本。我在巴黎見到用這方式教授成功的例子是五百到六百個男性及女性，年約四十至五十歲，不論老師要他們唱什麼，都能翻開書唱起絕對和諧的音調。

將拍子和音調分開教學

在卻維特的方法裡有很多規則、練習，以及指定的課程，不論是哪一項意義都不大，每個聰明的教師都能從幾百個戰場上，亦即從課堂上，創造出一樣的東西；有一個非常可笑但很便利的手法，打拍子時不發出音調，例如，學生會在四個四度音程裡說ta-fa-te-fe，在三個四度音程中說ta-te-ti，在八個八度音程說ta-fa-te-fe-te-re-li-ri。這些都很有趣，任何一個教法都像在某個音樂學校一樣好玩，不過，這些規則並不是絕對的，也無法形成方法。而在卻維特基於單純的理由、非尋常的思考下，形塑教學法的要素有三：

一、以數字表示音樂記號的舊有構想，這首次見諸於盧梭的《音樂字典》（*Dictionnaire de musque*）裡。無論反對這個記法的人怎麼說，任何教唱歌的老師都有這個經驗，並且確信五線譜上的數字在讀譜與寫譜上帶來極大的好處。我用五線譜教了約十堂課，只有一次指出數字，告訴他們這個的意義相同，而學生們總是要我為他們寫下數字，也會自己寫數字。二、是一個值得注意的構想，專屬於卻維特，教法是不以節拍教導音調，且不以音調來教授節拍。我曾經使用過一次這個方法，發覺過去不能克服的難處，如今顯得這麼容易，每個施行的人都會有同感而大為驚訝，為何是這樣一個簡單的想法！在總教區與其他的唱詩班裡，指揮者只要試試這個簡單的方法，亦即要學生別唱歌，用小木棒或自己的手指敲打要唱的歌詞分句：一個全音符四拍，一拍是四分之一音符或兩個八分之一音符，然後不數拍子用同樣的分詞唱歌，接著再唱一次拍子，再全部連接起來唱。

例如，歌譜是這麼寫的：

學生首先獨唱的時候，不數拍子，do-re-mi-fa-sol-mi-re-do；然後不唱歌，先敲擊第一個音節的音符，說一、二、三、四；接著敲兩次第三個音節的第一個音符，並說一、二，而第三個音節的第二個音符說三、四等；再來是，唱歌時打著節拍，其他學生則大聲讀譜。

這是我的作法，就像卻維特的方法，無法被規範；雖然方便，但也可能會有更方便的手法。儘管可能有數不清的辦法能夠達成，但主要就是要分開教拍子和音調。

將音階圖像化

卻維特的第三個了不起構想在於讓音樂及其教學普及。他的教學法能充分實現這個目標。而那不只是卻維特的期望與我的假定，也是確切的事實。我在巴黎看到上百個粗手粗腳的勞工，坐在長椅上，椅下放置著工具，是他們從商店回去沿路唱歌要使用的，他們領會且享受音樂的法則。我看著這些勞工的時候，能夠輕易地想像俄國農民在自己家的樣子，套用卻維特的說法：他們會用一樣的方式唱歌，如同他所說的每個音樂共同原則與規則，那麼容易理解。我們希望有機會說說卻維特的音樂，特別是關於音樂大眾化的重要性，尤其是歌唱，可做為提振腐敗藝術的手段。

我要略過我們學校的教學過程。上過六堂課後，已能分得出傻瓜與膽小鬼；只留下音樂的本質、外行人，而我們跳過小音階說明音程。唯一的麻煩在於找出並分辨從大到次小的音階。Fa被學生喚作「龐然大物」，其作用就像「傳喚者」，我們未曾教過他們，但他們自己感到音符變成了次小的音程，因此覺得成了次要的。我們輕易地利用一連串兩個大的、一個小的、三個大的，以及一個次小的，建立主要音階，然後用較小的音階唱〈榮耀歸於上帝〉，並靠著聽力的增強，最後也能辨識小的音階；我們再建立一個大的、一個小的、兩個大的、一個小的、一個非常大的，以及一個次小的音階。接著我展示給他們看，有可能開頭用任何音調唱歌並寫出一個音階，同時也不會出現大的或次小的，若有必要，我們可以放置一個升記號或是降半音記號。為了方便說明，我為他們寫出下列這種半音階：

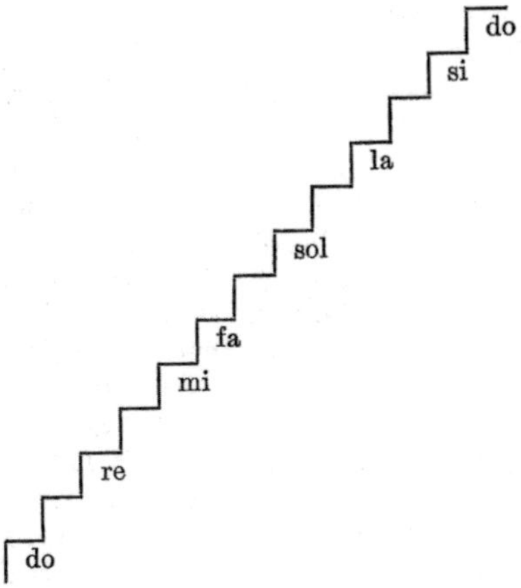

沿著階梯，我寫出各種大大小小的音階，不論以任何音符開始皆可。這些練習讓學生非常開心，由於過程太惹人注目，其中兩人時常在課程中斷續寫出所知歌曲的曲調。這些學生不斷哼唱著自己都不知名的歌曲，哼得愜意又柔和，最重要的是，他們現在進步得多了，無法忍受大家合唱時不協調。

教孩子音樂知識，而非教師的品味

在冬天，我們幾乎不能上超過十二堂課。野心毀壞了我們的教學。父母、我們、教師以及學生，都想要讓全村大吃一驚，於是想在教堂唱歌；我們邀請大眾並準備波特尼雅斯基 130
的天使之歌（cherubical songs）。這似乎讓孩子們更歡喜，但事情急轉直下。即便他們想要組成合唱團，也愛音樂，而我們這些老師顧著發表自己在這上面特別花費的努力，並且強制進行此事，而忽視了其餘的事情，我常常為此感到抱歉，看著小小的奇留須卡撕開腿上的碎布，將他負責的部分倒背如流：「祕密地形形形形成。」而且重複十次，這十分令他苦惱，他用手指擊打音樂節拍，堅持自己唱得沒錯。

我們成功地在教堂演唱；學生的熱忱強烈，但是歌唱課反而變糟了。對他們而言，課程變得無聊，彼此因為程度差異而失和，只有在復活節才有可能極盡全力地組成合唱團。我們的歌手變得像總教區的歌唱家，唱得很好，但是為了展現技巧，所有的歌唱渴望都被扼殺殆盡，他們絕對不懂任何音符，儘管他們認為自己曉得。我常常看到這種人，他們在學校研修時完全不知道何謂音符，但在相當無助的時刻，會試著唱出不曾呼喚的東西。

從這小型的教授音樂的經驗，我確知：

一、用數字寫下音調的方法是最方便的。

二、節拍與音調分開教授最為便利。

三、音樂教學應該留下紀錄，且應該開心地領受，要教授這項藝術，這個起頭是不可或缺的，那不是唱歌與玩耍的技巧。年輕女士可能學過布格穆納的練習本[131]，但兒童最好不要完全用機械式的教法。

四、對學生而言，音樂教學的目標是傳達老師已知的、一般法則的知識，千萬別傳遞我們的虛假品味。

五、**教授大眾音樂的目標是傳達給他們我們已知的、一般法則的知識，千萬別傳遞我們的虛假品味。**

---

130 波特尼雅斯基（Dmytro Stepanovych Bortniansky，1751～1825）：烏克蘭作曲家、指揮家。

131 德國作曲家、鋼琴家布格穆納（Johann Friedrich Franz Burgmüller，1806～1874）的鋼琴教本《25首練習曲》（*Burgmüller Étude, Op.100*）。

小麥田

學校讓我們變笨嗎？為何教這個、為何學那個？——文豪托爾斯泰的學校革命實錄

Tolstoy on Education

作　　者　列夫．托爾斯泰（Leo Tolstoy）
譯　　者　楊雅捷
審　　定　杜明城
封面設計　兒　日
協力編輯　余純菁
責任編輯　汪郁潔

國際版權　吳玲緯
行　　銷　闕志勳　吳宇軒　余一霞
業　　務　李再星　李振東　陳美燕
副總編輯　巫維珍
編輯總監　劉麗真
發 行 人　凃玉雲
出　　版　小麥田出版
　　　　　10483台北市中山區民生東路二段141號5樓
　　　　　電話：(02)2500-7696
　　　　　傳真：(02)2500-1967
發　　行　英屬蓋曼群島商家庭傳媒股份有限公司
　　　　　城邦分公司
　　　　　10483台北市中山區民生東路二段141號11樓
　　　　　網址：http://www.cite.com.tw
　　　　　客服專線：(02)2500-7718｜2500-7719
　　　　　24小時傳真專線：(02)2500-1990｜2500-1991
　　　　　服務時間：週一至週五09:30-12:00｜13:30-17:00
　　　　　劃撥帳號：19863813　　戶名：書虫股份有限公司
　　　　　讀者服務信箱：service@readingclub.com.tw
香港發行所　城邦（香港）出版集團有限公司
　　　　　香港九龍九龍城土瓜灣道86號順聯工業大廈6樓A室
　　　　　電話：+852-2508-6231
　　　　　傳真：+852-2578-9337
馬新發行所　城邦（馬新）出版集團【Cite(M) Sdn. Bhd. (458372U)】
　　　　　41-3, Jalan Radin Anum, Bandar Baru Sri Petaling,
　　　　　57000 Kuala Lumpur, Malaysia.
　　　　　電話：+603-9056 3833
　　　　　傳真：+603-9057 6622
　　　　　讀者服務信箱 :services@cite.my
麥田部落格　http:// ryefield.pixnet.net
印　　刷　前進彩藝有限公司
初　　版　2018年9月
初版三刷　2023年11月
售　　價　450元

ISBN　978-986-96549-1-3

國家圖書館出版品預行編目資料

學校讓我們變笨嗎？為何教這個、為何學那個？：文豪托爾斯泰的學校革命實錄／列夫．托爾斯泰（Leo Tolstoy）著；楊雅捷譯. -- 初版. -- 臺北市：小麥田出版：家庭傳媒城邦分公司發行, 2018.09
　面；　公分
譯自 : Tolstoy on education
ISBN 978-986-96549-1-3（平裝）

1. 托爾斯泰 (Tolstoy, Leo, graf, 1828-1910)　2. 學術思想　3. 教育哲學

520.148　　　107013164